A MÁQUINA DAS DESIGUALDADES

Dados Internacionais de Catalogação na Publicação (CIP)
(Câmara Brasileira do Livro, SP, Brasil)

Bastos, Elide Rugai
A máquina das desigualdades : Florestan Fernandes interpreta o Brasil / Elide Rugai Bastos. – Petrópolis, RJ : Vozes, 2025.

Bibliografia.
ISBN 978-85-326-7253-7

1. Antropologia social 2. Desigualdades sociais 3. Sociologia I. Título

25-277252 CDD-362.5

Índices para catálogo sistemático:
1. Desigualdades sociais : Problemas sociais 362.5

Eliete Marques da Silva – Bibliotecária – CRB-8/9380

Elide Rugai Bastos

A MÁQUINA DAS DESIGUALDADES

FLORESTAN FERNANDES INTERPRETA O BRASIL

EDITORA
VOZES

Petrópolis

Rua Frei Luís, 100
25689-900 Petrópolis, RJ, Brasil
www.vozes.com.br

Editoração: Sandy Marques
Diagramação: Sheilandre Desenv. Gráfico
Revisão gráfica: Alessandra Karl
Capa: Marco Mancen

ISBN 978-85-326-7253-7

Este livro foi composto e impresso pela Editora Vozes Ltda.

Para
Gildo Marçal Brandão (em memória)
André Botelho

É que Narciso acha feio o que não é espelho.
Sampa – Caetano Veloso

Sumário

Apresentação, 11

Introdução, 15

PARTE I
Teoria e metodologia

1 **Questão social e sociologia**, 35
Diversidade e desigualdade, 39
A sociedade tomando consciência de si mesma, 52
A questão social e a democracia, 56

2 **A construção das ciências sociais**, 62
O fervor cultural em São Paulo, 68
O sentido político da sociologia, 69

3 **Uma sociologia local e cosmopolita**, 75
E a sociologia?, 79
Novas indagações, 84
Uma crítica vinda da periferia do sistema, 87

4 **O controle das mudanças sociais**, 93
Características da mudança na sociedade brasileira, 98
Mudanças e controle, 103
A sociologia e a mudança social, 105
Atualidade do tema, 111

5 **A história nunca se fecha**, 113
Abordagem teórico-metodológica, 116
Atualidade do procedimento, 124

PARTE II
Questão racial e modernização

6 **Raça e revolução burguesa**, 133
São Paulo: unidade de investigação, 134
O trabalho livre e a ressocialização do negro, 137
O mito da democracia racial, 144

7 Dois livros: dez anos de intervalo, 149
Projeto de estudo, 151
Operacionalização da pesquisa, 162
O negro está integrado na sociedade de classes?, 163
Um amplo diálogo, 166

8 Um entre outros debates sobre o preconceito racial, 173
Um artigo polêmico, 175
A revista *Anhembi* e a questão do negro, 179
São Paulo – unidade de pesquisa: do escravo ao cidadão, 182
A estrutura social em mudança e o problema da cor, 185
Temos ou não uma democracia racial?, 189
O problema do negro na sociologia brasileira, 191

PARTE III
Uma tradição sociológica

9 Raça e nação, 199
A USP e a questão racial, 200
Cor e mobilidade social em Florianópolis, 203
As metamorfoses do escravo, 213
Raça e organização nacional, 219

10 Pensamento Social da Escola Paulista de Sociologia, 225
O atraso como eixo, 227
Padrão teórico-metodológico, 230
Tensão como constitutiva da sociedade, 241
Sujeitos políticos/sujeitos sociais, 244
A crise, 249
Passado e presente, 250
Ambivalência, 255
Uma ambiência criativa, 258
A crise da modernidade, 262

11 Atualidade do pensamento social brasileiro, 265
Necessidade de novos diagnósticos, 266
Subdesenvolvimento/marginalidade, 268
Marginalidade: diferentes compreensões, 275
Mudança social, 280

Bibliografia, 285

Apresentação

O impacto da desigualdade no desenvolvimento mundial tem sido tema debatido contemporaneamente nos vários quadrantes das ciências humanas. Discussões sobre os problemas ambientais, raciais, de gênero, de violência, sem dúvida de grande importância, têm ganhado divulgação e são objetos de políticas públicas inovadoras. No entanto, há uma perspectiva mais ampla, menos abordada nesses estudos: a constância e a ampliação dessa situação provocadas pelo processo de reprodução da desigualdade, que se expressa claramente pelos números envolvendo pobreza e exclusão. Neste livro, abordo aspectos dessa questão. Ousei qualificar como "terceira margem" a tradição sociológica que tem como eixo a obra de Florestan Fernandes por considerar que sua análise desse processo representa um passo além das pesquisas que recuperam os elementos da produção da não igualdade. Seu ponto de partida é a história do Brasil, nas diferentes fases da Constituição do país, mas sugiro que possa ser aplicado a países que compartilham sua condição de periferia em relação ao capitalismo hegemônico.

Busco apresentar essa dimensão da análise desenvolvida pela denominada Escola Paulista de Sociologia, reunindo alguns trabalhos escritos ao longo dos anos, publicados como artigos em periódicos e capítulos de livros. Alguns desses textos foram modificados, mas não atualizados, pela incorporação de nova bibliografia. A seguir indico sua primeira publicação.

"Questão social e sociologia", em São Paulo, na revista Perspectiva, v. 5, 1993, p. 31-39, com o título "A questão social e a sociologia paulista".

"A construção das ciências sociais", em Paulo Henrique Martinez (org.). Florestan ou o sentido das coisas. São Paulo: Boitempo, 1994, p. 143-156, com o título "Florestan Fernandes e a construção das ciências sociais".

"Uma sociologia local e cosmopolita", em Mariana Miggiolaro Chaguri e Mário Medeiros. Rumos do Sul: periferia e pensamento social. São Paulo: Alameda, 2018. p. 17-32.

"Controle da mudança social". Inédito.

"A história nunca se fecha", em Sociologia & Antropologia, v. 10, s. 2, 2020, p. 677-693.

"Raça e revolução burguesa", em Angela D'Incao (org.). O saber militante: ensaios sobre Florestan Fernandes. São Paulo: Paz e Terra, 1987, p. 140-150, com o título "A questão racial e a revolução burguesa".

"Dois livros: dez anos de intervalo", em Sinais Sociais, v. 10, s. 28, 2015, p. 29-54, com o título "Sessenta anos de um relatório exemplar".

"Um entre outros debates sobre preconceito racial", em São Paulo, na revista Perspectiva, v. 1, 1988, p. 20-26, com o título "Um debate sobre o negro no Brasil".

"Raça e nação", em Maria Izabel Leme Faleiros e Regina Aída Crespo (org.). Humanismo e compromisso: ensaios sobre Octavio Ianni. São Paulo: Editora Unesp, 1996, p. 79-99, com o título "A questão racial e a questão nacional".

"Pensamento social da Escola Paulista de Sociologia", em Sergio Miceli (org.). O que ler na ciência social brasileira: 1970-2002. São Paulo: Editora Sumaré, Brasília, DF: Anpocs, 2002. p. 183-230.

"Atualidade do pensamento social brasileiro", em Sociedade e Estado, v. 2, s. 26, 2011. p. 51-70.

Ao longo desses anos mantive diálogo com muitos colegas e amigos a quem agradeço: André Botelho, Antonio Brasil Jr., Antonio Herculano, Bernardo Ricupero, Eliane Veras, Florestan Fernandes, Gabriela Nunes Ferreira, Gildo Marçal Brandão, Heloísa

Fernandes, Lilia Schwarcz, Maria Arminda do Nascimento Arruda, Maria Fernanda Lombardi, Marcelo Ridenti, Mariana Chaguri, Mário Medeiros, Maurício Hoelz, Mônica Rugai Bastos, Nísia Trindade, Octavio Ianni, Reginaldo Prandi, Renato Ortiz, Rossana Rocha Reis, Rubem Murilo Leão Rêgo, Simone Meucci, Silviano Santiago, Walquíria Leão Rêgo, Wilma Peres Costa, além de Joana Rugai Bastos de Oliveira, que revisou e organizou pacientemente os textos que compõem este livro.

O apoio do Conselho Nacional de Desenvolvimento Científico e Tecnológico (CNPq) possibilitou esta pesquisa.

Introdução

A inegável situação de desigualdade que se constata no Sul Global encontra várias explicações de caráter ideológico, político e social: a colonização, o trópico, as raças inferiores, o peso das religiões dogmáticas, a preguiça, o atraso. Há, ainda, uma outra face: a prosperidade do Norte do mundo se deveria à pureza racial e à predominância da raça branca responsáveis por uma cultura "superior" a ser universalizada. Essas visões que se complementam, muitas vezes, dão origem à legitimação, por muitos setores populacionais, de comportamentos político-sociais discriminatórios, como o autoritarismo, a atribuição de subalternidade, a negação da alteridade, a recusa do reconhecimento da diversidade ou da diferença. Embora não seja uma posição única, é, sem dúvida, hegemônica, e foi denunciada, em vários momentos, por intelectuais e artistas. Lembro dos textos de Edward Said, que mostram como, no Ocidente, se constroem ficções para definir diversas outras culturas, frequentemente as considerando inferiores, de Amartya Sen, que indica como as desigualdades do mundo contemporâneo se tornam obstáculos ao desenvolvimento humano e social, e de Ibn Khaldun, historiador norte-africano do século XIV, que aponta o sentido positivo da convivência de várias formas de organização social[1].

O efeito da visão distorcida da desigualdade nos comportamentos sociais aprofunda o problema, mas também permite suscitar a

---

1. Said, em *Orientalismo*, mostra as representações culturais como possíveis meios de dominação e controle. As representações são essenciais tanto para a vida humana como para as sociedades, mas, segundo o autor, devem ser afastadas as autoritariamente repressivas, pois impedem que aqueles grupos vistos como inferiores tenham possibilidade de participar do denominado processo civilizatório.

questão sobre a possibilidade de busca de explicação segundo outro ponto de partida, pois as ideias podem provocar um aprendizado social progressista ou retrógrado. Em várias abordagens aqueles temas foram debatidos a partir de visões que reconhecem ou não a existência de conflitos a serem enfrentados. Não apresento aqui exemplos, mas vamos retomá-los nos capítulos que se seguem. Assim, nessa direção, abordo uma tradição sociológica defendida por cientistas sociais brasileiros que debatem aquelas afirmações sobre "atraso" como impedimento para que se estabeleçam relações sociais realmente democráticas. Trata-se da tradição de pensamento formada em torno de Florestan Fernandes e desdobrada por gerações seguintes, longe de afirmar que a questão esteja resolvida – são princípios teórico-metodológicos a serem testados, e não doutrina a ser imposta.

O grupo que examino tem como ponto importante de sua reflexão a pergunta sobre as razões, o perfil e os efeitos da discussão que se fez e se faz sobre o atraso no Brasil. Recusando essa visão, seu ponto de partida é demonstrar que a modernização da sociedade brasileira não se apresenta como um fenômeno maduro da evolução do mercado capitalista moderno, mas tem seu ponto de inflexão na crise política do sistema colonial. Por essa razão, cada fase típica da história do país implica seu modelo de desenvolvimento e um modo especial de modernização. Disso decorre a recusa da visão dualista que opõe, na análise, populações e regiões definidas como atrasadas ou modernas, como se houvesse uma linearidade de ação na superação do "retardo" via estabelecimento da primazia do moderno. Conforme indico nos textos deste livro, Florestan Fernandes, em lugar de uma explicação linear, mostra que as duas pontas do *continuum* se encontram, indicando que, no Brasil, os setores modernos reforçam aspectos das situações tradicionais para viabilizar a reprodução do *status quo* favorável à sua manutenção[2].

2. Esse ponto indicado em suas discussões sobre mudanças sociais (1962, 1974b) ganhará sistematização no livro *A revolução burguesa no Brasil* (1974a), em que assinala, em nota explicativa, ter começado sua escritura em 1966.

Uso a expressão "terceira margem" para denominar essa tradição apoiada no conto de Guimarães Rosa com esse título, no qual o escritor mostra que, enquanto as duas margens físicas de um rio são predefinidas, fixas, definidoras de uma visão da paisagem, uma terceira perspectiva pode ser considerada se estivermos no seu fluxo, permitindo uma visão dinâmica, que se abre à percepção de vários prismas. É uma terceira margem que se constrói a partir de ângulos diversos. Lembro que o conto de Guimarães Rosa foi publicado em 1962, no livro *Primeiras histórias*, no mesmo período em que Florestan Fernandes apresenta suas pesquisas sobre mudança social e modernização.

Qual é essa visão alternativa? Florestan Fernandes ao refletir sobre a sociedade brasileira busca demonstrar as particularidades de uma estrutura social e os efeitos de uma formação econômico-social localizada na periferia do capitalismo, que não só soma, mas combina em seu perfil modernidade e arcaísmos. Isso lhe permite responder à árdua questão da presença simultânea de grande riqueza e de extrema pobreza, que resulta em forte desigualdade nas condições de existência social, situação que limita à grande parte da população o acesso aos direitos políticos e sociais. Isso o induz a avançar no estudo tanto da composição dos grupos sociais como das modalidades de ação presentes em cada um deles.

Diferentemente da proposta do pensamento conservador, que aponta os limites da modernização mostrando as sobrevivências de modos de vida e de atores sociais que não foram atingidos pelas mudanças, cujo resultado em geral se transforma em proposta da não universalização dos direitos, Florestan Fernandes assinala a importância não só da sobrevivência das formas arcaicas, mas da simultaneidade de alimentação dos dois polos – o moderno e o tradicional – como forma fundamental para a reprodução de uma formação social capitalista periférica, por isso dependente.

O autor percorre a história do Brasil mostrando como, apesar das várias mudanças experimentadas pela sociedade brasileira, permanece a reprodução de uma pirâmide social que expressa a distribuição de bens com um mesmo desenho – larga base finalizando em um ângulo agudo. Essas posições na estrutura social resultam de uma desigual distribuição de poder na sociedade. No livro *A revolução burguesa no Brasil*, esse caminho analítico constitui o eixo de sua argumentação. A expressão "circuito fechado", que será adotada como título de um de seus livros, simboliza o ponto de partida e o resultado da interpretação, conforme aponto no capítulo "A história tarda, mas não falha". Considerando a circularidade, o sociólogo paulista propõe perguntas diferenciadas quando comparadas às de intérpretes do Brasil que o antecederam. Ele indaga, por exemplo, sobre o porquê de o centro da economia brasileira definir-se externamente; as razões, apesar do dinamismo dessa economia, da reiteração da exclusão, da pobreza e das disparidades regionais; e como a estruturação da sociedade brasileira se edifica a partir da combinação de elementos arcaicos e modernos que se retroalimentam.

O autor afirma que o estudo de uma formação econômico-social localizada na periferia do capitalismo configura-se em fundamento para a busca de explicações diferenciadas daquelas utilizadas para as formações capitalistas originárias, mostrando que são aspectos de realização particulares do modo de produção. Como essa construção não se realiza estritamente nos moldes clássicos que a história nos apresenta, Florestan Fernandes confere a esse processo uma ambiguidade, que se reflete na constituição dos elementos que a caracterizam e que exigem do analista uma abordagem especial das categorias analíticas. Em *A revolução burguesa no Brasil*, o autor aponta não apenas como a burguesia se forma, mas como ela se deforma se comparada ao modelo original. O método não nega os principais pontos do capitalismo constitutivo da sociedade brasileira, pois opera com a mesma relação entre totalidade e história daquelas formações originárias para apontar a situação especial de dependência. Afirma que as sociedades que se afastam do modelo hegemônico por si mesmas constituem um problema teórico para a ciência. Assim, as explicações válidas para as formações sociais metropolitanas nem sempre se aplicam mecanicamente àquelas condições especiais. Somente uma investigação intensiva e cuidadosa permite estender a aplicação da teoria às formações econômico-sociais periféricas.

A partir dessa ótica, Florestan Fernandes define sua preocupação ao formular as bases da reflexão sociológica no Brasil, não se propondo a realizar uma sociologia brasileira, inscrevendo sua análise no debate internacional da teoria social. Essa intenção, se relembrada, está presente no debate das questões contemporâneas a respeito da distribuição geopolítica desigual de poder no mundo. Em vários países, analistas da sociedade levantam o problema e retomam a história para compreender o presente.

Trata-se de proposição teórica com traços originais. Em outros termos, em vez de examinar o modelo institucional que definiria a organização social, ele traz para o centro da análise a dinâmica da sociedade e a definição das forças sociais no seu desigual poder político que se apresentam nos vários períodos históricos da sociedade brasileira, balizando as fronteiras dessas instituições.

Vários pontos dessa análise mostram a busca de um modelo teórico-metodológico novo e pouco ortodoxo. Assinalo alguns. A evidente distribuição desigual de bens econômicos, sociais, políticos e culturais é dado facilmente visível na sociedade brasileira. Trata-se de constatação correta, mas também quase óbvia, que pode se ater à aparência do fenômeno. Procurando ir além do facilmente constatável, Florestan Fernandes se interessa pelo processo que conduz a essa situação, isto é, como se dá e quais são os efeitos da convivência de elementos tradicionais e modernos, que supostamente seriam opostos e se anulariam. Ainda, pergunta que lugar esse fator assume na reprodução do sistema. Creio estar neste ponto a contribuição diferenciada de sua análise, em que pese ser a ausência de exame direto das instituições um desafio que se coloca aos pesquisadores posteriores.

Assim, sua escolha metodológica pela história de longa duração, não se apoiando estritamente na análise de pequenos grupos ou de instituições, busca operar a partir das formas de articulação do micro e do macrossocial, procedimento que ganha importância central no livro *A integração do negro na sociedade de classes.* Segundo o autor, enfatizar apenas uma dessas perspectivas fundaria o risco de atermo-nos ao aspecto instrumental da pesquisa, à dimensão metodológica, o que de fato não seria de pouca importância. Contudo, o sociólogo paulista vai além. Dando conta da dinâmica da sociedade, busca apreender como essas relações, que se expressam na articulação novo/velho, moderno/tradicional, alteram-se ao longo do tempo e se comportam nas diferentes conjunturas. Para tanto, aponta não bastar transferir soluções teóricas, mas sim repensá-las no quadro específico da correlação de forças que tem lugar no Brasil em cada um dos diferentes momentos da história. Aqui entra sua preocupação com as mudanças sociais, pois é um dado que se estende ao longo da edificação da sociedade brasileira, que obviamente não está parada no tempo. Percebê-las como um processo permite mostrar suas várias facetas: as mudanças produziriam a emergência de novos atores sociais, mas a história mostra formas encontradas para minimizar a agência desses personagens via controle, tema que abordo no capítulo *O controle das mudanças sociais.*

Florestan Fernandes aponta como o Estado, ator principal da mudança, opera ao longo da história com a afirmação da existência de interesses gerais da sociedade brasileira, desconhecendo a presença de interesses conflitantes resultantes das diferentes condições de existência social das diversas camadas da população. Trata-se de forma de exclusão desses setores sociais, ponto que permite ao autor formular as perguntas: Quem dita a agenda da mudança social? Quem se beneficia de seus efeitos? Esse foi um enfoque privilegiado conferido à sociologia especialmente nos anos de 1950 e início de 1960, período fortemente marcado pelas transformações provocadas pelo projeto desenvolvimentista, o que permitiu que essa área de pensamento se configurasse como uma força social ao lado de outras presentes naquele momento na sociedade brasileira. Não foi por acaso que cientistas sociais foram afastados da docência pelo governo ditatorial de 1964 e que o modelo de cursos dessa área foi alterado em 1967 e 1968, enfatizando seu caráter institucionalista.

A busca de resposta àquelas questões levou o autor paulista a abordar não apenas práticas institucionais, mas comportamentos grupais ou individuais. Esse aspecto de sua análise se expressa, por exemplo, como aponta em *A integração do negro na sociedade de classes*, na ênfase sobre o caminho trilhado pelos movimentos negros em direção a uma ampla concepção de democracia representada pela substituição da visão abstrata sobre preconceito pela consciência dos comportamentos discriminatórios, estes concretos. Em outros termos, trata-se da percepção clara do processo de tentativa de exclusão e de suas consequências, ou seja, da ambígua integração que dá ênfase aos elementos tradicionais que operam na "legitimação" da dificuldade de inclusão. Ao apontar essa transição, Florestan Fernandes mostra como os coletivos negros questionaram a afirmação difundida sobre a existência, na sociedade brasileira, de uma democracia racial. Assim, inaugura uma nova visão sobre as pesquisas sociológicas no Brasil, que pode ser aplicada mais amplamente à sociedade mundial. Essa ótica torna sua análise atualíssima.

Passo a um exemplo temático para mostrar como esse autor opera teoricamente para discutir a desigualdade racial a partir de uma concepção que se tornou central contemporaneamente, permitindo a formulação de políticas públicas. Conforme aponto no capítulo "Dois livros, dez anos de intervalo", a pesquisa empírica que ancorou os resultados do projeto Unesco sobre o preconceito racial tem características diferentes de investigações anteriores sobre o tema porque incorpora a participação de membros dos movimentos negros na própria investigação. Esse amplo material, que ultrapassou os objetivos daquele trabalho, foi usado como base para o livro *A integração do negro na sociedade de classes*, no qual o autor mostra a não equidade de condições de existência social em relação aos brancos, o que dificulta a integração do negro na cidade de São Paulo. A principal categoria analítica que marca a explicitação da diferença de integração de negros e brancos ao mundo do trabalho, à escolaridade e às vantagens da localização da habitação é a ordem social competitiva. Desde os primeiros anos após a abolição da escravatura os imigrantes, socializados numa sociedade ancorada no contrato, têm inúmeras vantagens sobre a população que vivenciou longamente a exploração do trabalho compulsório. A continuidade de condições adversas – dificuldade de acesso à escola, possibilidades de trabalho basicamente no setor de serviços, pobreza que impele à moradia em bairros periféricos, discriminação explícita – reproduz a não igualdade de condições de competição dos negros em relação aos brancos. Conhecemos os dados resultantes desse processo tanto em termos de renda como, mais recentemente, pelas mortes por covid-19. Dados de 2021 sobre a letalidade entre os internados em hospitais apontam que 55% dos pacientes negros hospitalizados com covid-19 não sobreviveram em comparação a 38% dos pacientes brancos.

Principalmente a partir dos anos de 1970, a afirmação de que todas as pessoas devem usufruir de liberdade individual, igualdade de oportunidades e ter acesso ao básico para uma vida digna ganhou discussão mundial, principalmente acionada pelas reflexões da teoria da justiça, provocando debates sobre a questão ética, uma vez que vastos setores populacionais têm historicamente vivido em condições de privação desses benefícios[3]. A denúncia de Florestan Fernandes em *A integração do negro na sociedade de classes*, publicado em 1965, sobre a exclusão dos negros brasileiros ao acesso a situações que lhes permitissem o desempenho adequado em comparação às condições logradas pelos brancos faz parte desse debate,

3. O livro de John Rawls, *Teorias da justiça*, publicado em 1971, é exemplar sobre essa reflexão.

embora restrito pela ação da censura operada pela ditadura de 1964. Em *A revolução burguesa no Brasil*, de 1974, o autor se dedica a apresentar um estudo sobre a formação e o desenvolvimento da ordem social competitiva no Brasil, em que aponta que nas sociedades nacionais dependentes, de origem colonial, o capitalismo é introduzido antes da constituição da ordem social competitiva. É ponto importante desse procedimento a paradoxal combinação "capitalismo", que supõe trabalho livre e "escravidão", que tem por base a não liberdade e o trabalho compulsório[4]. Esse é um dos perfis da escravidão moderna, ponto importante em que difere da visão culturalista dos estudos sobre o tema. Por essa razão, dessa ótica analítica, retomar o período escravocrata para ancorar aspectos do racismo contemporâneo presente na sociedade brasileira é procedimento básico.

Essa desigualdade de condições de competição, embora diferente entre o Período Colonial, o Império, a Primeira e a Segunda Repúblicas, afeta vários setores da sociedade, as camadas subalternas, algumas regiões do país. Em outros termos, o autor abre espaço teórico para a discussão de vários problemas contemporâneos no âmbito da justiça. A repressão acionada pela ditadura de 1964 prejudicou o desenvolvimento dessa abordagem via universidade, movimentos sociais e culturais, tendo em vista que professores foram compulsoriamente aposentados; intelectuais e artistas foram perseguidos nesse período; e movimentos sociais, reprimidos. No entanto, o problema estava estabelecido e várias abordagens inscreveram-se nessa tradição e têm apresentado avanços na denúncia dessas questões.

De todo modo, a reflexão de Florestan Fernandes sobre a ordem social competitiva complementa-se na sequência do tema desenvolvido primeiramente em *A integração do negro na sociedade de classes* (1965) e posteriormente retomado em *A revolução burguesa no Brasil*, publicado dez anos depois. Os debates sobre a questão, no

4. O livro de Fernando Henrique Cardoso (1962) é importante nesse debate.

início dos anos de 1960, explicitam-se pelas características de transformações sociais do período e pela aspiração de ampliação democrática considerada possível via agência de novos atores, embora na introdução do livro de 1965 a descrença na realização de uma verdadeira ordem social competitiva, mesmo nas sociedades centrais, seja explicitada pelo autor. No texto de 1974, em que o tema ganha definição teórico-histórica, as condições impostas pela ditadura civil-militar de 1964 levam o autor à retomada do estudo dos limites da instauração de bases democráticas. Entre as várias modalidades de repressão operadas estão aquelas que atuaram diretamente na produção e divulgação das ideias, por meio de censura prévia aos jornais, fechamento de cursos universitários, proibição e queima de livros. Florestan Fernandes, nesse texto, manifesta sua posição em relação ao papel das ideias – elas operam a mediação entre os processos sociais e o confronto político –, expressão de sua adesão à proposta mannheimiana em *Ideologia e utopia*. Na exposição sobre o que denomina "A revolução da independência", o sociólogo mostra que naquele momento as ideias liberais eram fundamentais ao questionamento do colonialismo e base para a edificação do Estado Nacional. Mas sua aplicação não se operou nos aspectos mais amplos daqueles princípios, pois a ausência de portadores sociais para sua realização permitiu a continuidade da vinculação a Portugal e a permanência da lógica administrativa impregnada de práticas patrimonialistas, além da manutenção do sistema escravista, citando apenas dois pontos. Assim, a construção do Estado Nacional foi fundamental para a autonomia dos estamentos senhoriais, ampliando seu poder, possibilitando seu papel significativo na estratificação social e, sobretudo, transformando as questões políticas em questões técnicas. Desse modo, a legislação sobre propriedade da terra só será discutida quase trinta anos depois, o que se estende no tempo acentuando o poder exercido por esses atores que garante a continuidade do sistema escravocrata. Esse descompasso, que se repete sob vários aspectos ao longo da história, resulta na formação incompleta da revolução burguesa no Brasil, uma vez que as classes sociais se formam conjuntamente: o impedimento à consolidação de uma delas afeta todo o processo.

O debate teórico fundamental sobre as questões que envolvem a ordem social competitiva foi adiado pela repressão acionada pelo AI-5 a que foram submetidos os professores de várias universidades. Também, a recepção de *A revolução burguesa no Brasil* foi limitada, conforme apontam André Botelho e Antonio Brasil Júnior (2020), pois a frente ampla contrária à ditadura centralizou os debates sobre os efeitos do autoritarismo – aposentadorias compulsórias, exílio, tortura etc. Mesmo posteriormente, as importantes medidas adotadas para a superação das desiguais condições de competição deixaram de lado a reflexão mais aprofundada sobre o sentido estruturante do processo de reprodução da desigualdade na sociedade brasileira.

Conforme abordo em vários capítulos deste livro, o processo de reprodução das condições desiguais, que Florestan Fernandes encara desde os textos da década de 1950 a partir de vários argumentos – circuito fechado, combinação estruturante do tradicional-moderno, permanência de atitudes do antigo regime –, aciona a permanência da estrutura social. Chama atenção a proximidade de sentido dessa argumentação da proposta de Derrida sobre a estruturalidade da estrutura, considerado, no caso brasileiro, o processo de reposição do *status quo*, resultante da ambiguidade presente pela localização da sociedade na periferia do capitalismo. Ou seja, se o processo de excludência reforça a estrutura, a emergência de novos atores e sua ação por meio dos movimentos sociais abriria espaço para sua alteração. No entanto, o efeito de reprodução do *status quo* é garantido pelo controle exercido sobre a mudança social, via autocracia, pois grande parte da sociedade legitima esse controle. De alguma forma, como sempre, os setores que participam da permanência dos quadros de poder têm pavor de "perder seu lugar de mando".

A visão de Florestan Fernandes sobre o papel da sociologia, principalmente nos textos dos anos de 1950 e de 1960, está ancorada em posição otimista, que se rompe com o golpe de 1964 e, principalmente, com as medidas ditatoriais de 1968. Se historicamente o circuito fechado se impõe à mudança social, a possibilidade de agência transformadora se apoia na emergência de novos atores via movimentos sociais. Assim, a sociologia crítica, apoiando-se na tese emancipatória do Iluminismo, pode se definir como uma das forças sociais desnudando os processos reprodutores da subalternidade e fornecendo elementos originais para a visualização dos dilemas que atravessam a sociedade brasileira, estes diferenciados daqueles apontados para as formações situadas no quadro do capitalismo originário. Explicita-se, assim, sua aposta na educação e na cultura expressa pelo protagonismo na luta pela escola pública e pela sua participação na Associação Cultural do Negro[5], o que explica a direta ação da ditadura direcionada à repressão dos componentes dos cursos de ciências sociais.

Se, para nosso autor, do ponto de vista teórico, a relação estrutura-agência é fundamental para analisar as possibilidades de participação das camadas subalternas na política, a situação impõe limites à consolidação dessa relação com a promulgação do AI-5, que intervém na educação, na cultura e nos movimentos sociais que denunciam a desigualdade. Fica clara, então, sua oscilação entre pessimismo e otimismo sobre as possibilidades de soluções realmente democráticas à questão da igualdade de condições de existência social na sociedade brasileira. Todavia, é fundamental assinalar que essa oscilação não se explica pelo estado psicológico do autor ou por uma mudança de posição teórica. Os textos de Florestan Fernandes estão profundamente enraizados no contexto de sua produção. Seus vários trabalhos sobre a questão racial explicitam claramente esse traço. Sua crítica em 1947 aos artigos de Paulo Duarte, que apontam a ditadura vigente até 1945 como responsável pelo fato de "os negros não aceitarem mais seu papel social submisso na sociedade brasileira", questiona diretamente a

---

5. Sobre essa participação, cf. o livro de Mário Augusto Medeiros da Silva (2023).

naturalização da desigualdade racial, tema que abordo no capítulo "Um entre outros debates sobre a questão racial"[6]. Sobre a discriminação racial nesse período, o debate constituinte e a formulação da Constituição de 1946 enfatizaram as liberdades institucionais, e não necessariamente a abertura da luta pelos direitos. Os comentários do sociólogo paulista sobre aqueles artigos mostram que a questão da discriminação, claramente presente nos argumentos de Paulo Duarte, deve ser abordada mais amplamente com a reflexão sobre a arquitetura rígida da sociedade brasileira.

A denominada pesquisa Unesco, em sua proposta geral elaborada como enfrentamento internacional à tese de pureza racial implantada pelo nazismo, cuja barbárie foi denunciada fortemente após o término da Segunda Guerra Mundial, aceitava a equivocada tese da democracia racial presente no Brasil e ancorava a própria proposta de pesquisa sobre a questão no país. A ampliação da investigação na cidade de São Paulo, onde a presença forte de imigrantes estrangeiros na composição da população poderia indicar novos ângulos à questão, alterou o prisma dos estudos. O questionamento da tese da democracia racial, proposto no citado plano, apresenta um problema teórico fundamental, que terá desdobramento nas publicações posteriores de nosso autor. O projeto de estudos elaborado por Florestan Fernandes a pedido de Roger Bastide aponta a aplicação não histórica do conceito "preconceito racial", que nessa pesquisa é substituído pela comprovação da discriminação racial que limita a igualdade de condições de competição entre negros e brancos. Evidentemente é um grande avanço em relação à questão democrática. O contexto é propício a esse desdobramento, pois a recusa de hospedagem por um hotel paulistano de alto nível a uma artista americana negra de projeção internacional abre importante

6. Fernandes enviara, então, uma carta a Duarte questionando suas posições. Não encontrei esse documento, mesmo pesquisando no arquivo do jornal O Estado de São Paulo e naquele que reúne os documentos de Paulo Duarte na Universidade Estadual de Campinas (Unicamp). No entanto, na apresentação da pesquisa apoiada pela Unesco, publicada em 1954, esse Paulo Duarte refere-se a essa crítica.

debate político, que resulta na aprovação, em 1951, da Lei Afonso Arinos, que denuncia a discriminação. Os limites desta, que não criminaliza atitudes e comportamentos discriminatórios, são denunciados pelos movimentos negros. Esses coletivos são depoentes da pesquisa coordenada pelos dois autores e sua crítica ganha lugar importante na opinião pública. Vasta parte dessa coleta não é mobilizada pelo relatório da investigação, pois o curto tempo que lhes é concedido para seu término não permite a inserção. Mais tarde será utilizado por Florestan Fernandes na construção da argumentação central de *A integração do negro na sociedade de classes*[7]. Porém, mais do que a questão da discriminação, as mudanças econômicas, políticas e sociais ocorridas nos anos de 1950 possibilitam uma nova ótica para a sociologia, o que é abordado pelo autor no texto *A sociologia numa era de revolução social*, tema que discuto no capítulo "Florestan Fernandes e a construção das ciências sociais". Essas mudanças acionam a emergência de novos atores sociais – os trabalhadores rurais –, que reivindicam a ampliação de direitos do trabalho e o acesso à propriedade da terra, este último ancorado na extensão da fronteira econômica provocada pela incorporação do Planalto Central a partir da construção de Brasília, inaugurada em 1961, e transferência do poder central àquela região. Conforme indiquei anteriormente, a sociologia ocupa um novo lugar como força social, inegavelmente importante, mas transitório, espaço que foi estreitado pela intervenção castradora operada pela ditadura de 1964 sobre os cursos de ciências sociais.

Além do processo de exclusão, a discriminação de negros e pobres é apontada por Florestan Fernandes em seus aspectos mais sutis. Lembro da questão da nomeação, pois os nomes assumem a função de não só perceber a realidade, mas organizá-la e classificá-la. Nomear é pressupor a existência de algo, portanto um nome estabelece uma relação com o mundo. A relação linguagem-realidade

---

7. O material coletado na pesquisa encontra-se no Fundo Florestan Fernandes, Biblioteca Comunitária, Universidade Federal de São Carlos (UFSCar).

não é simples, assume uma complexidade que tem por cenário as relações sociais e opera a função de alocar indivíduos ou grupos na sociedade envolvente. Assim, na reflexão de nosso autor, considero esclarecedores dois exemplos relacionados à nomeação. O primeiro está presente em *A integração do negro na sociedade de classes* e diz respeito à nomeação operando no sentido da ampliação do coletivo negro e definição de identidade dos descendentes de escravizados, então denominados usualmente pela sociedade brasileira como "população de cor". Nesse livro, o autor aponta que, no período de transição entre o fim dos anos de 1920 e início de 1930, a fusão dos conceitos "preconceito de cor" e "discriminação" é operada pelos componentes dos coletivos negros no seio do processo de ressocialização para a nova ordem social competitiva alcançado por meio dos movimentos sociais presentes no novo decênio. Essa fusão permite a percepção dos fatores que explicitam a desigualdade social e insere a situação como um dilema da democracia no país, portanto não se restringe a um dado apenas restrito à "população de cor", ampliando a reflexão sobre o sentido de uma sociedade democrática. Tal reconhecimento abre espaço para que esses coletivos aceitem a opção do termo "negro", que permite visão amplificada aos movimentos sociais e define a identidade que a expressão "de cor" não permitia. Possibilita ainda a reflexão sobre a história comum marcada pela restrição do acesso à integração na sociedade nacional. Mais ainda, leva a uma visão compartilhada da luta democrática e das possibilidades de agência, em que pese a diferença de estratégias definidas pelos vários coletivos negros organizados. Assim, não se trata apenas de uma mudança semântica, mas da recusa de aceitar a atribuição da expressão "populações de cor" elaborada pelos setores excludentes. É ainda a afirmação de uma identidade, pois esses setores discriminados, como afirma Florestan Fernandes, "lograram até suplantar o temor pela identificação através do termo negro".

O segundo exemplo diz respeito ao itinerário social e intelectual do próprio autor aqui enfocado. Ao nascer, o filho de Maria Fernandes recebeu o nome Florestan, sugerido por um amigo alemão, motorista da casa onde sua mãe trabalhava como empregada, denominação de personagem da ópera *Fidélio/Leonora* de Beethoven. Sua madrinha, patroa da mãe, passa a chamá-lo Vicente, alegando ser seu verdadeiro nome muito difícil e inadequado à sua situação social. Assim, desde a infância, passou a ser assim denominado. Assumiu oficialmente o nome Florestan diante da sociedade envolvente apenas quando passou a frequentar o curso de madureza, aos 17 anos. A experiência de vivenciar a subalternidade o atinge ao perceber que amigos e a própria mãe temiam que, ao estudar, se afastasse totalmente de seu grupo, perdendo contato com eles. No livro de 1977, *A sociologia no Brasil*, conta essa vivência da subalternidade e o lento processo de mobilidade social sem que se apagasse a experiência que o marcara e que permitia que pudesse abordar, a partir dela, a reflexão sobre a desigualdade social. Mostra, ao retomar o processo de sua formação, como a ressocialização que o preparou para a carreira que construiu se deu em dois planos, de certo modo coincidentes: o primeiro pela convivência na escola Riachuelo, tanto com seus colegas como com suas famílias; o segundo pela educação formal, de um lado pelo acesso ao conhecimento e, de outro, pelo apoio intelectual de professores, o que o levou a prosseguir nos estudos apesar das profundas dificuldades ocasionadas pelo pouco tempo que lhe restava à dedicação às disciplinas em razão de seus dois empregos. O autor mostra a importância do processo de socialização[8] por ele alcançado com o avanço da educação formal e com a "posse" de seu nome: "[...] adquiri uma nova estatura psicológica. Em suma, o *Vicente* que eu fora estava finalmente morrendo e nascia em seu lugar, de forma assustadora para mim, o *Florestan* que eu iria ser" (Fernandes, 1977, p. 157).

---

8. O processo de socialização foi considerado muito importante na análise de Florestan Fernandes. Veja-se o peso que confere à ausência de ressocialização dos escravizados e libertos para a nova ordem que se impôs após a abolição referente ao trabalho livre e à regência do contrato. O autor mostra como os movimentos sociais assumem a função de operar esse procedimento.

Quando analisamos a produção de um autor, como sempre assinalo em minhas aulas, devemos perceber sua contribuição apontando seu alcance e seus limites. Mas neste livro fiquei na cômoda posição de apontar o alcance das formulações de Florestan Fernandes, deixando para reflexão posterior os limites dessas propostas. Espero poder fazê-las aceitando os possíveis debates que este texto poderá provocar. Também apresentei só esporadicamente, nos capítulos que se seguem, como a leitura de vários autores clássicos da sociologia foi mobilizada pelo sociólogo paulista[9]. Reconheço ser essa tarefa difícil que implicaria abordar o que alguns autores apontam como ecletismo presente em sua obra, uma vez que minhas reflexões partem da suposição da recusa de Florestan de aplicação direta das formulações elaboradas fora do quadro de uma formação econômico-social localizada na periferia do capitalismo.

Voltando às palavras iniciais, a situação da sociedade brasileira e as reflexões ao longo dos anos são importantes para pensarmos aquelas questões que pareciam só nossas, que estavam rotuladas como interpretações do Brasil vistas por alguns pesquisadores como retorno arqueológico, mas que se apresentam como problemas ainda presentes no mundo. A questão da desigualdade abordada por Florestan Fernandes e autores que compõem a tradição de pensamento por ele inaugurada é o grande tema do mundo contemporâneo. Em sua análise, não apenas os grupos discriminados, mas as sociedades marginalizadas geopoliticamente constituem temática para uma nova ótica analítica. A partir das formações econômico-sociais localizadas na periferia do capitalismo é fundamental repensar os princípios emancipatórios da modernidade – liberdade, igualdade e solidariedade – a partir de um debate sério que os transforme em reais princípios políticos a serem mundialmente aplicados.

9. O texto de Lidiane Soares Rodrigues (2016) é exemplar para apontar como a leitura de Marx é mobilizada por Florestan Fernandes.

PARTE I

TEORIA E METODOLOGIA

1
Questão social e sociologia

A definição da questão social está circunstanciada à problemática vigente em tempo e espaço determinados, por essa razão não cabe em um conceito único e aplicável a todas as situações. A partir da expressão, pretende-se dar conta do conjunto de problemas de caráter social, econômico e cultural que se refere a determinado setor da sociedade, em um definido período. A questão social está ligada à forma pela qual um conjunto social representa o conflito, ou considera certa condição prejudicial ao equilíbrio das relações sociais. Por essa razão, as circunstâncias políticas que equacionam a distribuição de poder na sociedade tornam-se aspecto fundamental não só para o encaminhamento da questão social, mas também para configurar sua definição.

Mais do que isso, a partir da circunscrição da questão social, opera-se um recorte sobre a sociedade, que é presidido por uma constelação de interesses, que, na maior parte das vezes, encaminha o problema em direção a demandas sociais para sua "solução". Em outros termos, justifica uma forma de intervenção social que objetiva o fortalecimento e/ou o enfraquecimento de certos setores sociais em relação aos outros. Isso ocorre quando uma definida situação emerge como problema e aqueles setores que o naturalizavam como componente da edificação da sociedade, no quadro de um processo de mudança social, reconhecem a legitimidade do conflito e aceitam a busca de encaminhamento político para ele.

Mas isso não representa uma direção única em relação a esse debate, uma vez que interesses divergentes atravessam as classes sociais.

Em outras palavras, a naturalização dos conflitos acaba por tornar-se elemento impeditivo a que se coloquem os problemas como mobilizadores de disputas pelo poder e leva a certa inércia em relação à mudança social. Ainda que essa qualidade de imobilização seja, na maior parte dos estudos dos anos de 1950 e de 1960 sobre o Brasil, vista como um traço fortemente cultural[10], Florestan Fernandes a dimensiona a partir de outra ótica. Embora desde o início de sua carreira acadêmica tenha se fixado no estudo de grupos à margem do sistema de poder – indígenas, negros, grupos populares –, a dimensão mais completa, porque constitutiva de formulação teórica, ganha corpo principalmente nos livros *A integração do negro na sociedade de classes* e *A revolução burguesa no Brasil*, esta, não por acaso, com o subtítulo *Ensaio de interpretação sociológica*. Ouso dizer que, denunciando a naturalização dos conflitos raciais, e com eles a importância do sistema escravocrata na constituição da sociedade brasileira, Florestan aponta os óbices para a constituição da estrutura de classes no Brasil. O obscurecido afrontamento de classes, e/ou camadas de classes em direção ao poder, com estabelecimento de direitos e deveres, adia a discussão sobre a desigualdade e, portanto, a possibilidade de a burguesia assumir os traços democráticos que supostamente a constituiriam. Ao consagrar compromissos com setores tradicionais, a burguesia se coloca em posição ambígua: abre mão de assumir claramente o exercício de poder, embora continue lutando para garantir privilégios de várias ordens – alguns marcados pelos privilégios daquela tradição –, e fica dividida diante de setores econômicos com interesses diversos, os quais, por vários fatores, fundam-se em relações de trabalho não simétricas.

---

10. Florestan Fernandes admite que por um curto período aceitou a tese da demora cultural, uma pré-noção, então corrente, que considera inadequado seu próprio esforço de apontar a inadequação estrutural e dinâmica do horizonte cultural dominante (Fernandes, 1976a, p. 210).

Essa abordagem abre espaço a uma faceta da questão social que tem interessado menos aos analistas: trata-se da definição de seu lugar na configuração da questão nacional. Principalmente em dois momentos distintos do debate internacional das ciências sociais a questão social aparece como componente fundamental: na formulação do problema da diversidade – regional, setorial, racial, cultural, religiosa – e na sugestão de políticas públicas visando à homogeneização da sociedade e, portanto, à superação ou à acomodação das diferenças. Ilustro esse tema a partir de autores centrais na interpretação da sociedade brasileira.

A questão da diversidade é muito importante na formulação da questão nacional em Oliveira Vianna, principalmente em seu livro *Populações meridionais do Brasil*, uma vez que tanto o elemento regional como o étnico figuram como base para "a interpretação da nossa história e ao estudo da nossa formação nacional", como afirma o autor no prefácio escrito em 1918 para a primeira edição em 1920 (Vianna, 1952, p. 13) Diz nesse texto, argumentando contra as interpretações que afirmam a uniformidade do povo brasileiro:

> Mesmo que fossem homogêneos os *habitats* e idêntica por todo o país a composição étnica do povo, ainda assim, a diferenciação era inevitável; porque – mesmo somente levando em conta os fatores sociais e históricos – é já possível distinguir, da maneira mais nítida, pelo menos três histórias diferentes: a do norte, a do centro-sul, a do extremo-sul, que geram, por seu turno, três sociedades diferentes: a dos sertões, a das matas, a dos pampas, com os seus três tipos específicos: o sertanejo, o matuto, o gaúcho (Vianna, 1952, p. 14).

Também em Gilberto Freyre, nos textos publicados na década de 1930[11] e em *Interpretação do Brasil* (1947), a diversidade, representada pela especificidade da região Nordeste, o amálgama racial/cultural e a ordem social mantida pela ação do patriarcalismo são

---

11. Refiro-me à *Casa-grande & senzala* (1933), aos *Sobrados e mucambos* (1936) e ao *Nordeste* (1937).

garantias do equilíbrio dos antagonismos na sociedade brasileira. Em texto posterior, explicitando a teoria sociológica que aplicou ao estudo da sociedade brasileira considerada em suas origens, formação e consolidação, afirma:

> Creio mesmo ser possível reduzir-se, por arbitrária simplificação simbólica, o que há de sociologicamente formal dessa interpretação, ao triângulo – Patriarcado; Interpenetração de etnias e culturas; Trópico – à base o trópico. Sobre essa base [...] as duas forças dinamicamente mais atuantes na formação da sociedade brasileira: a configuração patriarcal de convivência [...] e a interpenetração de etnias e culturas (Freyre, 1968, p. 145-146).

Os dois autores acima assinalados aproximam-se em relação à diversidade constitutiva do país – regional, racial, economicamente setorial –, mas diferem quanto à consideração do encaminhamento político dos problemas advindos dessa situação, soluções que garantiriam, segundo eles, a unidade nacional. Oliveira Vianna, na exposição dos diferentes momentos da formação nacional, mostra que prevalecem sempre interesses individuais e interfamiliares em detrimento do espírito de solidariedade que preservaria os interesses nacionais gerais. Assim, a construção dessa unidade de propósitos,

> Esse alto sentimento e essa clara e perfeita consciência só serão realizados pela ação lenta e contínua do Estado – um Estado soberano, incontrastável, centralizado, unitário, capaz de impor-se a todo o país pelo prestígio fascinante de uma missão nacional (Vianna, 1952, p. 387).

De modo oposto, Gilberto Freyre advoga a tese da autorregulação da sociedade brasileira. A ordenação equilibrada encontra-se na concentração do poder político-social nas mãos do patriarca, abrindo-se à contribuição cultural e comportamental do escravizado negro e dos demais subordinados. Configura-se, assim, uma organização "naturalmente" estratificada, onde impera o equilíbrio dos antagonismos, resultando desse desenho uma sociedade marcada pela "democracia social" (Freyre, 1981, p. 335). O peso do elemento cultural na análise é uma derivação que dificulta a passagem ao debate da questão da representatividade dos grupos diversos na definição da agenda e na direção política.

> A casa-grande venceu no Brasil a Igreja nos impulsos que esta a princípio manifestou para ser dona da terra. Vencido o jesuíta, o senhor de engenho ficou dominando a colônia quase sozinho. O verdadeiro dono do Brasil. Mais do que os vice-reis e os bispos. [...] A verdade é que em torno dos senhores de engenho criou-se o tipo de civilização mais estável da América hispânica. [...] Nas casas-grandes foi até hoje onde melhor se exprimiu o caráter brasileiro; a nossa continuidade social (Freyre, 1981a, p. LVII-LXXV).

É certo que Freyre mostra que a alteração das circunstâncias muda a forma pela qual essa subordinação se opera, sendo esse o tema de *Sobrados e mucambos*, que mostra a permanência do poder patriarcal já no subtítulo do livro: *Decadência do patriarcado rural e desenvolvimento do urbano*.

> Quando a paisagem social começou a se alterar, entre nós, no sentido das casas-grandes se urbanizarem em sobrados [...] aquela acomodação quebrou-se e novas relações de subordinação, novas distâncias sociais, começaram a desenvolver-se entre o rico e o pobre, entre o branco e a gente de cor, entre a casa grande e a casa pequena. Uma nova relação de poder que continua, entretanto, a ser principalmente o dos senhores, o dos brancos e o dos homens. Maiores antagonismos entre dominadores e dominados (Freyre, 1981b, p. XLI).

Diversidade e desigualdade

Assinalo que a questão da diversidade pleiteada por esses autores, e muitas vezes em outros textos que abordam a questão nacional, não mostra a frequente superposição diversidade/desigualdade. Otto Bauer, em 1907, no livro *A questão nacional e a socialdemocracia*[12], apresenta uma argumentação que aproxima os dois conceitos, criticando fortemente as teses que fundam a unidade nacional na homogeneização cultural. Ele mostra que

> numa sociedade pautada na propriedade privada dos meios de produção, as classes dominantes – primeiro, o Estado dos cavalheiros; hoje os instruídos – compõem a nação como totalidade daqueles em quem a mesma cultura, formada pela história da nação e transmitida por sua língua e educação nacional comuns, produz uma afinidade de caráter. As grandes massas, por outro lado, não constituem a nação [...] e não o fazem ainda, já que a comunhão educacional nascente não as incorpora plenamente (Bauer, 2000, p. 65).

Embora as condições históricas que fundavam sua argumentação tenham sido alteradas por vários fatores – Primeira Guerra Mundial, Revolução Russa e espaço de mais de um século –, a construção de uma sociedade marcada pela igualdade de oportunidades é pautada, como hoje, pela desigualdade de condições sociais de existência.

Algumas discussões dos cientistas italianos, particularmente os escritos de Gramsci, constituem exemplo clássico da superposição das questões nacional e social. A expressão "questão meridional" indica a situação de atraso – econômico, social e político – em que se encontrava a Itália do Sul, principalmente a partir da terceira década do século XX, em relação às outras regiões do país. A forma a partir da qual as ciências sociais se apossaram da problemática define claramente os diferentes encaminhamentos políticos propostos à realidade italiana – refiro-me principalmente ao período que antecede a Segunda Guerra Mundial, conforme assinala Gramsci (1977).

Gramsci mostra que, na abordagem da questão, de um lado, estão análises que buscam a natureza do problema em peculiaridades da história que condicionam o processo de unificação e de desenvolvimento da sociedade italiana. Nessa reconstrução histórica, o autor aponta o fato de terem sido celebradas alianças políticas que

---

12. Não conheço tradução em português, mas há em inglês e espanhol.

levaram à redefinição do problema em outro patamar – o técnico –, que deixa de perceber as nuances do problema. Assim, indicavam uma solução que só poderia ser alcançada se considerada a submissão da região ao projeto econômico proposto pelas regiões hegemônicas. Nesse sentido, trata-se da questão nacional com tácita aceitação da subordinação regional.

De outro lado, encontram-se os estudos que partiam da constatação do retardo, atribuindo ao Estado a tarefa de intervenção na realidade social a fim de modificar as formas de produção artesanais e os costumes camponeses, que seriam os reais produtores do atraso. Nesse sentido, a resolução estaria direcionada à região e suporia aceitação tácita de um modelo de desenvolvimento econômico do país. A região deveria adequar-se a esse modelo, e a questão social estaria solucionada quando houvesse, se não homogeneização, pelo menos aproximação em termos econômicos.

O encaminhamento sugerido por Gramsci supera ambos os pontos de vista. Primeiramente recusa medidas técnicas autônomas em relação a uma agenda mais ampla. Um bom exemplo é o de sua posição em relação à automática distribuição de terras aos camponeses meridionais e das ilhas.

> A regeneração econômica e política dos camponeses não deve ser procurada numa divisão das terras incultas ou mal cultivadas, mas sim na solidariedade do proletariado industrial, que necessita, por sua vez, a solidariedade dos camponeses, que tem interesse em que o capitalismo não renasça economicamente a partir da propriedade territorial e tem interesse em que a Itália meridional e as ilhas não se tornem uma base militar da contrarrevolução capitalista (Gramsci, 1977, p. 20-21).

Ele lembra que não basta uma fórmula mágica – a repartição mecânica do latifúndio[13] – e aponta como saída a aliança das classes

13. "O que consegue um camponês pobre invadindo uma terra inculta ou mal cultivada? Sem máquinas, sem habitações no lugar de trabalho, sem crédito para aguardar o tempo da colheita, sem instituições cooperativas que adquiram sua própria colheita [...] sem tudo isso, o que pode obter um camponês pobre da invasão?" (Gramsci, 1977, p. 21).

subalternas para a construção de uma política nacional comum e não aceitação de medidas que, isoladas, reforçariam a submissão[14].

Com relação ao segundo argumento, indica a necessidade de as massas do Norte da Itália lutarem contra a ideologia difundida pelos propagandistas da burguesia assentada em posições altamente discriminatórias, que afirmam:

> O *Mezzogiorno* é a trava que impede o progresso mais rápido do desenvolvimento civil da Itália; os meridionais são biologicamente seres inferiores, semibárbaros ou bárbaros completos, por destino natural; se o *Mezzogiorno* é atrasado, a culpa não é do sistema capitalista ou de qualquer outra causa histórica, mas sim da natureza, que fez os meridionais poltrões, incapazes, criminosos, bárbaros, compensando esta sorte ingrata com a explosão puramente individual de grandes gênios, que são como solitárias palmeiras num árido e estéril deserto (Gramsci, 1977, p. 23).

Gramsci abre espaço para que se reconheça que a diversidade frequentemente foi e é vista como desvio, desordem em relação ao "normal", ao "correto". Ao longo de sua argumentação, o autor italiano permite visualizar uma situação quase corriqueira: rejeitar a diversidade permite esconder que ela vem acompanhada, na maior parte das vezes, da desigualdade de condições econômicas, sociais e políticas. Em outros termos, a questão meridional italiana não se reduz a um problema regional, mas remete diretamente à dimensão política nacional. Utilizando formulação não gramsciana, mas creio que traduzindo suas intenções: se as fronteiras da sociedade e do Estado se superpuserem, abre-se espaço para que todos os setores da sociedade estejam representados no Estado.

No Brasil, como exemplo desse impasse, tem-se a definição da questão social na sociedade brasileira da segunda metade do século XIX. É claro que, na época, a questão da abolição polariza as preo-

14. Na mesma direção, exemplifica com a recusa dos operários torinenses em assumir a gestão da Fiat® em forma de cooperativa, pois tal medida representaria "entrar no sistema de forças políticas que hoje [refere-se a 1920] governam a Itália" (Gramsci, 1977, p. 29).

cupações e a escravatura configura-se como *a* questão social. No entanto, as motivações que sustentam a reivindicação percorrem um caminho diferente daquele do interesse sobre a específica situação social do negro escravizado, ou seja, uma questão social concreta que se refletirá nas condições posteriores a que o negro livre estará circunscrito. Ilustração do problema está presente em Tavares Bastos, que, em carta de 25 de setembro de 1861, indaga:

> Qual é a grande lei do trabalho? É o progresso, isto é, o aperfeiçoamento. Ora, o aperfeiçoamento do trabalho, seja público, seja privado, mede-se pela sua economia, economia de serviço pessoal que corresponde à economia de tempo, economia de tempo que redunda em economia de dinheiro (Bastos, A., 1977, p. 13 *apud* Rêgo, W., 1989).

É evidente a preocupação com "a questão da racionalidade que o trabalho livre imprime ao processo produtivo" (Rêgo, W., 1989, p. 86). No entanto, as "resoluções" aparecem descoladas do problema que vai marcar profundamente a população dos ex-escravizados e seus descendentes. As sugestões giram prioritariamente, na obra de Tavares Bastos, em torno do que considera essencial para a modernização do país: a abolição gradual da escravatura; a política imigratória, como garantia da vinda de imigrantes operativos; a discussão da questão fundiária, com o intuito de encaminhamento de reformas tributárias que garantam o acesso dos imigrantes a uma parte do solo agricultável.

Nesse caso, a definição da questão social estava subordinada à percepção do atraso tecnológico acarretado pela escravidão. Assim, seu encaminhamento em direção à "solução" passaria, necessariamente, pela abolição, mas também implicaria, nessa ótica, sua definição fragmentada. Em outros termos, isolar um problema de sua articulação mais geral significa encaminhá-lo politicamente em direção a determinada resolução. O acurado estudo que A. Bastos (1939) faz sobre as vantagens da imigração para o desenvolvimento brasileiro é ilustrativo dessa questão. Em cuidadosa análise sobre esse texto, Lígia Osório Silva aponta as linhas do debate sobre a relação entre a Lei de Terras e as propostas sobre imigração.

> A análise de Tavares Bastos sobre a questão da imigração, presente nos dez capítulos que compõem a Memória sobre Imigração (1867), desenvolvimento dos pontos principais do manifesto da Sociedade Internacional de Imigração, demonstra uma faceta da originalidade do seu pensamento político e revela, ao mesmo tempo, a distância que o separava dos liberais de outros matizes que lutavam pelo apoio estatal à imigração, mas não aprovavam a utilização das terras públicas como meio de financiá-la (Silva, L., 1998, p. 4).

A autora mostra como as várias questões se articulam no livro desse intelectual – o destino das terras devolutas, o imposto territorial, a escravidão, as liberdades civis, a parceria e o papel do governo. É o impasse da institucionalização das medidas de forma articulada que ganha prioridade no debate político daquele momento. Para Tavares Bastos, não se tratava de propostas isoladas, pois elas faziam parte de uma visão geral sobre a sociedade brasileira. No entanto, percebe-se que o debate geral acaba por abordá-las separadamente.

Quanto à discussão sobre o destino dos escravizados, vemos posições diferentes em dois momentos da obra de Tavares Bastos. Falando sobre impostos que garantiriam as mudanças que propõe para a área da educação e do trabalho, num primeiro momento, ele afirma:

> a mesma lei que criasse tal imposto deveria proibir a todos de possuírem nas povoações maior número de escravos do que os necessários ao serviço doméstico; os que excedessem pagariam uma taxa elevada e progressiva. Assim desapareceria das cidades a repugnante indústria do aluguel de escravos, e os imigrantes as povoariam lentamente, substituindo aqueles nos serviços urbanos com maior proveito público (Bastos, A., 1975, p. 59).

Se num primeiro momento sugere, como forma de estímulo à emancipação, aumentar os impostos para os proprietários de escravizados urbanos, mais tarde altera essa posição.

> Não aconselhamos o imposto progressivo sobre os escravos urbanos, que aliás outrora nos parecera útil. Expelir os escravos das cidades para o campo, ou, como se exprimiam decretos relativos a Cuba, transformar a suavíssima escravidão doméstica em escravidão rural, é por si só uma iniquidade: não roubemos ao escravo urbano o único favor que a ingrata fortuna lhe depara, o de nascer nas cidades. Por outro lado, fornecendo novos braços servis à lavoura, facilitando-lhe a aquisição dos fôlegos vivos, que repelem o arado e as máquinas, não iríamos perpetuar a sua degradação, agravar a sua decadência, aumentar os seus embaraços presentes como o jogo aleatório da compra de cativos, origem de tanta ruína? (Bastos, A., 1975, p. 168).

Observa-se que, embora Tavares Bastos seja um dos liberais mais avançados do Segundo Reinado[15], sua argumentação assenta-se em princípios econômicos e sua visão sobre a condição dos escravizados contém coloração ética e não fundada em direitos, o que, aliás, já estava prefigurado pela aceitação da simultaneidade da constituição da sociedade cindida entre homens cativos e homens livres. Assim, esse é um dos limites que as propostas sobre a questão social encontram nesse ator.

Ora, se a definição da questão se configura em elemento de base para a adoção de políticas sociais com a finalidade de superação dos problemas, as ciências sociais são instrumento básico do processo. Então, a discussão sobre o alcance e os limites desse instrumental, definindo sua face crítica ou intervencionista, passa a ser, também, momento privilegiado no estabelecimento dos contornos da questão nacional. Essa questão não se define de modo claro, assentada na ambivalência apontada, até o momento do surgimento das leis abolicionistas e da configuração, no horizonte, da abolição da escravatura, implicando um dilema apresentado ao conjunto da nação:

---

15. Lígia Osório Silva lembra esse traço que marca diferencialmente Tavares Bastos dos políticos do Império. "A obra de Tavares Bastos impressiona pela coerência do seu pensamento, coerência que se constata também na trajetória política do parlamentar. Possuir esta característica era algo bastante raro neste Império escravista e periférico, onde as ambiguidades de liberais e conservadores eram tantas que tornavam difícil ao observador efetuar a distinção entre eles" (Silva, L., 1998, p. 3).

Como inserir o negro nos quadros sociais de uma sociedade de homens livres?

Ainda no século XIX, em vários momentos, as reflexões sobre a questão racial estão articuladas a respostas dadas à solução desse dilema. As ideias sobre a formação do povo brasileiro estão presentes em muitos autores românticos, mas, em seus trabalhos, o tema da raça aparece articulado a um passado idealizado. Em outros termos, quando essa reflexão se desenvolve, por tratar-se de período marcado pela afirmação da nacionalidade, configura-se a necessidade de formulação de uma história independente do passado colonial. O indígena personifica esse passado, e por esse motivo a questão racial, nesses autores, reduz-se de certo modo ao debate sobre o indianismo. Dito de outra forma, o indígena, no Romantismo, é captado a partir de sua referência ao passado idealizado. Portanto, o indianismo constitui-se na forma pela qual se apresenta, naquele momento, a questão racial, sem que seja ameaçada a ordem vigente, isto é, a sociedade escravocrata. Assim, o que marca a atuação desses autores é uma dubiedade nas atitudes e nas práticas, uma dualidade de tendências, que levou a serem denominados por Antonio Candido de "geração vacilante"[16].

Desse modo, creio ser possível afirmar que o debate sobre a questão racial ganha seus verdadeiros contornos somente a partir de 1870, tendo como marco a figura de Sílvio Romero. Lembrando o papel desse autor na interpretação do Brasil, Antonio Candido diz:

> Talvez a primeira manifestação do que seria considerado Sociologia no Brasil durante quase meio século se encontre na Introdução à história da literatura brasileira (1881), onde Silvio Romero estabelece as diretrizes que orientaram

---

16. Antonio Candido (1981) se refere aos primeiros românticos, geração que amadureceu durante a Regência e os primeiros anos da Maioridade, isto é, num período de grandes mudanças políticas. Isso explicaria "os vaivéns políticos desses homens; sua relativa inconsistência ideológica; a fragilidade de suas posições" (p. 54). Ainda, "como acontece a todo momento transitório, uma geração cheia dos contrastes, que foram resolvidos por certa dissociação entre a prática literária, de unhas aparadas, e a teoria, onde se concentrou ousadia maior" (p. 49).

> por muito tempo os estudos sociais no Brasil, ao interpretar o sentido da evolução cultural e institucional segundo os fatores naturais do meio e da raça (Candido, 2006, p. 273).

Ao procurar compreender a constituição da sociedade brasileira, Romero afirma tratar-se da história de um *tipo novo* de homem – o mestiço. "Todo brasileiro é um mestiço, quando não no sangue, nas ideias" (Romero, 1960, p. 34-35). Aliando a questão racial ao meio físico e à imitação, traça o esboço do caráter brasileiro, partindo do princípio de que há uma inferioridade racial na nossa formação, resultante de caldeamentos de indígenas e negros, que se reflete no nível do pensamento. Trata-se de uma "sub-raça mestiça e crioula, distinta da europeia" (Romero, 1960, p. 101). Assim, almejar a civilização é possível, mas o autor acredita que essa tarefa é muito difícil e a encara com pessimismo. Percebe-se uma ambiguidade fundamental: a raça é inferior e o clima é ruim, no entanto há saída para o impasse, embora o autor não indique claramente qual é. A discussão tem atrás um cenário de reflexões sobre o pensamento e a formação nacionais, representado pela Escola de Recife. Ao mesmo tempo, percebe-se a influência das novas ideias europeias – Taine, Renan, Gobineau, Spencer, Darwin – e dos contornos de uma nova sociedade que se esboça. Segundo suas palavras:

> Na política é um mundo que vacila. Nas regiões do pensamento teórico o travamento da peleja foi ainda mais formidável porque o atraso era horroroso. Um bando de ideias novas esvoaçou sobre nós de todos os pontos do horizonte (Romero, 1900, p. XXIV).

Creio que se pode afirmar que o racismo científico atua, em termos da questão racial, como superação do pensamento romântico. O ponto mais radical dessa reflexão encontra-se em Nina Rodrigues, em fins do século XIX e início do XX, que sustenta não só a existência de raças inferiores – negros e indígenas –, mas também a necessidade de um tratamento diferenciado em termos jurídico-políticos para elas. Sua visão sobre a possibilidade de civilização das "raças inferiores" é totalmente pessimista. O racismo científico é uma tentativa de conferir um cunho legal à discriminação racial. Procura-se provar, por meio de uma linguagem científica, a desigualdade entre as raças. Isso "legitima" a liderança branca e a necessidade de as "raças inferiores" acatarem tal condição (Medeiros, 1984, p. 72).

Não se pode esquecer que, mesmo nesse quadro, esboçam-se oposições, todavia vagas, fragmentadas, que não alcançam grande repercussão, pelo menos naquele momento. É o caso de Manuel Bonfim no início do século, que recusa determinismos étnicos, geográficos e climáticos, percebendo o equívoco das teorias racistas e questionando a ideia de transmissão dos caracteres psicológicos[17].

O ensaísmo da década de 1920 herda esse pano de fundo e, a partir das análises sobre a inferioridade física, psicológica e moral das raças "não brancas" e sobre as consequências disso em relação à mestiçagem, constrói sua visão acerca da formação nacional. Oliveira Vianna, que nesse período procura analisar a associação entre a evolução da raça, da sociedade e das instituições políticas, é o expoente máximo dessa tendência. Especialmente no livro *Evolução do povo brasileiro*, cuja primeira edição é de 1922, o autor busca definir as características da formação étnica do povo brasileiro e seus consequentes traços psicossociais[18]. Mesmo tendo sofrido várias críticas, reafirma no prefácio das edições seguinte, segunda e terceira, as posições adotadas nesse texto:

> Todas as tendências nele assinaladas, sociais, étnicas e políticas, acentuaram-se cada vez mais: *socialmente* – a tendência colonizadora para os chapadões centrais; – a evolução arianizante dos nossos grupos miscigêneos; *politicamente* –

17. Cf. Bomfim (1993) e Botelho (2002).

18. O livro recebeu várias críticas principalmente pela relação estabelecida por Vianna entre raça e traços psicológicos, ao aproximar "a psicologia excepcional dos antigos pioneiros paulistas", indicando os bandeirantes como descendentes "do famoso dólico-louro, do H.europeus, de Lapouge".

> o movimento para a centralização, para a ascendência do poder central (Vianna, 1956, p. 5).

Para ele, o processo de fusão das três raças originárias ainda está, naquele momento, em curso, e o melhor caminho a ser tomado seria o da arianização, que poderia ser logrado a partir de política de imigração, que selecionasse tipos que melhor se adaptassem ao clima e ao meio geográfico brasileiros. Dessa forma, afasta-se do pessimismo, marca do racismo científico, acenando para a viabilidade política do Brasil. Outros autores importantes desse período podem exemplificar essa tendência: Gilberto Amado, Azevedo Amaral, Vicente Licínio Cardoso.

Entretanto, ao se comparar a discussão sobre a questão racial da década de 1920 com o debate da virada do século XIX ao XX, pode-se perceber uma diferença fundamental. Na passagem do século, tratava-se não só de exorcizar a integração do negro na sociedade, mas também de afirmar que a problemática da mestiçagem, aliada ao problema do meio ambiente, apresentava-se como um dilema de certo modo insolúvel, levando a perspectivas pessimistas quanto à viabilidade do Brasil como nação. Na década de 1920, os debates sobre a raça direcionavam-se a uma tentativa de modificação da sociedade em vários aspectos, entre os quais a ideia de unidade populacional era considerada fundamental. Não entro em pormenores sobre a questão, mas lembro que a crise do pacto oligárquico nesse decênio apontava para o fortalecimento de movimentos centralizadores. Nos termos em que o debate se define e posteriormente se consolida nos anos de 1930, pode-se afirmar que a questão racial é componente fundamental da *questão nacional*. Embora a discussão se restrinja, aparentemente, ao nível psicossocial, a questão da raça é o modo pelo qual se apreende a realidade social. Em outros termos, o discurso racista é a forma pela qual se expressam os problemas nacionais, a impossibilidade de transformação imediata do escravizado em proletário e a assimilação do imigrante à sociedade em transição. Se na passagem do século era a linguagem por meio da qual se exprimia um dilema de caráter econômico-social, na década de 1920 indica um problema que atinge também o nível político: Quais são as possibilidades de estender, efetivamente, os direitos da cidadania à totalidade da população? Qual é a viabilidade da admissão do direito de associação aos trabalhadores em geral? Trata-se de duas conjunturas históricas diferentes: a primeira é um período de transição, em que o Estado ainda não se consolidou; e a segunda, um momento em que se delineava um Estado forte e centralizado, capaz de orientar as mudanças da sociedade. Esse Estado, cujo perfil se constrói tanto no âmbito das ideias quanto na luta política desenvolvida na década de 1920, tem sua definição marcada pelo debate regionalismo/centralismo. O problema apresenta duas faces: uma econômico-político-administrativa; e outra sociocultural. Esse já é o momento de transição para uma nova etapa de abordagem da questão, que se desenvolverá na década de 1930[19]. Nesse período, no bojo do processo de transformação do Estado, apresenta-se de modo prioritário a discussão: Como universalizar os direitos, mesmo que formalmente, numa sociedade em que se reconhecem categorias diversas de indivíduos *constitutivamente diferentes*?

A esse impasse, Gilberto Freyre propõe uma resposta que será instrumento para postergar o debate da heterogeneidade no seio da sociedade brasileira: a interpenetração das etnias e culturas. Sua concepção da sociedade brasileira funda-se na inter-relação de três elementos: o patriarcado, a interpenetração das etnias e culturas, o trópico. A família patriarcal, resultado social de configurações econômicas, é também o espaço prioritário de relações

---

19. Antonio Candido aponta que as condições políticas e sociais que sucederam à Revolução de 1930 exprimem "uma curiosidade acentuada de conhecer o país e, em sentido mais amplo, a sociedade moderna e os seus problemas. A expressão 'realidade brasileira' é típica do momento, tornando-se verdadeiro lugar-comum a que recorriam indiscriminadamente jornalistas, políticos, escritores e estudiosos; havia no ambiente, além disso, uma solicitação intensa pelos estudos sociais, que se multiplicaram nos diferentes campos da história, da economia, da política, da educação, concorrendo para criar uma atmosfera de receptividade e expectativa em torno da Sociologia" (Candido, 2006, p. 284).

sociais necessárias à produção e adaptadas ao trópico. Essa adequação se faz em dois sentidos contrários entre si: pela submissão das características raciais ao meio físico – o trópico – e pela imposição de formas e acessórios estranhos à cultura, que permitem aos setores dominantes a conservação como perfil da sociedade brasileira a raça branca e a cultura europeia. Nessa formação haveria peso idêntico entre a casa-grande e a senzala, uma vez que aponta o escravizado, por meio da difusão de seus usos, costumes e comportamentos, como forte colaborador no processo de colonização. A família patriarcal é marcada pelo cruzamento inter-racial, que, ao apagar as contradições, ao harmonizar as diferenças, opera a diluição dos conflitos, traduzida num cruzamento intersocial (Freyre, 1981a).

Nesse sentido, pode-se afirmar que a obra de Gilberto Freyre produzida na década de 1930 torna-se elemento importante para a consolidação das alianças políticas expressas no pacto agrário-industrial. Não se trata apenas da discussão da *democracia racial*[20]. Antes, essa afirmação torna-se peça fundamental para apontar a importância não apenas da família, mas também das forças oligárquicas que, naquela conjuntura, deveriam ser incorporadas ao projeto urbano-industrial por serem a garantia da ordem social e da unidade nacional. É a partir dessa tese que o autor mostra a articulação na sociedade brasileira entre o *velho* e o *novo*, a relação intrínseca entre o tradicional e o moderno. Trata-se da forma pela qual aponta, indiretamente, a debilidade política e social da burguesia industrial que, para impor seu projeto de uma nova ordem social, necessita do apoio dos setores agrários tradicionais, uma vez que somente estes são capazes de compreender e de manter a velha ordem da sociedade[21].

---

20. Há uma controvérsia sobre se Gilberto Freyre utilizou a expressão "democracia racial". Ele usa preferencialmente a noção "democracia étnica". Em *Interpretação do Brasil*, por exemplo, concordando com Cassiano Ricardo, afirma "que as Bandeiras, mais do que qualquer outra instituição, é que promoveram a democracia social e étnica tão característica do Brasil" (Freyre, 1947, p. 106).

21. Cf. E. Bastos (2006).

O discurso de Gilberto Freyre, que emerge como "científico", transfigura-se em "discurso político", na medida em que se apresenta como elemento importante para a manutenção do Pacto de 30. Desse modo, o pensamento freyriano transforma-se na garantia de uma forma de encaminhamento da revolução burguesa que legitima a articulação "pelo alto". Mais ainda, é patamar sobre o qual pode assentar-se uma interpretação da história brasileira, em que as transformações sociais se fazem sem rupturas. Em outros termos, analisar o *ethos* nacional a partir da percepção do nacional como soma de raças, regiões, culturas e grupos sociais significa apagar a possibilidade de percepção do social como contraditório, em que a dominação se reitera exatamente porque se exerce sobre a diversidade, garantindo a desigualdade. Esse papel exercido pelo seu pensamento permite que se veja, em Gilberto Freyre, um dos intelectuais que encaminha a consolidação do Pacto de 30, na medida em que seus trabalhos expressam as possibilidades de as oligarquias agrárias estarem presentes na "nova ordem" em curso, sem que para isso fossem necessárias mudanças de caráter estrutural.

A partir dessas colocações, que de forma breve e sem o devido aprofundamento objetivaram oferecer uma indicação das relações entre pensamento social, questão social e questão nacional, passa-se, a seguir, a refletir sobre alguns trabalhos de sociologia produzidos em São Paulo, no período de 1950 a 1968, nos quais essa triangulação se transforma em abordagem importante.

A sociedade tomando consciência de si mesma

É lugar comum na análise apontar para a década de 1930 como o momento de definição do campo de atuação da sociologia – momento esse marcado pela sua institucionalização e sistematização como disciplina. A partir de então, a sociologia conhece várias etapas que, paulatinamente, lhe definem a área de atuação.

Duas fases fundamentais e simultâneas ocorrem na década de 1930: primeiramente, compreende um diálogo com o pensamento tradicional brasileiro que lida com a questão social, emergindo independentemente da academia; posteriormente, incorporando um novo *ethos*, produz-se na universidade, legitimando-se via "discurso científico". Diferentes vias de encaminhamento da reflexão sobre a questão social, nesse momento, definem tendências políticas diversas no direcionamento das soluções dos problemas. Entre outros, três grupos de autores as exemplificam:

- Aqueles influenciados pelo debate culturalista, representando um rompimento com as reflexões sobre a formação nacional que vem do fim do século anterior e se estende até a década de 1930. Nesse grupo estão Gilberto Freyre, que inaugura a tendência, e vários autores que compactuam com suas ideias.
- Os pensadores que deixam claro seu compromisso com o Estado Novo, tomando as questões sociais – agrária ou do trabalho, por exemplo – como questões técnicas e buscando afastar do debate os aspectos conflituosos do problema. Almir Andrade e, de certo modo, Oliveira Vianna, quando considerada a produção desse autor no período, pertencem a esse grupo.
- Os autores que questionam a interpretação culturalista e, de modo mais ou menos amplo, percebem o fato de as explicações fundadas na análise da cultura patriarcal impedirem a percepção e o debate sobre o problema da desigualdade. Mais ainda, que estas devem ampliar-se, permitindo a discussão do problema dos direitos sociais e dos direitos políticos, de modo a possibilitar o debate sobre a cidadania. Nesse sentido, questionam o Estado e prenunciam elementos que estarão presentes no confronto de forças sociais e políticas que se dará nas discussões da Constituinte de 1946. Destes autores, cito Caio Prado Júnior, Sérgio Buarque de Holanda, Djacir Menezes, Nestor Duarte, entre outros. Esse grupo é aquele que influencia, de modo mais amplo, a produção sociológica de São Paulo.

É conhecido o âmbito dos debates que, principalmente no fim dos anos de 1950 e início dos anos de 1960, opõem as ideias dos sociólogos paulistas às dos sociólogos do Rio de Janeiro, estes representados pelos pensadores do Instituto Superior de Estudos Brasileiros (Iseb) e da Universidade do Brasil, e aqueles pelos intelectuais da Universidade de São Paulo (USP) e da Escola de Sociologia e Política. Creio ser exagero localizar geograficamente as diferenças, mas parecem ser produto das condições de produção do pensamento em cada uma dessas instituições. Texto de Maria Hermínia Tavares aponta os rumos diferenciados entre os debates no Rio e em São Paulo e busca as razões na existência ou inexistência de rede social de apoio para as instituições universitárias.

> A instituição paulista foi percebida, pelas elites locais, como parte de um projeto de redenção política através da afirmação da hegemonia cultural paulista. E, como tal, legitimou-se e pôde ficar relativamente ao abrigo de tempestades políticas. Já a UDF (Universidade do Distrito Federal) não contou com o mesmo tipo de escora social no momento em que foi sacudida pela reverberação do processo de radicalização política de meados da década de 1930 (Tavares, 1989, p. 197).

A autora definiu bem o problema, permitindo que sejam ressaltadas as características e as especificidades com as quais a sociologia produzida pela USP enfrenta a questão social.

Antonio Candido (1958), em publicação comemorativa do IV Centenário da Cidade de São Paulo, faz balanço da sociologia paulista, apontando a diferenciação entre o pensamento social não sistematizado e aquele que o é pelo estabelecimento de certas disciplinas mentais que permitem refletir sobre o social. O corte localiza-se em 1930. Por que a sociologia não se manifesta anteriormente? A resposta dada por ele está assentada na dificuldade de configurar-se, na sociedade, uma receptividade para os papéis sociais ligados ao exercício da ciência.

Em 1930 ocorreram dois processos distintos, mas articulados: de um lado, a emergência da sociologia sistemática, produto de transformações de caráter cultural e, de outro, a institucionalização das ciências sociais, resultado de transformações de caráter econômico, político e social. É claro que tais condições não aparecem desarticuladas: a sociologia sistemática e a sociologia institucionalizada são produtos de um mesmo movimento social. Isto é, a sociologia surge como um produto da vida social, política, econômica e cultural do Brasil daquele período. Desse modo, pode-se considerá-la um momento num conjunto de mudanças gerais da sociedade e da cultura brasileiras.

Para Antonio Candido, a sociologia surge com essa força – sistematizada e institucionalizada – porque preenche um vazio: representa resposta à ausência de tradição científica para pensar o social. Assim, observa-se o rompimento entre uma etapa em que essa reflexão se caracteriza como "ponto de vista" – que não prescinde da tentativa de habilitação dos estudiosos a pensar de "modo científico" – e um momento em que se diferencia como "disciplina acadêmica" – em que se constata a articulação dos vários campos dedicados à reflexão sobre o social.

Desse modo, o surgimento da sociologia sistematizada e institucionalizada, na década de 1930, representa a forma pela qual a sociedade toma consciência de si mesma, sendo esse um momento inicial, pois somente no fim da década de 1940 e início da década de 1950 surge tal possibilidade de maneira ampla. Só então aparecem os trabalhos dos primeiros alunos formados tanto pela Universidade de São Paulo como pela Escola de Sociologia e Política, que representam uma ruptura, um largo passo no sentido de articulação dos métodos sociológico e antropológico. Define-se, sobre essa base, a missão dos sociólogos segundo novas balizas: a intervenção social e a criação de meios para o desenvolvimento de uma consciência específica dos problemas de conhecimento e ação, superando limitações devidas à posição e aos interesses de classe. Assim, sintetiza, de forma clara, a definição dos caminhos traçados pela sociologia paulista. Esses novos traços permitem aos cientistas sociais a configuração em novas bases da relação questão social/questão nacional.

A questão social e a democracia

As pesquisas do grupo de pesquisadores que se forma em torno de Florestan Fernandes no curso de ciências sociais da Universidade de São Paulo exemplifica os caminhos indicados anteriormente. Sua reflexão sobre a questão social localiza-se entre duas balizas: de um lado, as mudanças sociais e, de outro, o debate sobre a democracia. Afirmando a existência, na sociedade brasileira, de uma limitação democrática, o autor estuda as formas pelas quais esse limite se processa: pelo exercício do autoritarismo, pela ação da repressão, pela aceitação da discriminação, pela existência e reprodução da desigualdade, entre outras. No texto *Existe uma crise da democracia no Brasil?*, de 1954, Florestan Fernandes examina cuidadosamente esses elementos para analisar "os processos subjacentes às alterações da ordem legal na vida política brasileira" (Fernandes, 2008, p. 99). Mais claramente, lembra que as relações sociais no Brasil não estão cristalizadas em direitos. Cita vários autores brasileiros – Nestor Duarte, Vitor Nunes Leal, Caio Prado Júnior, Sérgio Buarque de Holanda – que trilharam esse caminho para mostrar o descompasso entre o que é formulado legalmente, mas não realizado concretamente. Segundo suas palavras:

> Graças a eles sabemos que as tensões entre a ordem legal criada pela Constituição e a ordem legal criada pelos costumes restringem a plena vigência dos princípios democráticos, colorindo de modo especial toda a estrutura e o funcionamento das instituições políticas em nosso meio (Fernandes, 2008, p. 95).

Quando se refere ao colorido das instituições, sugere que elas nem sempre retratam os princípios que as edificaram. Indo além dessa constatação do descompasso entre o que deveria ser e o que é, faz perguntas incômodas: Por que isso ocorre? De que forma isso se dá?

Faz parte de seu modo de organizar a análise tomar centralmente a questão das mudanças sociais importantes que ocorrem ao longo da história do país. Assim, não é invocada a tradição ibérica como marca do perfil da sociedade brasileira, formulação presente, embora de modo particular em cada um, na obra de Gilberto Freyre, *Casa-grande & senzala* (1933), e na de Sérgio Buarque de Holanda, *Raízes do Brasil* (1936). Afastando-se de explicação culturalista ou comportamental, o momento mais importante fixado por Florestan é o da transição da sociedade escravocrata ao momento republicano, quando, pelo menos formalmente, os direitos políticos seriam igualmente aplicados a toda a população brasileira. Aponta o obstáculo principal para que essa igualdade política se consolidasse: a dupla manutenção, a preservação da hierarquia social e a preservação da mentalidade política. São suas palavras: "Preservaram-se intactas, do antigo regime, a hierarquia social e a mentalidade política. Dois ingredientes tóxicos, que logo mostrariam sua capacidade corrosiva e perturbadora" (Fernandes, 2008, p. 99-100).

Esse ponto de partida ancora as pesquisas desenvolvidas pelo grupo de Sociologia I, liderado por Florestan Fernandes. No início de 1960, inicia-se a publicação dos resultados parciais do programa de investigação sobre a sociedade escravocrata e o negro no Brasil Meridional (estados do Paraná, Santa Catarina e Rio Grande do Sul), desenvolvido pelos pesquisadores Fernando Henrique Cardoso, Octavio Ianni e Renato Jardim Moreira. *Cor e mobilidade social em Florianópolis* (1960), de Cardoso e Ianni, com prefácio de Florestan, explicita as razões pelas quais numa região em que a escravidão parece ter importância menor na economia a sociedade é marcada pelos mesmos traços antidemocráticos do restante do país.

> Precisamos estar atentos a duas exigências intelectuais distintas, igualmente impositivas e cruciais na história brasileira. Primeiro, devemos conhecer melhor o que, em nossa herança histórico-cultural, é incompatível com a concepção democrática da vida e com a implantação da

> democracia no Brasil. [...] Segundo, devemos conhecer, igualmente, o que deve ser conservado, a todo custo, em nossa herança sociocultural (*Fernandes, Cadoso e Ianni*, 1960b, p. XIV-XV).

Florestan Fernandes mostra que a primeira questão é simplificada, atribuindo-se os hábitos de mando e os excessos no uso do poder ao velho estilo luso-brasileiro. Afirma que os hábitos de mando das camadas dominantes correspondem simultaneamente a representações que tradicionalmente legitimam a dominação patrimonialista e às expectativas de obediência e subordinação por esses setores. Com relação à segunda, aponta que as mudanças rápidas, que priorizam normas e instituições, são menos adequadas a preencher funções criadoras na própria reconstrução do sistema civilizatório, prejudicando a solidez no desenvolvimento da democracia social no país.

Em trabalhos posteriores, Ianni (1962) e Cardoso (1962), dois dos principais pesquisadores da equipe de Florestan Fernandes, retomam a partir de outros ângulos a mesma questão – as questões social e nacional devem ser pensadas de modo articulado. No livro *As metamorfoses do escravo*, Octavio Ianni mostra que o sentido sociocultural como perfil conferido à sociedade pela escravidão se estende a todas as camadas populacionais. O livro localiza-se no quadro geral de uma investigação sobre o Brasil Meridional, analisando a instauração do sistema escravagista e a dominação senhorial no Estado do Paraná, com o objetivo de perceber os diferentes sentidos que ganham as relações sociais. A pesquisa ao mesmo tempo dá conta das condições de implantação/consolidação/desagregação do regime, com base nas ocorrências internas à região, e busca nos centros dominantes as raízes desse processo. Nesse sentido, a especificidade da sociedade marcada por ambiguidades, e não a marginalidade, compõe a cena geral explicativa das diferentes configurações do escravizado: cativo, fugitivo, liberto, trabalhador livre/negro e mulato.

> Com o desenvolvimento da escravatura, como regime de produção e organização social das relações de produção,

> todos os "segmentos" da sociedade tendem a ser absorvidos, ou seja, reintegrados.; isto é, a comunidade é marcada, em seus valores e padrões, instituições, normas, pelo fundamento escravocrata de sua vida. O sentido do comportamento social, que é dado por uma estrutura das castas, envolve todas as ações, polarizando duplamente as pessoas em escravos e livres (Ianni, 1988, p. 108).

Mostrando as possibilidades de coexistência e as ambiguidades presentes entre capitalismo e escravidão, Fernando Henrique Cardoso enfoca vários momentos da produção econômica no Rio Grande do Sul, pois "introduziu-se uma contradição básica no sistema econômico social. As relações de produção a partir das quais se visava intensificar a produção capitalista mercantil impediam o pleno desenvolvimento do regime capitalista" (Cardoso, 1977, p. 274). Essa situação afetou as relações sociais na sociedade rio-grandense mesmo no período posterior ao declínio da escravidão. É certo que ocorreu um reajustamento dos grupos e camadas na estrutura social. Houve uma reintegração da ordem, porém esta não levou às consequências mais amplas que a abolição poderia acarretar. Em outras palavras, a situação degradada do negro alterou-se apenas formalmente.

> A análise do processo abolicionista e de desagregação da ordem servil no sul mostra que a reintegração da ordem fez-se em benefício dos grupos dominantes que emergiam do passado escravocrata. Promoveu-se a imigração e criaram-se as condições de revalorização do trabalho livre necessárias para o êxito do trabalho capitalista assalariado, mas não houve qualquer movimento que revelasse a consciência da responsabilidade social dos brancos pela situação degradada do negro, nem houve qualquer redefinição de atitudes e expectativas dos brancos que fosse favorável aos negros (Cardoso, 1977, p. 275).

Em pesquisa anterior referente a São Paulo, Florestan Fernandes mostra que mesmo posteriormente à abolição as relações entre brancos e negros no cotidiano da vida social pouco mudou. Ilustra a situação com personagem que em termos econômicos representaria a modernização da sociedade: o fazendeiro paulista do fim do século XIX e início do século XX – mais moderno porque soma, como classe, a produção e a comercialização do café, um avanço sobre a situação anterior com o predomínio da cafeicultura escravista do Vale do Paraíba. O sistema econômico mudou "com maior rapidez do que as atitudes dos fazendeiros em face dos agentes do trabalho agrícola". Os colonos imigrantes recebiam o mesmo tratamento dispensado aos escravizados. Isso resultou em vários conflitos, como conta o depoimento do professor suíço Thomas Davatz[22].

O fazendeiro mesmo transferindo-se para a cidade após a abolição procurou manter, pelo modo de vida, pelas atitudes e pelo comportamento, o perfil senhorial. Em termos analíticos, Florestan demonstra a naturalização dos privilégios[23], isto é, as mesmas condições culturais e estruturais presentes no antigo regime ajudaram a perpetuar medidas discriminatórias de natureza econômica, política e social. Em outros termos, aponta o fato de tanto as representações sobre o negro como aquelas sobre o "senhor", herdadas do regime escravocrata, funcionavam como impedimento ao surgimento de possibilidades efetivas de transformação no conjunto das condições de existência social dos trabalhadores livres. No texto de 1954, já citado, o sociólogo lembra a importância da educação pública para a consolidação da democracia, uma vez que nessa experiência socializadora podem-se quebrar aqueles vícios reiteradores da desigualdade. Acentua, ainda, a necessidade do esclarecimento sobre direitos e deveres como um dos objetivos a serem cumpridos pela escola, uma vez que o perfil da sociedade em geral não inclui claramente esse aprendizado social.

---

22. O professor suíço, que fazia parte dos colonos vindos ao Estado de São Paulo, envia ao governo de seu país um relatório bastante crítico: *O tratamento dos colonos na Província de São Paulo no Brasil e o levante contra seus opressores: um apelo e alerta aos amigos e autoridades dos estados aos quais os colonos pertencem*. Em 1951, é publicado um livro com o título *Memórias de um colono*.

23. Ainda hoje, no dia a dia, vemos que isso se expressa facilmente por frases consideradas rotineiras: "Sabe com quem está falando? Comporte-se, minha família é poderosa".

A relação entre questão social e questão nacional foi abordada a partir de outros ângulos por Florestan Fernandes e seu grupo de assistentes. A abordagem da questão regional, do projeto desenvolvimentista, do planejamento econômico e da dependência são exemplos dessa ampliação. Alguns livros publicados em momentos posteriores atualizam a relação questão social/questão nacional em razão da mudança de contexto. Exemplifico citando apenas alguns: Florestan Fernandes, *Folclore e mudança social* (1961), *Sociedade de classes e subdesenvolvimento* (1968), *Capitalismo dependente e classes sociais na América Latina* (1973), *A revolução burguesa no Brasil* (1975); Octavio Ianni, *Industrialização e desenvolvimentismo social no Brasil* (1963), *Imperialismo e cultura da América Latina* (1970), *Estado e planejamento no Brasil* (1971), *Origens agrárias do Estado brasileiro* (1984); Fernando Henrique Cardoso, *Dependência e desenvolvimento na América Latina: ensaio de interpretação sociológica* (1969), *Estado e sociedade* (1973), *Amazonas e expansão do capitalismo* (1977), *As ideias e seu lugar: ensaios sobre as teorias do desenvolvimento* (1980).

As discussões que se seguem na área das ciências sociais, mais ampliadas territorialmente, dão continuidade às pesquisas da denominada "escola uspiana" de sociologia – sobre desenvolvimento, dependência, imperialismo – e são devedoras do rompimento analítico que procurei demonstrar, levando a reflexão a um patamar que busca articular o todo e as partes no debate sobre a questão social no Brasil.

2
A construção das ciências sociais

Pensar sobre as contribuições de Florestan Fernandes para o desenvolvimento das ciências sociais no Brasil impõe uma reflexão sobre o estado da questão no momento em que se consolida sua obra. Acredito que seus trabalhos dialogam diretamente com os estudos sociais anteriores, principalmente aqueles da década de 1930, atuando como alternativa explicativa a eles. Assim, passo a levantar, brevemente, o estado da questão naquele momento – décadas de 1920 e de 1930.

É lugar-comum, na análise sobre a sociologia no Brasil, apontar-se para o processo de institucionalização que ocorre na década de 1930, representado principalmente pela: criação dos cursos universitários de ciências sociais na Escola Livre de Sociologia e Política de São Paulo, na Universidade de São Paulo e na Universidade do Distrito Federal; instauração da cadeira de sociologia nos cursos secundários, resultado da nova política educacional; multiplicação das coleções de livros sobre problemas brasileiros, publicados principalmente nas coleções Brasiliana, Coleção Azul, Documentos Brasileiros; publicação de compêndios de sociologia, escritos principalmente por jovens escritores.

No entanto, parece-me que, ao lado desse amplo processo de institucionalização, podemos detectar uma definitiva sistematização, que ocorre de certa forma de modo independente da formação das instituições universitárias.

Vários trabalhos que examinam o pensamento autoritário da década de 1920 lembram uma atitude presente no período: a invocação do realismo. Essa aspiração, visualizada como uma das panaceias para a resolução do problema nacional, aciona os mecanismos de recusa de uma visão "idealista" sobre a formação brasileira e clama por um diagnóstico "verdadeiro", mesmo que doloroso, sobre o social. Lembro, a título de ilustração, dos trabalhos de Oliveira Vianna e Paulo Prado. Esse objetivo esbarra na exiguidade do instrumental analítico e na dispersão da reflexão sobre a sociedade, reflexão que em geral se centraliza na definição do papel do Estado e nas formas pelas quais este poderia organizar a sociedade.

A institucionalização das ciências sociais, via fundação dos cursos universitários em São Paulo e no Rio de Janeiro, encaminha-se em busca de solução para o último problema: criação de um campo comum de diálogo e sofisticação de instrumentos analíticos que permitam abordar os problemas surgidos pela rápida transformação da sociedade. De outro lado, alguns autores independentes dessa institucionalização, com destaque para Gilberto Freyre, buscam metodologias para a percepção da formação nacional a partir de um novo patamar. Essa busca de soluções ao problema dos limites impostos à análise leva à sistematização das ciências sociais.

Quais são os contornos dessa sistematização? Para explicá-los, creio ser possível partir das teses de Antonio Candido sobre a formação da literatura brasileira (Candido, 1981). Ao estudar a questão, o autor reconhece a existência de dois períodos nesse processo formativo: o primeiro, quando a produção apresenta-se sem articulação interna, caracterizando-se como manifestação literária; o segundo, momento em que essa produção aparece organizada, emergindo como literatura sistematizada. Antonio Candido aponta três elementos presentes no processo: a existência de temas comuns aos escritores; a presença de um público consumidor da produção; e a consolidação da língua como instrumento de comunicação – no caso a língua brasileira. Embora tais elementos possam aparecer de forma isolada anteriormente, é característica do momento da sistematização a presença simultânea deles. Os três elementos aparecem em conjunto. Na literatura brasileira, esse momento corresponde à produção dos árcades mineiros. Parafraseando o autor, arrisco-me a dizer que a mesma *démarche* pode ser reconhecida na sociologia brasileira.

Conhecemos vários escritores ao longo do século XIX e nas primeiras décadas do século XX – Tavares Bastos, Joaquim Nabuco, Sílvio Romero, Manuel Bonfim, Alberto Torres, para citar alguns – que se dedicaram a discutir as questões sociais. No entanto, suas análises expressam antes pontos de vista e menos uma explicação sistemática que forneça um gabarito para a reflexão sobre os problemas sociais.

É apenas na década de 1920 que surgem os primeiros autores a tentar uma sistematização do pensamento que permita a elaboração de um referencial analítico da problemática social. Oliveira Vianna é um deles. Todavia, é somente com Gilberto Freyre, em sua obra de 1930, especificamente *Casa-grande & senzala* (Freyre, 1933), que ocorre a transição. Em outros termos, esse trabalho representa um ponto de inflexão, o fechamento de um ciclo: marca o momento em que a teoria social deixa de apresentar-se como manifestação dispersa e surge como um sistema: a sociologia. Nesse sentido, é o último pensador de um período e o primeiro de uma nova etapa.

Ilustram essa transição o abandono do discurso jurídico, até então o instrumento explicativo da realidade, e a adoção do discurso sociológico como código competente para dar conta do social. A metamorfose do jurídico ao sociológico é o componente fundamental do processo de institucionalização das ciências sociais no Brasil, aquele que aponta o fato de os dois processos serem articulados e simultâneos.

Voltando aos elementos da proposta sobre sistematização, temos que em 1930 é possível perceber a existência de temas comuns aos analistas, presentes desde a década anterior, que se voltam à questão da formação nacional no contexto da crise do quadro oligárquico. Retoma-se a análise da sociedade, na medida em que as reflexões sobre o Estado já não são suficientes para dar conta do conjunto de problemas que estão postos. Trata-se de estabelecer a relação entre Estado e sociedade. Para isso, faz-se necessário um diagnóstico preciso sobre esta última. Em outros termos, duas questões se levantam como centrais: Que país é este? E quem é o povo brasileiro? As respostas são inúmeras, e brilhantes são os autores que as propõem: Vicente Licínio Cardoso, Gilberto Amado, Ronald de Carvalho, Oliveira Vianna, Paulo Prado, Mário de Andrade, para citar apenas alguns.

Reconhecemos em 1930 a ampliação do público interessado na temática social. Isso não se dá espontaneamente. Trata-se de uma proposta organizada, que já vem dos anos de 1920 e se realiza na década de 1930, no sentido de implantar uma política nacional para a educação, bem como formular uma política cultural que atingiria o país como um todo. Portanto, nesse momento, há a difusão organizada da cultura via escolas e programas culturais patrocinados pelo Estado. Já se apontou o fato de existir um "fervor cultural" (Candido, 1987, p. 181-198) no período, que consolidava alguns dos programas estatais.

No entanto, apesar de a temática sobre a formação nacional estar presente nos anos de 1920, há então um escasso instrumental analítico para embasar as questões que se apresentam. Oliveira Vianna e Paulo Prado, que têm uma das obras mais orgânicas do período, ressentem-se do problema. Recorrem à sociobiologia e/ou à bioantropologia para o encaminhamento de suas reflexões. E é com base nessa argumentação que perguntam sobre a viabilidade do Brasil como nação. Nesse quadro emerge e se consolida o discurso sociológico como estratégia de sofisticação dos instrumentos analíticos possíveis para a análise das questões sociais. O campo específico de seu desenvolvimento é o culturalismo.

Resumindo – e, portanto, correndo o risco de simplificar por não apontar as especificidades existentes entre os diferentes autores –, creio ser possível dizer que os intelectuais do período (décadas de 1920 e de 1930) encaminham grande parte de sua obra à discussão das tensões existentes entre o "velho" e o "novo", entre as formas tradicionais de organização do social e as modernas ordenações em curso, e apresentam várias sugestões para o equilíbrio entre as duas tendências. É uma visão que pretende enfrentar o dualismo presente nas avaliações anteriores e no encaminhamento político da questão. Obviamente as reflexões estão balizadas pelo debate que opõe regionalismo e centralismo, tema importante naquele momento, marcado pela crise do pacto oligárquico, que atravessa as propostas políticas de então.

Saltando vários passos no caminho dessa argumentação, creio ser possível afirmar que em 1930, já realizada a centralização político-administrativa, o pensamento sociológico – marcadamente com a obra de Gilberto Freyre – dedica-se a mostrar que "velhos" setores da sociedade, então ameaçados pela nova forma de organização social, foram, por longo tempo, os responsáveis pela ordem no país. Mais do que isso: esses setores foram capazes de evitar rupturas quase naturais em uma sociedade escravocrata. Os autores alertavam, assim, contra o que consideravam um perigo: o alijamento dos setores tradicionais, familistas, da nova ordem em construção, uma ordem que se apresentava como liberal. Assim, temas como a "democracia racial", o patriarcalismo, o regionalismo, centrais no debate sociológico da década de 1930, são discutidos nesse cenário, resultando numa ampliação do debate.

Nesse quadro, o debate sociológico ancora, ao lado de outros elementos que operam na mesma direção, a conciliação de 1930. Em outros termos, lembrar, naquele momento, do papel que os setores dirigentes tradicionais tiveram na manutenção de certa ordem social significa apoiar o acordo que se celebra então: o bloco agrário-industrial. Assim, retomar a temática do patriarcalismo, mostrando que esses setores tiveram uma sabedoria que o Estado e a Igreja não tinham tido, teses que aparecem em *Casa-grande & senzala*, significa dizer que os velhos setores da sociedade, a esfera tradicional do poder, não poderiam ser afastados da nova direção social e política que se desenhava para a sociedade brasileira. A argumentação apoia a tese da necessidade da conciliação entre os "velhos" e os "novos" setores dirigentes da política nacional. Desse modo, é possível afirmar que a sociologia acaba por se transformar, naquele momento, em instrumento do consenso.

Outra vez atropelo a argumentação para chegar mais rapidamente ao tema principal, isto é, à sociologia de Florestan Fernandes. Essa visão de uma sociedade sem rupturas – situação garantida pela vitoriosa forma de organização social conduzida pelo patriarcalismo –, ancorada em teses como a da democracia racial/democracia social, acaba por ganhar a esfera do senso comum. Afirma-se em várias dimensões a não existência de preconceito racial no Brasil. O cinema, por exemplo, reafirma essa condição, mostrando o carnaval como encontro democrático das várias raças (a dupla Oscarito e Grande Otelo ilustra a intenção de apontar-se para a igualdade de oportunidades sociais no país). Essa posição permite que entre por contrabando a ideia de que, numa sociedade onde impera a democracia racial – arranjo superior a qualquer outra forma de organização social –, torna-se secundária a democracia política. Essa afirmação, veladamente ou de forma clara, aparece reiteradamente nos textos da revista *Cultura Política*, órgão oficial do Estado Novo, em autores como Almir de Andrade e Paulo Augusto Figueiredo. Em outros termos, a visão de uma sociedade em que equilíbrio torna-se componente fundamental da cultura política daquele momento.

Tal estado de coisas atravessa o período de democratização, passando com os mesmos traços pela Constituinte de 1946, chegando quase incólume à década de 1950. Nesse momento, as grandes transformações pelas quais passa a sociedade brasileira engendram novas reflexões. Lembro, por exemplo, dos debates intelectuais que fundam os diferentes grupos que encontrarão organização mais tarde no Iseb.

O fervor cultural em São Paulo

Se me refiro a seguir exclusivamente a São Paulo para apontar o clima intelectual que se cria a propósito dessas mudanças, é porque aí se consolida a participação de Florestan Fernandes. Em 1950, vários trabalhos decorrentes dos cursos da Escola Livre de Sociologia e Política e da Faculdade de Filosofia da USP entram em circulação, provocando debates. São textos de professores estrangeiros que ali estavam – Roger Bastide, Lévi-Strauss, Herbert Baldus, Donald Pierson, Emílio Willems – e de alunos – Antonio Candido, Florestan Fernandes, Gilda de Melo e Souza. Várias iniciativas culturais se desenvolvem, marcando o ar de distensão pós-ditadura Vargas. Surgem grupos de intelectuais e artistas que se dedicam a retomar os temas que haviam sido suscitados pela Semana de Arte Moderna – o grupo Clima e a revista *Anhembi*, por exemplo. Esses grupos discutem as transformações, a modernidade, a adequação das nossas necessidades e especificidades às mudanças rápidas que se desenvolvem mundialmente no pós-guerra.

É importante assinalar que, em meados da década de 1950, consolida-se o debate que vai resultar no projeto desenvolvimentista, o que acarreta a esses intelectuais algumas questões especiais sobre as "tarefas paulistas" nesse contexto. Florestan Fernandes, por não integrar de forma exclusiva nenhum desses grupos, mantendo sua ligação fundamental com a missão a ser desenvolvida pela universidade, pôde guardar independência de reflexão. É assim que seu trabalho toma como foco o espaço nacional. Apesar de escolher São Paulo como a unidade empírica de sua análise, Florestan Fernandes o faz mostrando que é aí que a revolução burguesa se expressa de modo mais acabado no Brasil e isso transforma a região em lócus privilegiado para a percepção das tendências que marcarão o desenvolvimento do país.

O sentido político da sociologia

Mas voltemos à situação brasileira. No fim da década de 1950 e início dos anos de 1960, o acordo de quase trinta anos que formou o bloco agrário-industrial está sendo denunciado por meio de várias facetas da sociedade brasileira – crise do poder, movimentos sociais, desenvolvimentismo, retomada da questão dos direitos (ou melhor, denúncia dos limites à aplicação dos direitos), debate da questão fundiária, para citar alguns dos elementos presentes no processo. O pensamento social desenvolvido por Florestan soma-se a eles, contribuindo de modo efetivo para o questionamento do bloco no poder. Portanto, é natural que sua análise questione a sociologia anterior, uma vez que ela não pensara a "verdadeira natureza" das relações sociais – mais do que isso, contribuíra para a reprodução da situação de dominação no Brasil. Por exemplo, a precariedade da integração do negro na sociedade de classes (Fernandes, 1959, 1965, 1976) opera como denúncia dos limites da aplicabilidade dos direitos no Brasil. Essas teses ultrapassam os contornos do universo de pesquisa definido – a população negra – e se estendem à população em geral, analisando as raízes do processo de exclusão, apontando para a limitação da cidadania e oferecendo sugestões para o alargamento das fronteiras do campo do conflito. E, nessa direção, o autor critica as análises sociais fundadas unicamente sobre a diversidade – isto é, as explicações culturalistas da década de 1930, das quais resultaram as formulações sobre a democracia racial, indicadas como mito por Florestan Fernandes. Sua reflexão busca apontar que essa heterogeneidade esconde uma profunda desigualdade. Portanto, o debate sobre o âmbito da sociologia não mostra um gratuito enfrentamento entre autores, mas indica um profundo enraizamento no solo histórico onde se fundamentam as ideias.

Uma segunda orientação no debate de Florestan Fernandes incide diretamente sobre as teses correntes na sociologia brasileira: trata-se da compreensão da especificidade brasileira mediante o desvendamento das "soluções" ou "orientações" encontradas pelas diferentes teorias para os problemas sempre correntes enfrentados pelos analistas. São teses sobre a revolução burguesa no Brasil. Florestan Fernandes retoma o tema a partir dos momentos históricos anteriores, principalmente do século XIX. Seu objetivo é a superação do dualismo que marcou as interpretações anteriores. Ao demonstrar a complementaridade das dimensões do tradicional/moderno, velho/novo, atrasado/atual, Florestan Fernandes leva a outro patamar a discussão e permite a crítica às interpretações culturalistas que se fundam nas teses sobre o estilo de vida dos povos, as teses sobre a diversidade.

Assim, a combinação das duas teses – sobre o negro e sobre a revolução burguesa – compõe a ruptura crítica com a reflexão sociológica anterior. É possível ver uma continuidade nessas duas temáticas da obra de Florestan Fernandes. O autor aponta a peculiaridades da formação social brasileira como forma particular de realização do sistema capitalista, distinta tanto das experiências clássicas do capitalismo originário quanto das experiências nos países latino-americanos. No Brasil, em que pese ter-se dado a transição capitalista com atraso em relação aos países do capitalismo originário, esse sistema apresenta um dinamismo que o diferencia dos outros países do continente, que resulta numa base produtiva diversificada. No entanto, apesar desse aspecto dinâmico, persiste, na sociedade brasileira, a exclusão social e regional, resultado de uma relação estrutural entre modernidade e arcaísmo. A exclusão do negro é vista, nesse quadro, não como fruto de procedimentos que encontram sua explicação na esfera comportamental, mas sim como produto de um amplo cenário fundante das relações sociais no Brasil. Em outros termos, a análise da marginalização do negro no processo de transformação da moderna sociedade brasileira faz parte de uma reflexão mais ampla sobre a exclusão social, econômica e política das classes subalternas.

Há uma irradiação dessa temática por vários textos e desdobramentos do debate presente na obra de Florestan Fernandes e dos grupos de discípulos que compõem a denominada "escola uspiana". Aquela situação de arranjo entre arcaísmo e modernidade transborda para os vários problemas estudados: construção e transformação do Estado, economia, estrutura social, produção cultural. Essa configuração serviu de apoio para a constituição de uma base de investigação desenvolvida por esses pesquisadores que se transformou em instrumento para o conhecimento da realidade brasileira em suas múltiplas facetas, o que distingue sua abordagem daquela dos intelectuais anteriores.

Reconhecemos, nesse sentido, uma ruptura temática apresentada pela obra de Florestan Fernandes – ruptura essa que traz como consequência uma retomada do debate sobre a sociologia e sobre as ciências sociais. Trata-se de uma ruptura de várias faces, sobre uma temática extensa – etnografia, folclore, escravismo, regionalismo, sincretismo cultural, Estado, distribuição de renda, mercado de trabalho, representação política –, funda-se uma renovação metodológica. Na própria concepção da sociologia está embutida a questão do intelectual e sua missão. Isso explica sua ação dirigida à consolidação dos cursos de ciências sociais e à luta pelo ensino público.

Ilustrativos dessa posição são os dois prefácios de *A sociologia numa era de revolução social* (Fernandes, 1976a) – o primeiro de 1962 e o segundo de 1976 – escritos em dois momentos distintos da sociedade brasileira e da inserção de Florestan Fernandes nela. Nesses prefácios, Florestan explicita os três pontos principais de sua inovação no quadro das ciências sociais: novo ponto de partida para pensar a singularidade brasileira, o que leva ao questionamento não só das teses anteriores, mas do modo pelo qual elas fundam o processo de dominação e a condução política do Brasil; o papel do intelectual e sua missão, que se define não só na elaboração de diagnósticos, mas no encaminhamento de soluções para os problemas; um novo ponto de partida da reflexão sociológica, que deve retomar as contribuições universais do pensamento, criticando-as, utilizando-as na operacionalização de diagnósticos e na formulação de "saídas" políticas.

No prefácio de 1962 – momento de ebulição na sociedade brasileira –, as mudanças são vistas como um desafio "à coragem intelectual dos homens". Esse torvelinho criado pela mudança tem a função de arrancar "o sociólogo do 'gabinete', integrando-o nos processos de mudança social, fazendo-o sentir-se como alguém que possui o que dizer e que, eventualmente, poderá ser ouvido" (Fernandes, 1976a, p. 15). Assim, nesse quadro, a reflexão sociológica compreende "tanto os problemas relacionados com o ensino da ciência e a formação de cientistas quanto os problemas da comunicação dos sociólogos com o grande público" (Fernandes, 1976a, p. 18). Mais ainda, busca um procedimento educacional de formação de cientistas sociais que permita um verdadeiro diagnóstico da sociedade: que avalie o padrão de mudança social predominante e as debilidades que evidencia à análise sociológica. Em outras palavras, à medida que "transplantamos a revolução social de outros países, juntamente com as técnicas, as instituições e os estilos de vida, ou seja, com os modelos de organização da sociedade" (Fernandes, 1976a, p. 18), é necessário que o diagnóstico dê conta: do "horizonte cultural dos grupos empenhados nos processos de mudança" (Fernandes, 1976a, p. 18), das relações entre meios e fins nos processos de reconstrução social.

Desse modo, Florestan Fernandes impõe o papel a ser desempenhado pelo sociólogo: o de crítico e inovador das instituições. Essa tarefa específica do sociólogo, no Brasil, explica-se pelo fato de que as

> sociedades que se afastam do tipo "normal", inerente a determinada civilização, representam, em si mesmas, um problema teórico para a ciência. As explicações válidas para o tipo normal nem sempre se aplicam às suas objetivações em condições especiais [...]. [Assim, é necessário] construir modelos de explicação congruentes com as flutuações da realidade. [...] Desse ângulo, a posição do sociólogo brasileiro é quase privilegiada, pois poderá propor-se tarefas de grande significação teórica para a Sociologia (Fernandes, 1976a, p. 19-20).

Nota-se que o tom é de esperança, de quem aceita o desafio de moldar mentes para ajudar a construir uma sociedade democrática. Sabemos que isso não foi possível. Em 1964 sobreveio o golpe de Estado.

No prefácio de 1976, marcado pelos acontecimentos que atravessaram a sociedade brasileira (cassação, censura, perseguições), Florestan Fernandes reafirma que a sociologia não tem sentido se não for possível associar a pesquisa sociológica às transformações democráticas da sociedade. Aponta o fato de o texto escrito no início da década de 1960 mostrar a forma pela qual se definia, naquele momento, o papel do sociólogo na sociedade brasileira: uma posição marcada pela responsabilidade intelectual ativa, crítica e militante.

Dessa ótica, vê a reflexão contida no livro como "documentos de um passado que não se concretizou historicamente" (Fernandes, 1976a, p. 9). Mas, apesar das circunstâncias, Florestan Fernandes reafirma suas ideias: "A consciência crítica, no caso dos sociólogos, leva-os forçosamente a uma permanente interação lúcida com os fatos. Não é preciso que gostemos da realidade para que nos mantenhamos à altura das exigências cognitivas e práticas da situação, por duras e dramáticas que elas sejam" (Fernandes, 1976a, p. 10). Continua afirmando que "a revolução democrática constitui o único elo que poderá ligar, entre si, os papéis intelectuais do sociólogo como e enquanto cidadão" (Fernandes, 1976a, p. 12).

Mas é bom lembrar que esse compromisso com a realidade nacional não limita as fronteiras de sua reflexão. Numa clara alusão aos debates que se enfrentou com Guerreiro Ramos, do Iseb, diz não temer a influência externa.

> Em meu entender, o legítimo espírito da investigação científica é universal e universalista. A alternativa para o imperialismo cultural não pode ser um provincianismo cultural tímido e estreito. O desafio não consiste em cortar as ligações culturais com o exterior. Mas, ao contrário, em organizar as relações com o exterior em bases de igualdade e respeito mútuos (Fernandes, 1976a, p. 12).

Isso repõe a questão da teoria e da metodologia. Se Florestan Fernandes ainda acredita na possibilidade de a sociologia poder auxiliar na construção de uma sociedade democrática, sua amargura transparece na afirmação de que, apesar de o diagnóstico poder ser correto, o sociólogo "não pode regular as potencialidades sociodinâmicas do meio nem o comportamento histórico dos agentes humanos" (Fernandes, 1976a, p. 14). Retoma o problema da missão do intelectual, com um pouco da amargura que marcou o pensamento de Mannheim – não por acaso um dos autores importantes na configuração do pensamento de Florestan Fernandes. Porém, apesar desse traço, diante da grande opressão sobre a qual a reflexão sociológica se encontrava, perguntava-se: "O verdadeiro espírito científico e a pesquisa sociológica independente foram sepultados para sempre? A semente sob a neve germinará de novo, com maior força e com viço insopitável?" (Fernandes, 1976a, p. 9).

Essa resposta não será dada por nós, mais velhos, prisioneiros ainda das amarras de uma reflexão que foi interrompida ou que se iniciou quando os limites à liberdade foram restritos. Caberá aos mais jovens o desafio de não repetir as lições do passado – que muitas vezes induziram a erros de perspectiva – e de repensar a sociedade brasileira com suas desigualdades, seus desafios, seus impasses e suas possibilidades de solução. Creio ser essa uma das lições da sociologia de Florestan Fernandes.

3
Uma sociologia local e cosmopolita

É possível fazer uma sociologia dotada de caráter universal a partir da periferia? Claro que é uma pergunta para a qual não cabe resposta dicotômica e, mesmo se respondêssemos "talvez", não há como fugir da argumentação que coloca situações complexas à reflexão. Neste texto não procuro encontrar respostas, apenas pretendo levantar dúvidas, hipóteses, fazer provocações.

A mesma questão referente à literatura e à arte assombra um conjunto de intelectuais e artistas situados nas margens do centro econômico-cultural hegemônico. Refiro-me evidentemente ao mundo ocidental, motivado por minha ignorância em relação aos debates em outros cantos do mundo. "Sim" e "não" se entrelaçam nas diferentes respostas dadas. Por exemplo, referindo-se a Borges, Beatriz Sarlo diz que esse escritor "formula a pergunta (que jamais dá por respondida) sobre como é possível escrever literatura num país periférico, com uma população de origem imigrante estabelecida numa cidade litorânea" (Sarlo, 2008, p. 18)[24]. Definindo a condição do autor, mostra que sua obra desloca-se na direção de várias culturas, retendo o conflito entre elas e impondo ao leitor a compreensão da dimensão dilacerada que a atravessa: "um jogo entre duas margens", que o caracteriza como "a figura bifronte de um escritor que foi, ao mesmo tempo, cosmopolita e nacional" (Sarlo, 2008, p. 18).

---

24. A complexidade da questão já está expressa no fato de referir-se não à Argentina como país, mas à cidade de Buenos Aires.

A indagação não fica propriamente sem resposta. A tensão entre os dois polos atravessa a obra de Borges como um todo e, de certo modo, caracteriza-se como o perfil da questão: oposição, ambiguidade, tensão. O que se mostra difícil, se não impossível, é definir uma fórmula geral e aplicável a todas as situações semelhantes ou aproximadas em que se produz uma obra de arte, de literatura, de ciências sociais fora do centro hegemônico que dita as "regras de excelência". A reflexão sobre a questão envolve inúmeros elementos: o aqui e o agora da produção – o que fazer, como fazer, quando fazer, por que fazer, a quem se destina o produto do fazer, o que torna possível o fazer. Mais, quando o processo envolve a ação como efeito do produto ou, ainda, quando o intelectual ou o artista figura como agente social, uma vez que nos países periféricos o intelectual assume frequentemente protagonismo político. Assim, a dupla dimensão histórico/individual, com seus inúmeros desdobramentos, torna-se fundamental para a análise da questão. Também, deve-se lembrar de que existem várias maneiras de incorporar tanto a história da sociedade como a vida do autor na busca de resposta à pergunta. Os métodos de abordagem do problema são diversos, diversas as perspectivas do olhar, diversos os caminhos trilhados, diversas as intenções da empreitada. O método é realmente, como afirma Jameson, um campo de conflito[25].

Trazendo para mais perto a indagação levantada sobre Borges, é possível aplicá-la a Machado de Assis, sem dúvida um autor simultaneamente cosmopolita e nacional. Falando a respeito de seu recente livro *Machado*, Silviano Santiago (2016) lembra ter esse autor uma visão peculiar sobre a modernização, situada no tempo e no espaço, condicionada pelo contexto em que a questão se apresenta. Analisa os quatro últimos anos da vida de Machado de Assis, momento de perdas de várias ordens – ausência de Carolina, aguçamento da doença, alterações profundas no cenário social e político do Rio de Janeiro. "Toda a fala oficial da modernização

25. Jameson (1992).

insiste no equilíbrio, na ascensão, nos valores iluministas, a instrução, a educação, o saber, a biblioteca. E Machado de Assis, como tento mostrar, tem uma visão convulsiva de tudo isso" (Santiago, 2016)[26]. Santiago usa a metáfora da epilepsia, doença que marca fortemente os últimos anos de Machado, para figurar o modo pelo qual esse escritor percebe e explicita as ambiguidades que marcam a modernização do Rio de Janeiro, simbólica do que acontece no país. A convulsão representa um momento extremo na configuração social, mas não se expressa claramente no dia a dia, pois parece cerceada por momentos vistos como "normais" – símbolo de uma sociedade que esconde o paradoxo que a marca atrás de uma aparência de ordem, equilíbrio e normalidade. Em outras palavras, o conflito é naturalizado.

Importa apontar, para acentuar a complexidade do problema, que o fundamento da tensão presente nos dois autores – Borges e Machado – é de natureza diferente se levarmos em consideração seu diagnóstico sobre as sociedades que constituem objeto da reflexão. Para Borges, o conflito entre as culturas marca fortemente os impasses presentes na sociedade argentina. Sarlo acentua que nesse autor "o tom nacional não depende da representação das coisas, mas da formulação de uma pergunta: como é possível escrever literatura numa nação culturalmente periférica?" (Sarlo, 2008, p. 21). Diferentemente, Machado, partindo de elementos corriqueiros – situações cotidianas, comportamentos diversos, linguagem, silêncios –, retrata a sociedade como um todo, suas diferentes esferas – social, cultural, política e econômica – expressas em atitudes que desnudam a *representação* que seus personagens constroem sobre o Brasil, sobre o povo e sobre o lugar que os indivíduos de cada camada social "devem" ocupar no arranjo nacional. Essas representações são apresentadas por Machado com leveza, às vezes com elementos marcados pela simplicidade e como parte do "bom senso"

26. http:://revistacult.uol.com.br/home/12/a-comedia-das-letras-de-silvia no-santiago/

que marca suas vidas, mas na verdade atuam como princípios que assumem o papel de reprodutoras do *status quo*. O objetivo é mostrar como vivenciam essas representações. Em outras palavras, a tensão presente na narrativa de Machado é principalmente resultante da ambiguidade que atravessa a sociedade em suas múltiplas dimensões, pois os arranjos absurdos são tomados como naturais. As situações ambíguas são abordadas a partir de aspectos aparentemente de pouca importância no desenrolar dos romances ou contos, mas articulam o fio da narrativa e representam poderosos indícios do perfil social. Santiago, ao analisar como o cotidiano aparece na obra de Machado, mostra que o dia a dia não pode ser considerado apenas a partir de seu significado no jogo social, mas deve ser visto em seu sentido no conjunto da sociedade. Por exemplo, Machado não escolhe ao acaso o nome próprio dos personagens, pois ele retém o duplo sentido presente em seus portadores[27]. Fidélia ou Tristão, em *Memorial de Aires*, figuram uma duplicidade de personalidade que se explicita sutilmente ao longo do romance. Ao abordar elementos aparentemente marginais, constrói uma estratégia que permite abrir novas possibilidades de compreensão da vida em seus diferentes aspectos, não só locais, mas universais. Para Machado a pergunta sobre a universalidade de uma literatura escrita na periferia não se explicita centralmente como para Borges. Sua questão amplia-se em direção à modernidade caricata, dissociada das bases sociais do país, cópia inadequada, que, se adotada, desempenha função de elemento de ascensão social, de distinção e caracteriza-se como via equivocada para a inserção do Brasil no concerto geral das nações. É nessa combinação entre princípios atávicos e manifestações modernas que Silviano Santiago assenta a tese sobre a convulsão da sociedade: no decorrer de situações aparentemente corriqueiras, os espasmos ocorrem e mudam a direção da "ordem".

---

27. "Já no nome próprio escolhido desdobra-se a personalidade ambivalente dos seres humanos que cria" (Santiago, 2016, p. 357).

E a sociologia?

Creio que a questão – É possível fazer uma sociologia dotada de caráter universal a partir da periferia? –, se foi formulada ao longo da história das ciências sociais no Brasil e nos outros países da América Latina, o foi tímida e indiretamente. A aceitação da inferioridade teórica de nossa reflexão de certo modo naturalizou-se, assumindo procedimento semelhante à transposição das instituições políticas. Estas, quando ganham configuração formal, se estabelecem, na maioria das vezes, no campo da aplicação arbitrária e da invocação de normas para justificar momentos de exceção e de autoritarismo. De modo semelhante, na sociologia, com raras exceções, modelos analíticos de autores clássicos ou contemporâneos gestados nos espaços hegemônicos foram aplicados diretamente e até mecanicamente para interpretar situações sociais que se apresentam nas margens do sistema.

Claro que escrever em português configura-se uma dificuldade para a difusão das ideias ou dos procedimentos adotados para a reflexão ou para a pesquisa. Ilustro: falando sobre seu livro escrito em 1971, *Capitalism and modern social theory*, Anthony Giddens acentua uma particularidade em seu trabalho representada pela abordagem "em termos de uma tríade de clássicos que mais tarde se tornariam o núcleo dos ensinamentos recebidos nos cursos de graduação em sociologia" (Giddens, 1998, p. 11). Evidentemente, refere-se a Marx, Weber e Durkheim. Seguem, no texto, acertadas considerações críticas a Parsons, Dahrendorf, John Rex, Lockwood. Continua: "mesmo nos anos de 1960, a ideia de que havia distintos pais fundadores da sociologia, que deveriam ser encontrados especialmente na Europa, mal se tinha estabelecido" (Giddens, 1998, p. 11). Não pretendo aqui discutir antecipações, mas lembro que, desde 1954, sob a liderança de Florestan Fernandes, na cadeira de Sociologia I da Faculdade de Filosofia da Universidade de São Paulo, a abordagem dos três autores clássicos se formava no eixo do programa das disciplinas. O procedimento está registrado na primeira edição de *Fundamentos empíricos da explicação sociológica* (1959), que reúne ensaios redigidos entre 1953 e 1957.

> Nesta e nas duas exposições seguintes [capítulos IV, V e VI] trataremos da contribuição dos autores cuja obra tem maior significação do ponto de vista da explicação sociológica. A escolha de Durkheim, Weber e Marx resultou da importância de cada um deles na constituição das principais orientações da teoria da investigação sociológica (Fernandes, 1967, p. 70).

Creio que o dado anterior ilustra o lugar marginal conferido pelos autores consagrados à produção sociológica brasileira, em especial à referente à teoria sociológica[28]. Não estou sugerindo má intenção da parte de Giddens, mas o desconhecimento da produção em língua portuguesa.

Mas a questão não se limita ao conhecimento e/ou a interpretações sobre a teoria clássica, é muito mais ampla: evidencia problemas de aplicabilidade dessas interpretações a situações não condizentes àquelas das sociedades que deram origem a tais teorias. Sabemos que, nos países centrais, fronteiras institucionais circunscrevem o campo dos conflitos. Assim, normas estabelecem direitos e deveres, configuram formalizações sobre as relações sociais, definem sanções. Contudo, temos a experiência de que na periferia não é possível reduzir a vida social e política ao jogo das instituições. Gildo Marçal Brandão (2007) lembrava sempre que o papel dos intelectuais é fundamental na definição e no estudo das consequências dessa situação e mostrava sua recusa à utilização de fórmulas já estabelecidas[29].

---

28. No mesmo livro de 1959, a terceira parte, intitulada "O método funcionalista na sociologia", é resultado da tese de livre-docência do autor apresentada em 1953 à cadeira de Sociologia I, citada anteriormente. Uma exceção à afirmação feita por mim é a observação de Robert K. Merton sobre esse texto: "*Ensaio sobre o método de interpretação funcionalista em Sociologia*, por Florestan Fernandes (1953), é uma monografia informativa e sistemática que recompensa uma leitura ainda que apressada e falível como a minha" (Merton, 1964, p. 93).

29. Desenvolvo essas questões no meu texto em *Dados*, 2010.

Nesse quadro, a reflexão sociológica no Brasil torna-se importante, pois atitudes, comportamentos e relações sociais, expressos diretamente ou não, configuram o modo como a sociedade se organiza, e cabe à análise sociológica articular o particular ao geral. Tomo novamente Florestan Fernandes como exemplo. Embora reconheça as valiosas contribuições de autores brasileiros que discutem a formação nacional - Oliveira Vianna, Gilberto Freyre, Nestor Duarte e Fernando Azevedo –, critica-os por reduzirem "o macrocosmos social inerente à ordem estamental e de castas ao microcosmos social inerente à plantação ou ao engenho e à fazenda" (Fernandes, 1979, p. 36).

Assim, propõe uma abordagem que confere contrapeso aos dois aspectos da sociedade, pois, "para uma análise sociológica que se volta para as totalidades, a economia de plantação faz parte de um contexto histórico estrutural inclusivo e determinante" (Fernandes, 1979, p. 36). Pensar simultaneamente o macro e o microcosmos sociais é uma posição teórico-metodológica que caracteriza a interpretação de Florestan Fernandes. Estabelecer a relação entre o todo e as partes é evidentemente uma postura clássica do marxismo[30], mas que o autor concretizou como forma específica de análise da sociedade brasileira. O modo como realizou esse processo nos textos em que debate a possível compatibilização entre a análise funcional e a explicação dialética é apontado por várias análises de sua obra como polêmico[31]. Florestan afirma que seu pensamento combina as duas unidades empíricas e acentua sua intenção de não aplicar diretamente uma teoria pensada para uma sociedade central, de perfil clássico, a uma realidade periférica, às margens do modelo da sociedade burguesa. A situação transforma-se em desafio teórico a partir da afirmação da impossibilidade de aplicação

30. Trata-se de uma proposta característica do marxismo. Cf. como exemplo Goldmann (1955).

31. Tive oportunidade de abordar essa questão em artigo publicado na revista *Sinais Sociais*, em 2015.

direta de diagnósticos feitos sobre sociedades com organização, estruturas, temporalidades e características históricas diversas.

Dialogando com essas duas visões, Florestan lembra em vários momentos que a análise funcional, no limite, privilegia a ordem e, em geral, pode levar a uma visão estática dessa ordem. Mas, se a encararmos como instrumental, podemos superar tal limite.

> Se for estudar, por exemplo – como fiz no caso do livro com o Professor Bastide ou no livro sobre o negro[32] – as transformações que ocorrem "através" e "além" da repetição da ordem, a análise estrutural-funcional é largamente complementada pela análise histórica. O que quer dizer que trabalhei simultaneamente com as duas perspectivas de análise, completando-as e corrigindo-as. Muitos pensam que as duas análises se excluem – o que é um erro e um dogmatismo – pois ambas foram empregadas ao nível analítico da reconstrução da realidade e como técnicas lógicas de formação de inferências e de controle (Fernandes, 1978, p. 106).

Que justificativa Florestan Fernandes apresenta para a busca de um modelo teórico-metodológico novo, ou pouco ortodoxo? Na verdade, ele faz uma pergunta – por quê? – a respeito de uma situação que salta aos nossos olhos, mas que certamente naturalizamos pelo fato de a vivenciarmos cotidianamente. Sabemos que o capitalismo brasileiro é dinâmico, com base produtiva diversificada, mas que, nesse quadro, reiteram-se a exclusão social, a pobreza e as disparidades regionais. A explicação rotineira para essas ocorrências é o fato de o Brasil caracterizar-se como uma sociedade em que impera a concentração da riqueza e, evidentemente, na qual se dá uma distribuição desigual de bens econômicos, sociais, políticos e culturais. Constatação correta, mas também óbvia, que se atém à aparência do fenômeno. Procurando ir além da aparência, Florestan Fernandes interessa-se pelo processo que conduz a essa situação esdrúxula. O que leva à possibilidade de

---

32. Florestan Fernandes refere-se aos livros de Bastide e Fernandes (2008) e Fernandes (1965).

combinação de elementos opostos? Que lugar essa combinação de opostos tem na reprodução do sistema? Quais são seus efeitos? Trata-se de um novo olhar[33].

Na busca de respostas a tais indagações, a análise das formas de articulação do micro e do macrossocial ganha centralidade, conforme indicamos anteriormente. Se enfatizássemos apenas essa perspectiva, correríamos o risco de atermo-nos ao aspecto instrumental da pesquisa, à dimensão metodológica, o que de fato não seria de pouca importância. Contudo, Florestan vai além. Investigando a dinâmica da sociedade, busca apreender como essas relações, que se expressam na articulação novo/velho, moderno/tradicional, alteram-se ao longo do tempo e comportam-se nas diferentes conjunturas. Aqui entra sua preocupação com as mudanças sociais – ele insiste em usar a expressão no plural[34], pois se trata de um processo que se estende ao longo da história. Percebê-las como um processo permite mostrar suas várias facetas: emergência de novos atores sociais, tentativas de minimizar a atuação destes via controle das mudanças, alterações no modo de vida, emergência de conflitos etc. Por essas razões, o desafio para os analistas que estão na periferia do sistema é maior. As explicações cabíveis nas situações comuns não podem ser aplicadas em casos especiais.

Nesse quadro, a sociologia desenvolvida nas margens do sistema precisa se inovar, e não apenas aplicar fórmulas conhecidas para uma realidade quase desconhecida, não claramente

33. No conto "O espelho", do livro *Primeiras estórias* (Rosa, J., 1962), Guimarães Rosa fala da reeducação do olhar. Vejo essa temática como simbólica do que ocorria no início da segunda metade do século XX, quando intelectuais e políticos desenhavam um projeto, nitidamente industrialista, para os países que denominavam o terceiro mundo. Uma visão homogeneizadora que desconhecia a capacidade de ser outro. A metáfora do espelho é clara para sugerir que a perspectiva em que o observador se coloca afeta o ângulo de percepção da imagem. Assim, aqui passo a utilizar essa sugestão para refletir sobre como a visão das questões sociais é afetada tanto pelo lugar da enunciação dos problemas quanto pela escolha dos instrumentos para analisá-los.

34. A manutenção da expressão no plural, segundo o autor, "permite fugir à ambiguidade do conceito formalista de 'mudança social' tão em voga entre os sociólogos norte-americanos" (Fernandes, 1974b, p. 19).

explicitada, sobretudo porque, nas sociedades dependentes e subdesenvolvidas, "a mudança e o controle da mudança são, com maior razão, fenômenos especificamente políticos" (Fernandes, 1974, *apud* Ianni, 1986, p. 163). Voltarei mais adiante neste livro a essa formulação.

Novas indagações

As palavras de Florestan Fernandes citadas anteriormente são do prefácio de 1962 escrito para a primeira edição de *A sociologia numa era de revolução social*, livro que reúne ensaios escritos entre 1959 e 1962. O próprio título já mostra a intenção de inovação que considerava necessária naquela conjuntura. Indagando sobre o papel do sociólogo, diz: "Ele produz, literalmente, para erguer um edifício novo; para incorporar a sociologia na 'cultura' de seu país" (Fernandes, 1976a, p. 16). Uma construção nova porque "não é difícil transplantar ideias, técnicas e instituições científicas: o difícil é fazê-las funcionar, onde o homem ainda não desbastou o próprio horizonte cultural" (Fernandes, 1976a, p. 17). A sociologia seria um dos instrumentos privilegiados para desnudar esse horizonte.

A que conjuntura de debate me refiro? No fim dos anos de 1950 e início dos anos de 1960, não só no Brasil e na América Latina, mas também nos países em que se discutia a questão desenvolvimentista, os termos "marginalidade", "marginal", "periférico" e "periferia", sem esquecer a expressão "terceiro mundo", fizeram parte dos discursos que analisavam o subdesenvolvimento, ancorando em geral visões dualistas. "Marginal" em oposição a "central", "periferia" como oposto a "metrópole". Esse debate, no que se refere à América Latina, envolveu intelectuais de várias partes do mundo. Entre nós, naquele momento, circulou o livro do escritor francês Jacques Lambert (1959), *Os dois Brasis*, título utilizado para denominar os traços econômicos, sociais e culturais de regiões/populações brasileiras caracterizadas como modernas ou atrasadas. O debate ultrapassou o nível acadêmico e as instituições políticas, e a importância da questão mobilizou a população. Vários movimentos sociais que denunciavam a desigualdade regional, rural/urbana, entre outras camadas sociais, marcaram o período.

A visão dualista, que se tornou um modismo na interpretação do Brasil, foi criticada por vários intelectuais do período, os quais apontaram seu equívoco, mostrando a interdependência dos polos: em termos gerais, o setor atrasado funciona como elemento importante para o desenvolvimento do setor moderno. Alguns cientistas sociais, principalmente latino-americanos, buscaram explorar a complexidade teórico-metodológica desse novo olhar. Contudo, a maioria das análises pautavam-se pela procura de um modelo a ser imitado – modelo que delineasse os instrumentos de superação do arcaico, do tradicionalismo, das velhas formas de comportamento, da cultura atrasada. Estas, talvez com a melhor das intenções, focavam o problema do combate à pobreza. Porém, muitas vezes na busca das razões, justificavam uma intervenção direta nas sociedades, pois "constatavam" elementos que perpetuavam a pobreza. Trata-se da tese da cultura da pobreza, bastante divulgada naquele período. Tanto o Centro para el Desarrollo Económico y Social de América Latina, conhecido como Desal (1966), como Oscar Lewis (1959), antropólogo norte-americano, exemplificam a questão.

Afirmam os autores que quando constatamos padrões estabelecidos de desigualdade e pobreza na sociedade, estes tendem a gerar valores culturais que alimentam comportamentos que as perpetuam. Assim, os pobres perderiam a ambição de melhorar de vida, acreditando que o trabalho não ajudaria a modificar suas condições de existência social e econômica. Essa cultura paralisadora seria transmitida de uma geração a outra e levaria os indivíduos a se adaptarem às circunstâncias da pobreza. Isso permitiria explicar, entre outros padrões, a incapacidade de países do terceiro mundo se desenvolverem economicamente. Em outros termos, a cultura da pobreza, característica dos países subdesenvolvidos, seria um obstáculo à transformação das condições de existência social dos pobres, pois a transmissão desses valores culturais por meio do processo de socialização torna-se obstáculo psicológico para que as crianças estejam preparadas a se beneficiarem das condições de mudança e aproveitarem as oportunidades que estas trariam. A cultura da pobreza produziria a incapacidade de organização em relação à luta para superar a condição em que se encontram os pobres. A privação e a exclusão conduzem à configuração de traços que reforçam a marginalidade e a dependência, gerando passividade comportamental[35].

Apontando o sentido ambíguo contido na argumentação, busco mostrar os dois elementos que operam como limites analíticos presentes nessa tese: de um lado, a afirmação da existência de um dualismo estrutural; de outro, a indicação de que a situação de marginalidade é uma "escolha" do homem ou do grupo.

Embora a definição da cultura da pobreza compreenda a noção de adaptabilidade, o que ultrapassa os limites apresentados pela formulação da Desal, que sugere um dualismo estrutural, Lewis a apresenta a partir de uma dicotomia: de um lado, trata-se de um modo de adaptar-se à sociedade envolvente; de outro, é uma forma de os pobres reagirem à sociedade capitalista, individualizada e organizada em classes sociais. Sendo reativa, esta segunda posição supõe a presença da consciência da situação diferenciada. A valorização dos elementos culturais marcadores dessa diferença, a manutenção desses aspectos e sua transmissão mediante o processo de socialização tornam-se, segundo o autor, obstáculos psicológicos para que a população esteja preparada às condições de mudança e possa aproveitar as oportunidades que estas poderiam acarretar. A situação configura a imobilidade. Uma das principais críticas que foram dirigidas a essas teses aponta a fragilidade da

35. Inúmeras críticas já foram feitas à formulação do antropólogo Oscar Lewis, o que me libera da necessidade de retomá-las aqui. Cf., por exemplo, Stavenhagen (1965) e Casanova (1969).

ideia de autonomia da cultura, proposição que está quase sempre presente nas discussões sobre marginalidade.

Uma crítica vinda da periferia do sistema

Creio que na discussão dos anos de 1950-1960 a que me referi, isto é, aos autores que criticavam o dualismo, o termo "periferia" ganha uma conotação que está além de um espaço geográfico definido[36]. Além disso, para eles, "margem" não é palavra atribuída a um grupo excluído da sociedade, mas a uma parte componente dela. Ainda, o reconhecimento dessa convergência – do tradicional com o moderno – é condição fundamental para avaliar-se tanto o processo de democratização da sociedade como as formas pelas quais se configura o processo de exclusão. Assim, "margem" e "periferia" são conceitos pensados simultaneamente e sempre referidos a um todo do qual fazem parte.

O cenário político que se forma desde o início dos anos de 1960, em que pesadas ditaduras mudam os rumos do debate expulsando dos países latino-americanos alguns de seus importantes intelectuais, intervindo de modo repressivo sobre os cursos de humanidades, em especial os de ciências sociais, e censurando escritos e manifestações, interfere negativamente na continuidade dessas reflexões. O movimento intelectual que se formava para a incorporação da discussão de situações nacionais confrontadas com as internacionais foi tolhido. Levando em consideração esse quadro, retomo o debate daquele momento, tentando mostrar as potencialidades que não puderam ser atualizadas.

---

36. No Manifesto da Cepal, de 1949, Raúl Prebisch difundiu os termos "centro" e "periferia", o que alterou as discussões tradicionais sobre a América Latina. No eixo das diferenças, o autor colocava o progresso tecnológico, embora mostrasse, também, as consequências sociais e as políticas da situação. No entanto, no debate que aponto, a questão tecnológica não tem centralidade, havendo questionamento sobre o modelo industrialista defendido em vários projetos desenvolvimentistas. Florestan Fernandes ilustra bem esse novo emprego do termo, pois a conotação atribuída a "periferia" compreende sua relação com a totalidade, ou seja, seu papel no cenário capitalista.

Voltando à reflexão sobre a periferia ou as margens como desafio metodológico, tomo o modo como Florestan Fernandes enfrenta esse desafio, uma vez que é mais fácil ilustrar com a história brasileira. Já tive oportunidade de lembrar, em um texto de 2002, que, na obra desse autor, "periferia" pode ser vista também como um método[37], pois se trata de uma forma de analisar o processo social. Essa sugestão baseia-se no fato de o autor demonstrar como o processo social não apresenta linearidade, mas caracteriza-se por vaivéns, recusando a visão de analistas que o percebem como um *continuum*. Florestan Fernandes toma essa imagem e altera seu sentido, mostrando que os dois extremos se encontram. O termo que utiliza para indicar esse procedimento é "circuito fechado"[38], que também acabará por retratar o próprio funcionamento da sociedade.

Em artigo sobre esse autor, Gabriel Cohn (2015) mostra o empenho de Florestan Fernandes na superação da análise fragmentada entre estrutura e agência, que é uma feliz abordagem de um dos aspectos da questão. Associar na análise macro/microcosmos a estrutura social e a ação é proposta clássica em ciências sociais, mas ganha características especiais na análise desse autor[39]. No livro *A integração do negro na sociedade de classes* (1965), a questão ganha corpo mediante a demonstração de que as relações sociais não se apoiam claramente em princípios democráticos, mas remetem a formas originárias do período escravocrata, principalmente aquelas entre negros e brancos. Segundo o autor, pensar o preconceito racial de modo geral, sem atinar para as formas de discriminação

37. Retomo passagem de texto já referido (Bastos, 2002).

38. Florestan Fernandes, em 1976, publicou pela editora Hucitec um livro com esse título, reunindo artigos escritos entre 1966 e 1976, explorando as várias facetas da temática.

39. No livro *Revolução burguesa no Brasil*, publicado em 1975, a questão é explorada em profundidade. O debate sobre a incompletude das mudanças características desse processo no Brasil evidencia uma questão metodológica muito atual: o lugar da enunciação de um problema altera os pressupostos do diagnóstico e impede a aplicação automática de teorias interpretativas elaboradas no centro do sistema. No entanto, não é garantia de exclusividade do olhar, nem afirmação da "verdade" da análise. Trata-se de uma perspectiva da análise.

historicamente construídas e longamente reproduzidas, equivale a um equívoco analítico.

É certo que é longo o debate sobre a relação entre ação e estrutura, estando a controvérsia longe de ser resolvida. Florestan Fernandes, no estudo sobre a integração do negro, mostra a possibilidade da passagem para o plano da agência alcançada pelos movimentos negros do período – refere-se a material coletado no início dos anos de 1950 –, partindo da fusão dos conceitos de "preconceito de cor" e "discriminação". Caracterizar a discriminação vista como fator de desigualdade social representa um salto em vários sentidos. A mudança semântica operada pelos movimentos negros com a alteração da expressão "homem de cor" para a formulação "negro", o reconhecimento da não igualdade das condições de competição, a associação do "dilema negro" ao "dilema da democracia no Brasil"[40] configuram esses atores como agentes políticos de importância. No entanto, compreende-se que, naquele momento, o exercício dessa agência era restrito. Certamente, a ditadura militar foi um cenário de repressão à ação de movimentos contestadores e/ou reivindicadores. Mas na interpretação de Florestan Fernandes não é somente isso que explica o retardo do processo.

Aqui entra a análise diferenciada em relação a tema corrente na teoria sociológica, que ganha especificidade quando se trata de um país subdesenvolvido e dependente: a mudança social e seu controle. Lembrando que, em teoria, os processos de mudanças são, em geral, fenômenos políticos, pois em maior ou menor grau operam na intervenção social, Florestan Fernandes diz: "essa regra aplica-se melhor a tipos de sociedade nas quais a continuidade depende largamente do equilíbrio dinâmico da ordem social" (Fernandes, 1974 *apud* Ianni, 1986, p. 162). Assim, em sociedades como a brasileira, ou suas vizinhas latino-americanas, "a mudança e o controle da mudança são, com maior razão, fenômenos especificamente políticos"

40. Uso as expressões no sentido que Gabriel Cohn (2015) as emprega.

(Fernandes, 1974 *apud* Ianni, 1986, p. 163)[41]. Essa possibilidade de intervenção é garantida por "coalizões oligárquicas e composições autocráticas, o meio mais acessível, ao seu alcance, para forjar e controlar o espaço político necessário aos ajustamentos" (Fernandes, 1974 *apud* Ianni, 1986, p. 163). A partir desse enfoque, Florestan se insurge, em 1959, contra a visão homogênea de mudança social que se discute no encontro do Centro Latino-Americano de Pesquisas em Ciências Sociais (Clapcs). Referindo-se às várias modalidades de mudança social, reivindica qualidade na análise dos fenômenos de alteração da estrutura, organização e funcionamento do sistema social: "A rigor, todo conhecimento positivo a respeito deles, cabe ao âmbito da teoria da mudança social. Contudo, nem todos os problemas de mudança possuem a mesma natureza" (Fernandes, 1960, p. 221-222). Em outras palavras, essa diferente natureza conduz a efeitos diversos. Embora o autor esteja se referindo aos últimos anos da década de 1950, impressiona-me a atualidade do tema.

> A "velha" e a "nova" oligarquia articulam-se com os "interesses novos" dos industriais e das classes médias, contendo seus antagonismos dentro das opções burguesas e convertendo o Estado numa verdadeira *arena de conciliação* dos interesses convergentes ou divergentes das classes possuidoras e "dirigentes". O que entrava em jogo, portanto, não era a *natureza* da transformação política almejada, mas o *estilo* que essa transformação deveria assumir (Fernandes, 1974 apud Ianni, 1986, p. 166).

Creio que é possível inferir que nos processos de mudança social emergem novos personagens, que passam a ocupar lugares

41. Não resisto à indicação de uma curiosidade. Frequentando, em 1945, a Escola Livre de Sociologia e Política em seu curso de pós-graduação, Florestan, então aluno de Herbert Baldus em Antropologia, fez uma prova discorrendo sobre mudanças culturais. Tomou exatamente a direção indicada acima, enfocando a mudança como fenômeno político e mostrando as alterações nessa área provocadas em momentos de transformação política no país: o processo de Independência, Segundo Reinado, República. Baldus anulou a prova com um grande "X". O documento encontra-se no arquivo da ESP em São Paulo.

nunca antes alcançados. As novas posições os habilitam a reivindicar direito de participar da elaboração das novas agendas políticas. Portanto, seguindo a sugestão de Florestan Fernandes, este é o centro do problema: a incorporação dos novos agentes alteraria profundamente o *estilo* de condução das transformações[42].

Acredito que seja possível reconhecer nas argumentações do autor um ponto de partida que permitiria o desdobramento dessa visão inovadora sobre mudança social. O afastamento em 1968 de Florestan e seu grupo de pesquisadores da universidade por intervenção da ditadura militar impediu a continuidade da investigação, que, para sua aplicabilidade, deveria sistematizar-se via conceitos e novas categorias analíticas.

Considero a atualidade do tema, mas assinalo que a reflexão sobre o assunto está vinculada à conjuntura em que foi concebido. Florestan, conectado com seu tempo, restringe a discussão sobre mudanças sociais às fronteiras do Estado-nação. É certo que hoje, sem esquecer as especificidades locais, o debate teórico sobre esse tema ganha o âmbito mundial e podemos reconhecer uma série de mudanças de caráter global.

Faço uma breve observação, pois seu desenvolvimento demandaria argumentações que não caberiam no espaço deste texto. Quando me refiro à periferia como método, indico-a como um *a priori* do conhecimento, isto é, estamos aqui e agora, o que confere uma visão prismática dos problemas. É importante assinalar que não me refiro à periferia como "o lugar da enunciação da teoria".

---

42. Arrisco-me a dar um exemplo que traduz minha interpretação sobre a crise política que vivemos desde 2015. Políticas públicas colocadas em exercício nas últimas décadas, que reputo como bem tímidas diante dos agudos problemas de pobreza, desnutrição e exclusão que marcam a sociedade brasileira, Bolsa Família, cotas raciais, incorporação de reivindicações dos movimentos dos sem-teto e dos sem-terra, preservação de terras indígenas, reconhecimento dos quilombolas, permitiram a visibilidade de personagens que sequer faziam parte das preocupações "da grande política". De repente vimos que, como no passado, a questão social se transformou em "uma questão de polícia". Medidas de exceção "tiveram que ser tomadas". Será que, de repente, "esse pessoal não vai passar a ocupar nossos quintais ou as áreas de lazer de nossos prédios?" Não inventei essa última frase. Ela apareceu muitas vezes nos jornais e nos debates que precederam o golpe de 1964.

Em outras palavras, são muitos os *a priori* do conhecimento, situação que delimita a reflexão.

Não pretendi neste texto senão formular uma questão cujo encaminhamento do debate é altamente complexo, pois envolve a própria natureza da sociologia. Pode-se afirmar que uma reflexão sociológica elaborada fora do eixo hegemônico da produção teórico-social possa ser simultaneamente nacional e cosmopolita? É evidente que os grandes clássicos – Durkheim, Weber, por exemplo – reuniram essas duas qualidades. Mas a questão que proponho é a da possibilidade de a sociologia resultante da discussão dos problemas do Sul do mundo ganhar universalidade. Ainda, a partir de novo ângulo, lançar um novo olhar sobre temas como desigualdade e mudanças e abrir possibilidades para soluções políticas democráticas. E não é necessário que se esteja nas margens para perceber os problemas e para ingressar no debate. Como disse, as mudanças sociais ganharam caráter mundial.

4
O controle das mudanças sociais

No momento em que, no Brasil, várias e importantes mudanças sociais são retomadas no sentido de alteração das perdas democráticas alcançadas anteriormente[43], considero oportuno abordar a questão na obra de Florestan Fernandes, cujos textos sobre o tema representam aspecto central de sua proposta sociológica direcionada à reflexão sobre a realidade brasileira e ao diálogo crítico com sociólogos anteriores, como com seus contemporâneos. Trata-se, acentuo, de uma proposta para pensar a realidade brasileira, mas não se pode considerar essa característica como um limite teórico, muitas vezes sugerido por alguns críticos. Lembro que as teorias que se tornaram instrumentos analíticos clássicos apoiaram-se em realidades concretas, isto é, têm como base a história e suas transformações: por exemplo, Durkheim na França; Weber na Alemanha. Esses trabalhos, exatamente por sua concretude, puderam assumir papel amplo na análise dos processos gerais da(s) sociedade(s) ou das formações econômico-sociais. Assim, argumento, neste texto, que a análise da sociedade brasileira e/ou latino-americana desenvolvida pelo sociólogo paulista tem como resultado uma proposta analítica de construção teórico-metodológica da sociologia. Volto a assinalar um ponto já desenvolvido em outros trabalhos, isto é, Florestan Fernandes indaga como fazer sociologia em um país lo-

---

43. Trata-se do início de 2023, quando o Governo Federal volta a discutir e retomar medidas democráticas que sofreram retrocesso durante os quatro anos anteriores, na gestão Jair Bolsonaro.

calizado perifericamente em relação ao capitalismo[44]. Em outros termos, o que é fazer sociologia no Brasil, e não uma sociologia brasileira. O ponto principal no qual essa formulação se ancora é a constatação de que a revolução burguesa no Brasil não se realiza estritamente nos moldes clássicos que a história nos apresenta, o que confere a esse processo uma ambiguidade que se reflete na constituição dos elementos que a caracterizam e que exigem uma abordagem especial das categorias analíticas: classe, ordem social competitiva, capitalismo dependente, elementos que estão imbricados.

A temática da mudança social é ponto comum entre os sociólogos em seus escritos divulgados a partir do século XIX. Mais do que um conceito, configura uma noção que se apresenta como pano de fundo das análises. Essa composição varia de autor para autor, relacionada ao contexto de sua produção e, ainda, às questões que emergem nessa conjuntura. No fundo, provocadas ou não, são apresentadas como alterações que poderiam ameaçar ou fazer avançar a unidade e a ordem da sociedade, o perfil das instituições, o lugar tradicional de seus atores.

Durkheim, por exemplo, aponta o problema da mudança social como eixo de seu livro *Divisão social do trabalho*, publicado em 1893. Mostra que essa crescente divisão, marcada pela definição das diferentes funções desempenhadas pelos trabalhadores, desencadeia transformação radical nas relações interpessoais. Tais alterações ocasionariam, pela intensificação e/ou ampliação das interações, mudança da solidariedade social, que passa de mecânica a orgânica[45]. Esse modelo dicotômico, pelo menos em sua formulação, uma vez que nas situações concretas os traços se misturam, indica uma ruptura e, de vários modos, está na base de parte das teorias sobre mudança social posteriores, na medida em

---

44. Bastos (2002).

45. Solidariedade mecânica prevalece nas comunidades em que o conjunto de indivíduos apresenta valores e crenças em comum. Nas sociedades modernas, prevalece diferenciação individual e social. Representam dois modos distintos a partir dos quais se dá a coesão social. Mas, no decorrer de seus escritos, o autor assinala a coexistência dos dois modelos sociais, como se vê no livro *As formas elementares da vida religiosa*, publicado em 1912.

que se debruçam sobre a transição da "sociedade tradicional" à "sociedade moderna".

A indicação dos elementos que caracterizam tanto o perfil tradicional como o moderno varia muito entre os autores. Se para Durkheim a oposição se define no plano das relações sociais, para Weber a distinção se dá segundo os tipos de sociedade – sociedade agrária tradicional e sociedade capitalista –, com características em oposição. Traços definidores da sociedade moderna – racionalidade e desencantamento do mundo – balizariam a mudança social. No entanto, esse modelo não se realiza de modo linear. O autor considera a pluralidade de dimensões sociais cruzadas organizando-se em arranjos diversos. A exposição que faz sobre burocracia é ilustrativa, de um lado, do modelo e, de outro, de sua dinâmica[46].

Sendo tema central na análise sociológica, vários analistas têm se dedicado a elaborar balanços mais ou menos classificatórios das diferentes teorias sobre mudança social[47], o que me poupa o esforço de classificação das diferentes proposições.

No entanto, assinalo que cada um dos estudiosos sobre mudança social, situado em seu contexto histórico, busca acentuar o caráter preponderante das transformações, priorizando, nesse cenário, características específicas presentes em seu espaço e em seu tempo. Um dos estudos que sempre chamou minha atenção – porque insiste sobre o caráter de processo não linear da mudança e de articulação coordenada, embora não temporalmente coincidente, das esferas econômica, social, política e cultural da sociedade – é o livro de Alexis Tocqueville, *O antigo regime e a revolução*, que

---

46. Várias características, não alcançadas na mesma ordem, marcam esse processo. Por exemplo, é perceptível esse traço se considerarmos uma organização que se define pelo trabalho: relações impessoais, divisão de funções fundadas na racionalidade, regras definindo a hierarquia, respeito a regras preestabelecidas para a escolha dos indivíduos que compõem o grupo, distribuição das tarefas de acordo com a competência, exigência de preparo técnico, separação entre características pessoais, definição de funções, obediência a regras e normas etc.

47. Cf., como exemplo, Aron (1967), Parsons (1967), Eisenstadt (1973), Bottomore (1979), Giddens (1979), Alexander (1982) e Sztompka (1993), para citar alguns.

mostra as mudanças políticas, sociais, econômicas e culturais na sociedade francesa que se estenderam ao longo do tempo e levaram à inevitabilidade da revolução de 1889.

De todo modo, destaco o fato de a mudança social configurar-se como um processo no qual se contrapõem as diversificadas forças sociais, tendo como elemento importante a divisão desigual de poder na sociedade. Esse ponto fundamenta a reflexão de Florestan Fernandes. A primeira edição de seu livro *Mudanças sociais no Brasil* é de 1960 e o trabalho reúne textos escritos em momentos anteriores. Como exemplo, o capítulo "Atitudes e motivações desfavoráveis ao desenvolvimento" foi apresentado no Seminário Internacional Resistências à Mudança, promovido no Rio de Janeiro pelo Centro Latino-Americano de Pesquisas em Ciências Sociais, em 1959. O capítulo "As mudanças sociais no Brasil" é atualizado pelo autor na edição de 1974, em razão não só dos acontecimentos posteriores a 1960, mas também a partir de sua reflexão e atuação, que foram objeto de repressão após o golpe militar de 1964.

Como se trata de sociologia que reflete sobre a realidade brasileira, é necessário localizar o contexto em que é produzida. Para lembrar a conjuntura em que se alocam as preocupações de Florestan Fernandes, é importante perguntar: Por que a questão da mudança social se transforma em tema privilegiado das ciências sociais no fim dos anos de 1950 e início dos anos de 1960? Por que o autor prefere usar a expressão "mudanças sociais", no plural, e não no singular, como operam geralmente os estudos sociológicos?

Na revisão de 1974, no livro citado, Florestan explica as razões de sua opção pela utilização do plural: "[porque] correspondia à variedade de facetas dos assuntos abrigados nas três partes do livro e *permitia fugir à ambiguidade do conceito formalista de 'mudança social', tão em voga entre os sociólogos norte-americanos*" (Fernandes, 2008, p. 28, grifo nosso). Essa escolha o leva a manter diálogo com vários aspectos dessas abordagens ao longo do texto. Logo no início, mostra as diferenças do debate sobre as transformações que ocorriam, que foram projetadas para a sociedade brasileira nos anos de 1950 e início dos anos de 1960, e as mudanças que ocorrerão após o golpe de 1964. Portanto, do ponto de vista metodológico, já se percebe a importância da história em sua análise. Afirma que no período de 1950 e início de 1960 foi possível que certos grupos de intelectuais propusessem uma utopia de transformação social fundada no papel reformador das ciências sociais e, obviamente, na missão dos intelectuais nesse processo. Tal projeto estaria baseado no modelo democrático francês, na tradição iluminista que tem como eixo a emancipação humana. Essas ideias estão presentes e debatidas no texto *Atitudes e motivações desfavoráveis ao desenvolvimento*, de 1960, que ilustra essas posições. Suas análises da situação posterior, desenroladas no quadro da ditadura de 1964-1985, levam-no a afirmar o equívoco de "transferência mecânica" desse modelo. Mesmo no momento da apresentação desse texto, critica o ângulo presente na temática do seminário Resistências à Mudança, que tende a acentuar o aspecto psicossocial como fator dinâmico no processo de desenvolvimento. Inicia sua participação com a frase: "Se nos fosse dado escolher tema da presente apresentação, evitaríamos associar as atitudes e as motivações à discussão sociológica dos problemas do desenvolvimento" (Fernandes, 1960a, p. 219). Portanto, afasta uma visão bastante difundida naquele momento não só nos estudos de ciências sociais, mas também entre a opinião pública: a ideia de que "a cultura da pobreza" é um dos entraves à modernização das sociedades[48].

É importante assinalar que a categoria analítica "processo social" direciona o encaminhamento de sua reflexão, acentuando a não linearidade das transformações, bem como as combinações, aparentemente esdrúxulas, dos acontecimentos econômicos, sociais, políticos e culturais. Nessa direção, no livro *Mudanças sociais no Brasil*, de 1974, lembra que entre meados de 1950 e início de 1960 o quadro de crise nacional e internacional das estruturas de dominação de classe

48. Sobre a formulação da tese da "cultura da pobreza", cf. Lewis (1951, 1959).

impedia a secularização[49] e, naquele momento, os ritmos de democratização eram insuficientes para que o projeto idealizado pudesse se realizar. No Brasil, o peso das diferentes forças sociais – Igreja, Exército, classes dominantes, parte da classe média – levou a outras direções corporificadas no golpe militar de 1964. O desenrolar das medidas repressivas assumidas pela ditadura – da qual participavam na tomada de decisões militares e civis – permite-lhe apontar o sentido em que a coerção agiu na direção do controle sobre as mudanças sociais que se desenhavam nas décadas de 1950 e de 1960. A repressão impediu a emergência de atores político-sociais cujo perfil contestador se definiria no quadro de movimentos sociais, então proibidos por lei.

Características da mudança na sociedade brasileira

Faz parte de seu modo de organizar a análise tomar centralmente a questão das mudanças sociais importantes que ocorrem ao longo da história do país. Assim, Florestan Fernandes não invoca a tradição ibérica como marca do perfil da sociedade brasileira, formulação presente na obra de Gilberto Freyre, *Casa-grande & senzala* (1933), e de Sérgio Buarque de Holanda, *Raízes do Brasil* (1936), de modo particular em cada um desses autores. Afastando-se de explicações culturalistas ou comportamentais, presentes nesses textos, Florestan analisa as características da mudança em diferentes momentos históricos da sociedade brasileira. O mais importante entre os fixados é o da transição da sociedade escravocrata presente no regime monárquico ao momento republicano, quando, pelo menos formalmente, os direitos políticos seriam igualmente aplicados a toda a população brasileira. Aponta os obstáculos para a consolidação da igualdade real, e não apenas formal, estabelecidos numa dupla manutenção: "Preservaram-se intactas, do antigo regime, a hierarquia social e a mentalidade política. Dois ingredientes

---

49. A utilização do termo "secularização" é empregada no sentido hobbesiano, envolvendo a questão dos direitos estabelecidos pelo Estado.

tóxicos, que logo mostrariam sua capacidade corrosiva e perturbadora" (Fernandes, 2008, p. 99-100).

Para apontar o efeito desses traços, discute os aspectos dinâmicos do fluxo das transformações da sociedade e os controles sociais sobre ela, demonstrando o caráter coercitivo das medidas adotadas. O autor inicia essa análise a partir do período pós-colonial, retomando elementos presentes na obra de Caio Prado Júnior, como as heranças colonial e escravista, que alimentaram as distinções sociais ao longo da história brasileira e configuram "a mentalidade mandonista, exclusivista e particularista das elites das classes dominantes" (Fernandes, 2008, p. 42). Tais traços não foram neutralizados pela ordem social competitiva porque, após a emancipação do jugo colonial e a decorrente instauração do Estado Nacional, ocorreu "a integração vertical dos estamentos senhoriais [...] em uma ordem civil que detinha o monopólio do poder político, o qual conferiu aos senhores a possibilidade de controlar a máquina do Estado sem qualquer mediação" (Fernandes, 2008, p. 43-44).

Diante desses condicionamentos, as relações sociais não expressam exclusivamente relações de classe, mas demonstram sua origem estamental. Essa situação permitiu que os padrões de comportamento dos setores dominantes se edificassem de forma profundamente ambígua, combinando a tolerância e até a cordialidade com um profundo desdém elitista por quem não tivesse a mesma *condição social*. Trata-se de atitude que pode assumir caráter aparentemente democrático, mas que, ao contrário, reforça sua qualidade autocrática[50]. Até hoje, no Brasil, esse traço, marcado pela dubiedade, recobre a real situação de discriminação em relação aos pobres e aos pretos, ampliando seu significado até configurar uma situação geral de naturalização dos conflitos. A prestação e a

50. Fernando Henrique Cardoso em *Capitalismo e escravidão no Brasil meridional*, em pesquisa na mesma direção do trabalho publicado em 1954 por Roger Bastide e Florestan Fernandes, mostra que artigos de jornais, ao elogiarem a "benevolência dos senhores" para com os escravizados, mesmo sem explicitar essa intenção, afirmam a aceitação tácita da inferioridade racial dos negros em relação aos brancos (Cardoso, 1977, p. 118).

submissão acabam se tornando atitudes naturalizadas por ambas as partes no quadro construído pela *condição social*[51].

Segundo Florestan, esse perfil da sociedade brasileira marca as fronteiras das mudanças sociais, pois o principal foco sociodinâmico destas reside na organização social. O modelo nacional, combinando elementos da herança colonial e escravista, permitiu a coexistência do trabalho servil, do semilivre e do livre, situação que, com características historicamente distintas, persiste até hoje. A sociedade assume perfil que aparenta articulação de idades históricas distintas. É como se convivessem num mesmo sistema econômico modos de produção pré-capitalistas e capitalistas[52]. Esse traço atravessa o debate do período de 1950-1960 sobre a modernização no Brasil e se expressa via múltiplos temas presentes, entre os quais se destaca a questão do desenvolvimentismo.

A difusão cultural, na análise de Florestan Fernandes, representa um outro foco sociodinâmico importante, pois opera como fator de precipitação do modelo de modernização, ancorando a definição da importância de mudanças que acompanhem a "expansão

---

51. No filme *Vidas secas*, de Nelson Pereira dos Santos, baseado no livro homônimo de Graciliano Ramos, há uma cena que ilustra bem essa situação. O dono das terras, terminada a estiagem, volta acompanhado de seus capangas e se dirige com palavras ásperas ao retirante Fabiano, que ocupara uma cabana abandonada. Mantém-se a cavalo, com o chapéu na cabeça, enquanto o morador, que estava sentado, levanta-se e retira o chapéu, cumprimentando-o sem palavras. Diante das ordens e ameaças pronunciadas pelo proprietário, Fabiano nem tem espaço para falar, embora não esteja de acordo com as condições estabelecidas para a moradia. Ele só balbucia quando o outro lhe vira as costas: "Nhor sim".

52. Essa situação que recebe, naquele momento, explicação um tanto simplista no debate geral, ganha análise mais apurada nos trabalhos de Florestan Fernandes a partir da exposição sobre desenvolvimento desigual e combinado. A visão sobre a convivência do trabalho livre e do semilivre (em algumas situações até mesmo reminiscência do trabalho escravo) ganha vários perfis: alguns apontam para o paralelismo das formas, defendendo um projeto que "modernize" o modelo atrasado. Outros, numa discussão teórica importante na análise do autoritarismo onipresente, apontam a qualidade de fusão das duas formas, mesmo explicitando a violência presente nesse arranjo. Florestan Fernandes, de modo diferente, aponta a combinação das duas, mostrando que o modelo antigo, que não se caracteriza como trabalho livre, é componente fundamental para o desenvolvimento do capitalismo periférico no Brasil. Em outros termos, a desigualdade, que avança além das condições de trabalho, é fundamental para contornar a situação de dependência capitalista no país.

do mundo ocidental moderno". Para a ocorrência desse processo, há simultaneamente uma pressão externa e um reajuste interno da sociedade.

> A relação não é uma relação de causa e efeito simples. Temos antes um modelo dialético de causação, pelo qual podemos localizar múltiplas causas e efeitos em influências distintas e em tempos sucessivos ou simultâneos [...] regulados pelos vários tipos de contradições que jogam o desenvolvimento interno contra a modernização e vice-versa (Fernandes, 1974 *apud* Ianni, 1986, p. 153).

Tendo como ponto de partida a busca de formas específicas que caracterizariam as sociedades dependentes, mais claramente aquelas localizadas na periferia do capitalismo, Florestan aponta que, de um lado, estas, por si só, não conseguiriam implementar transformações internas que provocassem diferenciações profundas em sua estrutura e mesmo funcionalidade e, de outro, não teriam base econômica, sociocultural e política para provocar uma modernização que levasse a alcançar aqueles objetivos. Em suas palavras:

> A articulação dos dinamismos econômicos, sociais e culturais internos e externos, apesar de tudo, não é suficiente para produzir a emergência e a consolidação de um padrão de desenvolvimento que se pudesse equiparar ao padrão de desenvolvimento autossustentado das nações capitalistas hegemônicas (Fernandes, 2008, p. 46).

Assim, a modernização nos países dependentes configura-se como expansão das fronteiras econômicas, sociais, culturais e políticas externas. Trata-se de modelo autocrático burguês em que o autor demonstra o engendramento de "uma forma típica de dominação burguesa, adaptada estrutural, funcional e historicamente, a um tempo, tanto às condições e aos efeitos do desenvolvimento desigual interno quanto às condições e aos efeitos da dominação imperialista externa" (Fernandes, 1976b, p. 300). Estes são corolários para a fundação da tese do desenvolvimento desigual e combinado, tema que desenvolverá de forma aprofundada em outros textos[53]. Diferentemente da proposta do pensamento conservador, que aponta os limites da modernização liberal mostrando as sobrevivências de modos de vida e de atores sociais que não foram atingidos pelas mudanças, cujo resultado se transforma em proposta da não universalização dos direitos, Florestan Fernandes assinala a importância não só da sobrevivência das formas arcaicas, mas da simultaneidade de alimentação dos dois polos – o moderno e o atrasado – como forma fundamental para a reprodução de uma formação social capitalista periférica. Trata-se de proposta teórica com traços originais.

No Brasil, o processo de modernização, principalmente em alguns momentos-chave como o dos anos de 1950-1960, tem o Estado como ator principal, que apoia sua ação no argumento da existência de interesses gerais do país, da sociedade, e aponta certo desconhecimento da vigência de interesses conflitantes. Desse modo, as perguntas que o autor suscita são: Quem se beneficia com a mudança social? Quem dita a agenda dessa mudança?

Mostrando que há uma monopolização dos efeitos construtivos da mudança social pelos estamentos dominantes, Florestan mostra a existência de uma cidadania restrita. Demonstra como esse processo ocorre em vários momentos de crise e mudança social na história brasileira: Independência, abolição, Proclamação da República[54]. Em outras palavras: nesses diferentes momentos, a ordem social competitiva acaba por excluir tanto os brancos pobres quanto os remanescentes do trabalho escravo. Embora se reconheça a existência das várias pressões presentes nas crises e o papel questionador das diferentes forças sociais, o que prevalece para o

53. Em especial no livro *A revolução burguesa no Brasil*, de 1975. Na edição de 2020 do mesmo livro, o prefácio de André Botelho e Antonio Brasil Jr., intitulado "A revolução burguesa no Brasil: cosmopolitismo sociológico e autocracia burguesa", desenvolve muito bem esse ponto.

54. No livro *A revolução burguesa no Brasil*, essa discussão aparece ampliada a partir da tese da incompletude da revolução burguesa no país. Disso resulta, segundo o autor, a dificuldade de definição de regras claras para o exercício da democracia. Surgem daí várias ambiguidades sociais e políticas representadas pela combinação de avanços progressistas e manutenção do *status quo*.

século XX é uma consciência conservadora. Assim, a mudança social se dá para uma minoria privilegiada. Essa minoria opera no sentido de tolher a universalização da mudança, ou seja, impedir uma mudança democrática, pois detém o controle do Estado. Mas a dinâmica da sociedade abre espaço para que ocorram mudanças espontâneas que "se originam do próprio padrão organizatório da sociedade de classes e não podem ser adiadas, sufocadas ou reprimidas" (Fernandes, 2008, p. 53). Contra essa tendência que avançou a partir da metade dos anos de 1950 respondeu-se com intervenções que atingiram vários países da América Latina – multiplicaram-se os chamados "mecanismos de ordem e segurança", que se explicitaram em forte repressão via ditaduras.

Mudanças e controle

Por meio dos itens anteriores desenvolvidos no texto sabemos que para Florestan Fernandes os processos de mudança são, frequentemente, fenômenos políticos e ocorrem vinculados à distribuição desigual do poder na sociedade. Assim, os grupos ou os setores que detêm o poder buscam controlar a sociedade tanto nos momentos marcados pela estática como naqueles em que ocorre dinâmica mobilizadora. Por isso é fundamental pensar as mudanças sociais como fenômenos políticos, em especial nas sociedades dependentes[55]. Numa sociedade de classes dependente e subdesenvolvida, em que há uma conciliação de elementos tradicionais e modernos – isto é, das velhas formas de organização social ou de poder e das novas necessidades econômicas ou sociais –, a garantia de controle das mudanças reside na celebração de alianças, nas coalizões oligárquicas e nas composições autocráticas, utilizadas como estratégia de operacionalização do espaço político[56].

---

55. Nesta afirmação está também presente a crítica à análise funcionalista ou às denominadas "teorias da ordem", que universalizam as formas de mudança social.

56. Ilustra bem esse controle da mudança a conciliação de 1930, conhecida como "ação do bloco agrário-industrial", quando prevaleceu o acordo de não se estenderem as leis de trabalho aplicadas ao setor industrial aos trabalhadores da agricultura, preservando o poder dos setores patriarcais de origem agrária.

Uma das características desse processo, tendo como ator principal o Estado controlado pelos setores dominantes, é a ocultação do conflito. Isso se faz de várias formas, das quais a repressão declarada às mobilizações sociais é uma delas. A aceitação da existência do conflito – ou, mais especificamente, da legitimação do conflito – é um passo importante em direção à democracia, pois desnuda a oposição de interesses. É exatamente esse processo que é ocultado no controle da mudança social. Por esse motivo a repressão se dá fortemente em direção aos movimentos sociais, acusados de subverterem a ordem. Mas não opera apenas nessa direção: é combinada com o controle da ação dos intelectuais e artistas[57]. Assim, segundo o autor.

> Tudo isso faz com que a dominação burguesa se converta, muito mais clara e duramente que nas nações capitalistas hegemônicas, em ditadura de classe. E, de outro lado, tudo isso faz com que o fenômeno central da mudança seja a permanente revitalização da dominação burguesa através do fortalecimento do Estado e de seus mecanismos de atuação direta sobre os dinamismos econômicos, socioculturais e políticos da sociedade de classes (Fernandes, 2008, p. 56).

Esse padrão de desenvolvimento capitalista dependente, segundo Florestan ao se referir ao fim dos anos de 1950 e início dos anos de 1960, fundamentou os elementos que bloquearam o espaço para que a modernização se tornasse autônoma. Essa autonomia se tornaria possível se o processo de mudança permitisse a emergência de novos atores sociais dotados de agência, isto é, capazes de ocupar lugar reconhecido na formulação de agendas políticas transformadoras, processo impedido pelo golpe de 1964.

---

57. No Brasil, durante o governo de Jair Bolsonaro (2019-2022), o desmonte das áreas de educação e cultura teve, entre outros, o objetivo de impedir o debate sobre a desigualdade econômico-social e a discriminação racial. Assim, medidas já legitimadas e aplicadas via políticas públicas, tais como cotas raciais e de gênero, foram desqualificadas e procuraram-se formas para extingui-las. O Ministério da Educação, as bolsas de apoio à pesquisa, o Instituto Palmares, por exemplo, foram objeto de ataque e intervenção.

O monitoramento foi direcionado contra esse caminho, permitindo emergência apenas de atores sociais e políticos gerados por valores reelaborados segundo uma restrita visão modernizadora. Assim, o controle coercitivo da mudança social teve como objetivo compatibilizar a ordem social competitiva com privilégios econômicos, sociais e políticos herdados do passado. Isso, segundo o autor, evidencia que a ordem social competitiva, nos países dependentes, é fortemente controlada para dificultar a produção de impulsos tanto para a mudança como para a abertura democrática, condições *sine qua non* das transformações estruturais e históricas que seriam dela resultantes. Em outros termos, a desigualdade das condições de competição tem como resultado a reprodução do *status quo*, como mostra na análise da pesquisa que serve de base para o livro *A integração do negro na sociedade de classes*.

A sociologia e a mudança social

Entre as indagações de Florestan Fernandes nessa reflexão, a pergunta "Por que o sociólogo, numa sociedade como a nossa, volta-se com tanta insistência para os problemas de mudança?" (Fernandes, 2008, p. 31-32) ganha grande importância. No período em que desenvolve essa análise, em especial nas décadas de 1950 e de 1960, a aceleração do desenvolvimento econômico e o industrialismo tornaram fundamental a busca de uma explicação sociológica sobre o que o regime de classes reserva à periferia do mundo capitalista. Essa posição afasta o sociólogo paulista da crença de que a ordem social competitiva é um modelo universal aplicável a todas as sociedades de classe. O próprio estudo das classes no mundo periférico deve sofrer uma alteração em relação à visão aplicável aos países centrais.

> Isso não invalida, como muitos supõem, conceitos, métodos e teorias acumulados previamente, pois o regime de classes é o mesmo. [...] O que varia é o modo pelo qual o regime de classes "nasce" e se "desenvolve", com influências dinâmicas externas que afetam tanto a história

> quanto as estruturas das sociedades de classes dependentes e subdesenvolvidas. [...] Isso implica romper com o resíduo naturalista implícito na ideia de que o regime de classes surge da mesma maneira, funciona do mesmo modo e produz os mesmos resultados onde quer que apareça (Fernandes, 2008, p. 34).

O sociólogo deve ater-se à história da sociedade dependente na qual intervêm forças sociais variadas e de natureza diversa. Ainda, deve lembrar que o Estado assume papel diferente daquele exercido nos países centrais: é usado como um "bastião de defesa e ataque" pelas classes dominantes internas. Estas impõem seus interesses particulares como se fossem gerais, que operam tanto interna como externamente. Isto é, a partir desse controle, buscam neutralizar tanto as pressões internas dos setores marginalizados como as pressões externas das nações capitalistas hegemônicas.

Diante dos elementos já apontados, a reflexão de Florestan Fernandes se caracteriza como uma contribuição simultaneamente empírica e teórica, levando em consideração que, no quadro do capitalismo dependente, ao se estudar o regime de classes, é necessário lembrar dos dois polos de dominação: o interno e o externo. Portanto, é preciso agregar as conexões causais e funcionais das sociedades hegemônicas àquelas internas.

Trata-se de uma contribuição que dirige o conhecimento para o esclarecimento do tipo de revolução burguesa que dá origem ao regime de classes naquele país dependente. Em outros termos, indaga se naquele país existe ou não base democrática regendo a constituição das relações estruturais e a agência social. Referindo-se à América Latina, o sociólogo expressa crítica importante, pois mostra que, em geral, a política dos países dependentes costuma centralizar-se em torno dos denominados *interesses da nação* ou *interesses do Estado* como se não existissem interesses conflitantes entre as diferentes classes. Aqui o autor faz uma afirmação central: a sociologia contribui para a discussão na medida em que aponta o reconhecimento ou não da existência de conflitos[58]. Esse reconhecimento é fundamental para o exercício da democracia. No livro *A integração do negro na sociedade de classes*, por exemplo, mostra que o mito da democracia racial, denunciado então pelos movimentos negros, busca esconder a existência do conflito, da desigualdade e da diversidade e, principalmente, assume a função de reprodução dos setores dominantes, que, não se reconhecendo como preconceituosos e discriminatórios, impõem a ordem e inibem tentativas que levariam a "rupturas na sociedade brasileira". Nessa direção, o controle do Estado constitui instrumento por excelência da dominação burguesa porque é o aparelho de Estado que define as fronteiras do campo dos conflitos ou, ainda, aponta "quem são os inimigos da ordem social" e estabelece limites para sua atuação política. É a argumentação que ganhará sistematização mais adiante na sua obra com a tese sobre a incompletude da revolução burguesa, mas que já está na base dos trabalhos principais do autor e no debate decorrente, segundo o qual a modernização e as transformações capitalistas ocorrem por vias autocráticas.

Segundo o autor paulista, a sociologia pode contribuir para mostrar que no Brasil a "ordem social competitiva" foi esvaziada como fator histórico social. Essa análise poderia ampliar, se apropriada politicamente, o alcance das reivindicações dos movimentos negros. Porém, naquele momento[59], as condições existentes não possibilitaram a criação de dinamismos fortes para destruir as antigas formas de relações sociais, ou as estruturas econômicas e políticas. A força da repressão foi impedimento fundamental.

---

58. A sociologia nos anos de 1950 e início dos anos de 1960 foi um instrumento importante para a discussão da modernização, e Florestan Fernandes se sobressai nesse procedimento enfatizando uma abordagem crítica (Arruda, 2001; Brasil Jr., 2013). Tive oportunidade de levantar a hipótese de a sociologia crítica, nesse momento, ter desempenhado no Brasil o papel de força social e política importante (Bastos, 1987).

59. Refiro-me ao livro *A integração do negro na sociedade de classes*, publicado em 1965, em que a discussão sobre a ordem social competitiva ganha lugar central. A repressão sobre os movimentos nessa direção tomou formas diversas no período anterior, mas, a partir do golpe de 1964, operou de forma altamente punitiva.

Transformou-se no cenário em que persistiram as combinações de formas arcaicas – de trabalho, de política, de relações sociais – que não só figuraram ao lado das formas modernas como as alimentaram. Esse procedimento ganhou centralidade com a expansão das fronteiras econômicas, como podemos constatar no programa de "desenvolvimento da Amazônia", elaborado na ditadura militar, tendo como exemplo a zona franca e as iniciativas de "colonização rural"[60]. A combinação velho-novo, vista a olho nu, não alcança lugar crítico de modo geral, pois é percebida como conjuntural, e não estrutural, formulada como atraso a ser corrigido pela modernização. Desse modo, não permite a correção dos desvios antidemocráticos: antes, opera como uma fonte de perpetuação das relações sociais assimétricas e fortalece a tendência. Em outros termos, a combinação esdrúxula funcionou por longo tempo como princípio de excludência. A modernização programada baseava-se numa explícita forma de distribuição de ganhos dela decorrentes, privilegiando uns em detrimento de outros, uma vez que os direitos foram atropelados. Em resumo, o processo assume aspecto assustador, pois envolve a aprovação de grande parte da população: trata-se de legitimação da reprodução da exclusão que se naturaliza.

Florestan Fernandes considerava importante refletir sobre como a sociologia pode configurar-se em elemento importante para o aprendizado social como instrumento de desnudamento da realidade. Segundo ele, a saída não é individual, havendo necessidade da configuração de uma *intelligentsia* apoiada em movimentos sociais e, por isso, com força política. Sua ação dar-se-ia por meio de análises e debates que expandissem o campo dos conflitos; auxiliassem na definição de agendas políticas de ampliação

---

60. Os assentamentos no programa conhecido como "colonização da Amazônia" contemplavam uma dupla finalidade, nem sempre explícita: de um lado, seu objetivo claro era o esvaziamento dos conflitos com os posseiros; de outro, conforme confessavam os representantes dos grandes proprietários que se alocaram na região, os pequenos proprietários eram fundamentais, naquele momento, para a defesa da propriedade da terra na região.

da participação democrática; e desnudassem a ação repressiva que impossibilitava a agência dos novos atores que se originaram das mobilizações político-sociais anteriores ao golpe de 1964[61]. Nessa proposta fica evidente a presença das proposições de Mannheim, que estabelece duas etapas para discutir a questão da *intelligentsia*: missão *versus* função. Assim, nessa direção, Florestan ressalta a necessidade simultânea de preparo teórico e de compromisso social, que confere ao sociólogo "obrigações intelectuais desencontradas", pois o "arranca do gabinete", integrando-o aos processos de mudança social, fazendo-o sentir-se como alguém que tem o que dizer e que, eventualmente, poderá ser ouvido. Daí a pergunta que supõe, de um lado, uma reflexão teórica rigorosa e, de outro, um diagnóstico histórico preciso: O que o regime de classes reserva à periferia do mundo capitalista dependente e subdesenvolvido? Tal questão se desdobra em outra: Como o sociólogo pode contribuir para iluminar a questão?

Aqui já se apresenta a tese que informará a reflexão de *Integração do negro na sociedade de classes* (1965). Portanto, não é possível operar com a ordem social competitiva como se fosse um princípio aplicável universalmente, mas deve ser analisada em cada situação concreta. O tema será aprofundado posteriormente no livro *A revolução burguesa no Brasil*, publicado em 1975, cuja redação é iniciada em 1966. A partir da visão sobre a periferia do mundo capitalista, o autor lembra que não se trata de assumir posição só descritiva, mas também interpretativa, pois os cientistas sociais têm de operar "com uma heterogeneização máxima dos fatores propriamente estruturais e dinâmicos da diferenciação social" (Fernandes, 2008, p. 35). Assim, formula a crítica que atravessa o texto apresentado no seminário de 1959[62] e que se direciona às posições dualistas que

61. A participação de Florestan Fernandes na Campanha de Defesa da Escola Pública, em 1960, é uma boa ilustração sobre sua visão sobre o papel da sociologia como aprendizado social, pois mostra como possibilita a abordagem da questão democrática mediante a luta pela ampliação de condições de competição para os menos privilegiados na sociedade.

62. Trata-se do Seminário Internacional Resistências à Mudança, promovido no Rio de Janeiro pelo Centro Latino-Americano de Pesquisas em Ciências Sociais, em 1959.

alimentam muitas das discussões do período: a ideia da existência de dois Brasis, um moderno e outro atrasado, o primeiro tendo de superar o segundo, formulando projetos para operar nessa direção. Florestan Fernandes aponta a articulação dos dois extremos – o moderno e o tradicional, o velho e o novo –, mostrando como se retroalimentam, conforme já indiquei anteriormente.

A partir dessa afirmação, propõe um diálogo crítico com as interpretações anteriores que enfatizam a análise microssocial, portanto ao funcionalismo, principalmente à vertente norte-americana que discute mudança social com influência de Talcott Parsons, isto é, de um modelo de equilíbrio aplicável universalmente. Aponta a necessidade de análise simultânea dos aspectos micro e macrossocial: "o único modo pelo qual as sociedades se dão à observação e à interpretação dos sociólogos é um estado concreto em que ela se revela em funcionamento e, portanto, sob alguma combinação de tensões estáticas e de mudanças sociais" (Fernandes, 2008, p. 32)[63].

Ponto importante, no que concerne às mudanças sociais, está na análise do controle dos resultados dos avanços alcançados pela restrita ordem social competitiva que se consagra. É claro que, fortemente em alguns momentos ou paulatinamente ao longo do tempo, ocorre uma mobilidade social tanto em direção às elites como em direção à classe média, mas, segundo o autor, ela atinge entre 1% e 5% nos povos dependentes[64]. Essa situação ocasiona um esvaziamento da ordem social competitiva como fator

---

63. Nessa argumentação, Florestan dirige-se criticamente aos sociólogos que apontam para a existência na sociedade de um "estado de equilíbrio". Em suas palavras: "o que alguns descrevem como o 'estado de equilíbrio perfeito' somente se pode imaginar e construir, sociologicamente, como recurso puramente heurístico e interpretativo, por via exclusivamente abstrata e teórica" (Fernandes, 2008, p. 32).

64. No Brasil atual, essa mobilidade é mais restrita. Segundo dados do Instituto Brasileiro de Geografia e Estatística (IBGE), em 2020, a fatia que corresponde a 1% da população mais rica detém quase a metade da riqueza nacional (49,6%). A base da pirâmide é larga, afunilando-se fortemente: 90% dos brasileiros têm renda inferior a R$ 3,5 mil por mês (R$ 3.422,00) e 70% ganham até dois salários mínimos (R$ 1.871,00, para um salário mínimo de R$ 998,00 em 2019).

histórico-social, não se tornando fonte de correção de tendências antidemocráticas e antinacionais[65].

O simples estudo ou a constatação da distribuição desigual dos benefícios das mudanças não é suficiente para a alteração da situação antidemocrática. É necessária agência da base social para colocar em curso a transformação. No entanto, reconhecemos na história brasileira uma espécie de círculo vicioso, com sucessão de avanços e recuos políticos. Não apenas nas ditaduras explícitas, mas em outros momentos já apontados neste texto, obstáculos são apresentados para a emergência de novos atores que possam participar da agenda política com reivindicações amplas em relação à democracia. Além disso, várias formas de repressão nas áreas de educação e cultura configuram um círculo vicioso difícil de ser rompido.

> Os movimentos de oposição ou de inconformismo militante precisam criar, por seus próprios meios, o seu espaço político. A ordem social competitiva não lhes dá caminho; e a repressão conservadora desaba sobre eles para destruí-los, quaisquer que sejam suas vinculações reais como o nacionalismo, como a democracia ou mesmo com a intensificação da revolução burguesa (Fernandes, 2008, p. 40).

Atualidade do tema

A partir dos elementos apresentados é necessário levantar a questão da sociologia crítica na obra de Florestan Fernandes. Trata-se de assunto para uma discussão mais ampla, mas quero ressaltar um ponto que aparece neste texto: um elemento fundamental da sociologia crítica é a questão emancipatória, por esse motivo a questão democrática ganha centralidade na análise. Assim, igualdade,

---

65. No Brasil, a partir de 2012, a adoção da política de cotas para o ingresso nas universidades públicas, contemplando parte das vagas para alunos advindos do ensino público, negros e indígenas, representa a quebra de um elo nesse processo, uma vez que grande parte da população pobre ou discriminada racialmente foi afastada da apropriação dos benefícios das mudanças sociais, econômicas, políticas e culturais, conforme vimos. No entanto, a aplicação dessa política é muito recente e não permite que aproximemos seus resultados aos dados apresentados no texto de Florestan Fernandes. Além disso, nos últimos anos, essas medidas têm sido alvo de críticas de setores da direita, e o Governo Federal, entre 2019 e 2022, tem sugerido uma alteração em sua aplicação, ou mesmo supressão.

liberdade e solidariedade como fundamentos dos direitos tornam-se proposições importantes na discussão de mudança social. Nesse processo, a emergência de novos atores, até então nas margens do sistema, que reivindicam seu ingresso como novas forças sociais e políticas permite o posicionamento dos direitos como eixo da ação. A partir dessa perspectiva, o autor, nesse texto, propõe tarefas ao sociólogo nas sociedades periféricas, referindo-se à situação colonial e à dependência. Lembro as palavras de Florestan Fernandes no prefácio de *A sociologia numa era de revolução social*, publicado em 1962:

> São muitos os problemas com que se defronta o sociólogo numa situação histórico-social como a que prevalece no Brasil e nos demais países subdesenvolvidos, da América Latina e de outros continentes. Um mundo em estado de revolução permanente e em constante reboliço interno exerce uma influência ao mesmo tempo estimulante e desorganizadora em sua situação de trabalho, forçando-a a voltar-se para as direções em que o pensamento científico ou a sociologia, tão somente, apresentem alguma significação para o debate das questões que desafiam, historicamente, a coragem intelectual dos homens (Fernandes, 1976a, p. 15).

Lembrando a pluralidade de atores e de forças sociais na sociedade brasileira, Florestan Fernandes aponta para o fato de que os agentes se formam mutuamente, ou seja, as classes se formam num processo simultâneo. Nesse sentido, enfatiza a necessidade de se dar atenção, nos estudos sociológicos, à esfera do poder burguês, um tanto descurada nos estudos brasileiros. A razão de certa negligência com o tema, segundo ele, parece ser o fato de o senso comum considerar a burguesia brasileira "impotente" ou "frágil", uma burguesia de "segunda ordem". Considera um erro esse descaso, pois politicamente essa burguesia manteve e fortaleceu seu poder em condições adversas, mesmo o fazendo por via de "artifícios cruéis e mesquinhos" (Fernandes, 2008, p. 62). Afinal, esses traços figuram nas bases da constituição de classes no Brasil, caracterizando uma revolução burguesa marcada pela incompletude.

5
A história nunca se fecha

A expressão "circuito fechado" usada por Florestan Fernandes assume posição central em seus estudos sobre a sociedade brasileira, constituindo um dos apoios teórico-metodológicos de sua reflexão. Tive oportunidade de apontar em texto anterior (Bastos, 2002) que a recusa às interpretações dualistas que definem o Brasil constituído por partes que se opõem – atraso/moderno, velho/novo, retardo/avanço – configura o ponto de partida para essa formulação. Trata-se de resposta crítica a uma visão do país que fundamenta propostas sobre mudança social, econômica e cultural elegendo o controle autocrático para direção do processo proposto para transformar os setores atrasados em áreas modernas. O modo pelo qual se define a necessidade de superação do denominado "atraso" automaticamente estabelece não apenas o perfil do grupo político dirigente, mas a própria forma de exercício do poder. Ou seja, Florestan Fernandes mostra que o diagnóstico construído a partir de uma ótica apoiada no dualismo determina as medidas a tomar, quem deve aplicá-las, como e o que fazer para implantá-las. Estaria assim previamente definido o lugar dos atores políticos e justificadas medidas repressivas, *se necessário*, para o alcance dos objetivos propostos. Pronta a agenda política, o *circuito está fechado*. Voltarei a esses pontos mostrando como concretamente o autor os aborda.

Indiquei acima que a expressão "circuito fechado" se refere a uma circunscrição teórico-metodológica, pois Florestan afirma que "constitui uma equação metafórica de um dos ângulos da situação que prevalece graças aos tempos retardados da revolução burguesa" (Fernandes, 1979, p. 5). Ao empregá-la, está afastada a concepção de destino traçado para a sociedade ou, ainda, qualquer sugestão de que a sociedade brasileira é por definição estática, tendo já determinado seu *status* político e/ou sua estratificação social. Ou seja, recusa o desenho de um futuro que desconheça a possibilidade de agência que intervenha na alteração da estrutura social. Em suas palavras "a história nunca se fecha por si mesma e nunca se fecha para sempre" (Fernandes, 1979, p. 5). Mais do que isso, trata-se de afirmação sobre sua visão do papel da sociologia, que não pode contentar-se com uma análise fragmentadora da sociedade, mas deve operar a partir da articulação entre história e totalidade. Constatação dessa posição verifica-se no livro *Circuito fechado*, publicado em 1976, que tem como subtítulo *Quatro ensaios sobre "poder institucional"*, no qual retoma a relação entre o Estado autocrático e o controle da modernização[66]. Na orelha da segunda edição o autor diz: "o título e o subtítulo da obra situam a ligação dos dois temas e seu sentido global. [...] Ao se fechar às pressões democráticas de baixo para cima, a sociedade de classes da América Latina exclui o Povo da história" (Fernandes, 1979). Como se pode perceber, refere-se ao desmonte dos movimentos sociais iniciados no fim dos anos de 1950 e início dos anos de 1960 pelo golpe de 1964 no Brasil e à continuidade da repressão sobre manifestações no período que se segue, além de situações semelhantes em vários países latino-americanos, que, nesse período, também conheceram governos ditatoriais.

Assim, Florestan Fernandes considera os limites das análises institucionalistas desarticulados de uma visão ampla da sociedade, uma vez que a configuração das instituições é resultado do embate das forças sociais e efeito da vitória não democrática, tanto no Brasil como na América Latina, de apenas um conjunto delas. Nesse

---

66. Essa questão já fora abordada de forma breve no livro *Mudanças sociais no Brasil* (1960) e, mais tarde, nas diversas revisões feitas nas edições posteriores. Com maior profundidade, Florestan enfrenta essa questão em *A revolução burguesa no Brasil*.

arcabouço de forças, dá destaque para as ideias, mostrando que elas fundam, além das transformações do quadro social, o lugar dos intelectuais e a emergência de novos atores políticos. Referindo-se aos fundamentos das mudanças não democráticas no Brasil de 1964, diz:

> Muitos se lembram de que não há revolução sem teoria revolucionária. Contudo, também não há contrarrevolução sem teoria contrarrevolucionária. O mínimo que se pode afirmar, sociológica e historicamente, é que os intelectuais – tanto os "liberais" quanto os "conservadores" e "reacionários", de mistura com muitos "reformistas" inconsequentes – colaboraram com essa chamada "revolução institucional" (?!) (Fernandes, 1979, p. 3, grifo próprio)[67].

Os obstáculos surgidos à emergência de novos atores sociais não se referem apenas ao receio de sua atuação política por meio de mobilização. Trata-se também de uma forma sutil de repressão disfarçada para fugir à acusação de censura. Consiste em um arranjo institucional que retira dos subalternos seu lugar de fala. Também aos intelectuais e artistas é limitado ou desqualificado o espaço de denúncia, procedimento que atinge diretamente a divulgação das ideias.

A atualidade do texto me surpreende, principalmente porque está descrita e analisada, em um dos ensaios do livro *Circuito fechado*[68], a intervenção feita no decorrer dos anos de 1960 na universidade e no âmbito da arte, que levou ao afastamento de suas atividades vários professores e artistas considerados perniciosos ao regime. Explicita de modo óbvio como educação e cultura são

---

67. Os pontos de interrogação e de exclamação não foram acrescentados por mim, são do próprio texto de Florestan Fernandes. Creio que a sinalização feita pelo autor refere-se ao fato de não se tratar de revolução, mas golpe militar, com a manutenção da "velha ordem".

68. Trata-se do capítulo IV, "A universidade em uma sociedade em desenvolvimento". São suas palavras: "A universidade sempre esteve em relação tensa com os estratos dominantes e com o obscurantismo na América Latina. Mesmo a 'universidade tradicional' não escapou à incompreensão e a algumas represálias, que certas vezes atingiram seriamente os elementos mais representativos do corpo docente ou as tentativas mais ousadas dos estudantes" (Fernandes, 1979, p. 144).

campos importantes de debate sobre a democracia e como o controle autocrático sobre essas áreas constitui obstáculo à emergência de novos atores sociais e políticos vistos como ameaças à manutenção do *status quo*. Lembro o sentido atual do texto, embora saiba que as situações não se repetem *ipsis litteris*. Sei que primeiramente aparecem como drama e podem reaparecer como comédia, mas os dois efeitos são trágicos. Analisando o jansenismo, Lucien Goldmann (1959) mostra como se explicita a tragédia quando alguns grupos sociais não encontram mais lugar na sociedade, ou seja, vivem o paradoxo de simultaneamente estar e não estar no mundo por não contar com um espaço histórico para o exercício de seus princípios e valores. Invocando linguagem contemporânea, vivem em um cenário de não reconhecimento.

Abordagem teórico-metodológica

A linearidade fundante das interpretações dualistas se forma no ponto crítico desenvolvido via proposta teórico-metodológica contida na expressão "circuito fechado". A visão linear também sustenta a sugestão de evolução social, uma vez que a "sociedade atrasada", graças ao controle das mudanças sociais pelos setores dominantes, poderia atingir um estágio progressivo. Essa formulação é refutada por Florestan Fernandes mediante o questionamento da existência de um *continuum* progressista no processo de transformação social. Propondo operacionalização da pesquisa e suporte teórico à sua interpretação, toma o termo "*continuum*" e mostra a alteração de seu sentido. O efeito linear é superado. O fechamento do circuito ganha conotação ampla, sendo ponto de partida, mas também avançando em direção ao resultado da investigação, o que justifica a abertura de espaço para propostas de redirecionamento da mudança social[69]. Do ponto de vista metodológico, afasta-se de

---

69. Como veremos mais adiante, Florestan não indica formas específicas de políticas sociais, uma vez que acentua a importância da emergência democrática dos sujeitos das mudanças.

formulação puramente causal, abrindo-se para a indagação dos efeitos provocados pela estrutura social, pelas relações sociais, pela emergência/ação dos atores, pelas instituições, pela normatização e pelo comportamento autoritário, ainda permitindo o questionamento sobre quem se apropria das mudanças provocadas e é beneficiado por elas.

Certamente é uma ousadia, risco admitido por ele principalmente ao justificar-se contra os ataques sofridos pela sociologia crítica que propõe após as medidas assumidas pelo governo militar em 1968, em parte reforçadas pelo comportamento de alguns grupos políticos. Indaga sobre os limites impostos para pensar "o que é uma sociedade de classes da periferia na era do capitalismo monopolista" (Fernandes, 1976b, p. 9). Ainda, reivindica liberdade de "procurar os 'tempos internos' de uma modernidade tão peculiar, que se desata 'de fora para dentro' e dá origem a uma 'orgia institucional'" (Fernandes, 1976b, p. 9). Coloca-se em "perspectiva oposta às fórmulas da 'ciência política sistemática', à direita, ou do 'estruturalismo marxista', à esquerda" (Fernandes, 1976b, p. 9)[70].

Recusar o caminho de análise linear da história brasileira e latino-americana significa retomar o exame dos processos de longa duração ao lado da situação presente para compreender as razões de permanência de sociedades marcadas pela pobreza, pela desigualdade e pela exclusão e caracterizadas pela histórica situação de concentração de riqueza e má distribuição de bens. Trata-se de objeto incômodo, reconheço, mesmo porque o método propicia uma análise não só interna do modelo, mas o articula ao movimento internacional da economia, da sociedade e da política. Mais ainda, permite perceber o processo de reprodução e de autoconsolidação da sociedade de classes no Brasil.

---

70. Lembro que Theodor Adorno, ao discutir os limites da análise circunscrita apenas ao institucional, afirma a necessidade de duas formas analíticas articuladas: a imanente e a que leva em consideração os efeitos das normas (Adorno, 2008, p. 221-222).

Essa recusa o coloca em uma posição diferenciada em relação às reflexões do período sobre os vários aspectos da sociedade brasileira, por isso define objeto e método que chamei de incômodos. Autores como Gilberto Freyre (1933), Caio Prado Júnior (1972), Celso Furtado (2005), Antonio Candido (1981), para indicar alguns, centralizam suas pesquisas em torno da ideia de formação. Muito apropriadamente Gabriel Cohn lembra que Florestan

> não usa esse termo porque no fundo está pensando sempre a *deformação*, a dificuldade da formação, eu quase diria que a areia nas engrenagens históricas dessa sociedade; dessa sociedade sim, porque ele não está pensando a sociedade em geral, mas, nos termos muito expressivos que ele mesmo usa, o ainda, o aqui e o agora (Cohn, 2015, p. 42).

Palavras que aparecem constantemente em seus textos – tensão, dilema, desafio – explicitam essa ótica. O termo "dilema" ganha especificidade em várias passagens das pesquisas de Florestan, afastando-se da visão do senso comum: "Os sociólogos entendem por 'dilema' um tipo de inconsistência estrutural e dinâmica que nasce da oposição entre o comportamento social concreto e os valores morais básicos de determinada ordem social" (Fernandes, 1976a, p. 208). Assim, em situações concretas, os dilemas são vistos de acordo com o padrão civilizatório da sociedade: como "estado natural das coisas", numa perspectiva conservadora, ou como uma "transição conjunturalmente vantajosa", numa perspectiva inconformista. O autor mostra que a primeira está referida a uma visão de ajuste das esferas tradicionais da sociedade brasileira àquelas que se transformaram com maior intensidade. De certa ótica, mostra que é possível a superação da naturalização dos conflitos e que a sociedade pode abrir-se para a conscientização sobre eles. Ou seja, a aceitação da existência do conflito como legítimo, como básico na situação dos grupos sociais, representa um passo na direção da democracia. Confessa, fazendo uma forte crítica à sua própria formulação, ter ele mesmo, em certo momento, aceitado essa visão a partir do emprego de análise assentada no princípio da "demora cultural", a qual reflete bastante a visão do senso comum, marcada pela visão dualista[71]. Mesmo seu modo de percepção da ordem social competitiva tem a ver com esse afastamento da visão histórica linear. Assim, seu método, além de constituir instrumento de abordagem do objeto, articula unidades empíricas de análise que, em geral, são enfocadas autonomamente.

As considerações acerca das controvérsias sobre método já aparecem desde os primeiros textos de Florestan Fernandes[72]. O livro *Fundamentos empíricos da explicação sociológica*, publicado em 1959, traz uma visão ampla sobre a questão porque contrapõe o alcance e os limites analíticos de diversas tradições na teoria sociológica[73]. O capítulo sobre o funcionalismo é exemplar desse procedimento[74]. No conjunto dos textos, mostra que divergências metodológicas entre autores expressam oposições fundamentais sobre tema e análise decorrente.

Sabemos que o método é um campo de conflito, contudo, uma vez que se aceite que o objeto é também definido com recurso a ele, na mesma direção deve-se admitir que o conteúdo é imanente. Não se trata de escolher o que vem antes ou depois em relação a um dado da natureza, como no enigma "o que veio primeiro, o ovo ou a galinha?" A unidade empírica da pesquisa decorre de uma tomada

---

71. "Que tal ilusão tenha interferido nas ideias de alguém que compreendia essa mesma realidade através de categorias sociológicas e não tinha dúvidas em apontar a inadequação estrutural e dinâmica do horizonte cultural dominante constitui algo digno de ponderação. Isso quer dizer que estamos de tal maneira impregnados daquelas manifestações simbólicas de teor compensatório, que o próprio cientista social precisa percorrer um caminho difícil para libertar-se de prenoções e chegar a assumir uma posição favorável à descrição objetiva das coisas" (Fernandes, 1976a, p. 210).

72. Em trabalho de aproveitamento escrito em 1946 para o curso de Emílio Willems, em que discute a concepção política de Mannheim, a preocupação com a metodologia já está presente (Fernandes, 1970a). Em suas pesquisas sobre os Tupinambá, em sua dissertação de mestrado e sua tese de doutorado, a questão metodológica é discutida em relação às fontes que servem de base para seus dados (Fernandes, 1947, 1951). O "Ensaio sobre o método de interpretação funcionalista em sociologia", apresentado em seu concurso de livre-docência em 1953, representa um dos clássicos sobre a temática metodológica.

73. Sobre a antecipação de Florestan na consideração de Marx como uma das matrizes da sociologia, comento no texto "Uma sociologia local e cosmopolita" (Bastos, 2018).

74. Esse trabalho de Florestan Fernandes é considerado por Robert K. Merton informativo e sistemático (Merton, 1964, p. 93).

de posição prévia, que tem a ver com as seguintes perguntas: Queremos prever qual será o comportamento de um grupo diante de uma situação nova? Pretendemos analisar qual é a relação causal de ações e relações racionais em um contexto atravessado por crise que permite a emergência de comportamentos tradicionais aparentemente já superados? Buscamos responder quais são os efeitos de certas práticas sociais, econômicas, políticas ou culturais que reforçam ou questionam uma formação econômico-social? Entre outras possíveis, são perguntas perfeitamente legítimas que visam à compreensão de aspectos importantes dos problemas que ocorrem na sociedade. Em cada um dos casos citados a unidade empírica que define a pesquisa é diferente. O primeiro trata de fixar-se no grupo social; o segundo, na ação social; no terceiro a investigação parte da análise da formação econômico-social. Essas questões podem ser formuladas em conjunto, o que determina a amplitude da pesquisa e a aplicabilidade da resposta. É óbvio que a aceitação dessa posição que articula teoria e método recusa a propalada objetividade só presente na pesquisa meramente quantitativa. Em outros termos, a própria definição do objeto empírico carrega em si uma posição diretiva.

Florestan Fernandes prioriza a pergunta sobre os efeitos sociais e políticos advindos de uma formação econômico-social na periferia do capitalismo, formação peculiar, pois não só soma, mas combina, na manutenção de seu perfil, modernidade e arcaísmos. A pergunta sobre a coexistência do capitalismo moderno e da desigualdade no Brasil, que limita o acesso aos direitos políticos e sociais, o induz a avançar tanto no estudo dos grupos como no das modalidades de ação. A emergência de elementos tradicionais que convivem ao lado da modernização é ocorrência comum em várias sociedades. O que torna original a formulação da existência de um circuito fechado e a compreensão de seu funcionamento é a constatação das formas de combinação que operam para que setores econômicos e sociais historicamente subalternos atinjam um nível de modernização semi-integrado e ao mesmo tempo excludente. É uma forma *sui generis* de reprodução da desigualdade. Uma modernização que não os torna igualmente competitivos às demais classes sociais.

A escolha do método não é arbitrária, não é mero acidente no percurso da pesquisa. É a eleição de um entre outros instrumentos que permite encaminhar a resposta à pergunta feita originalmente, como já indicamos. Assim, como consequência à indagação sobre os efeitos da formação econômico-social situada na periferia do capitalismo, Fernandes propõe a questão: Como no Brasil o processo de modernização incorpora a mecânica do atraso, procedimento que, em tese, caminharia em direção contrária à racionalidade da modernização?

Não se trata de preocupação comum às análises que constatam a presença de comportamentos ou ações tradicionais em um processo direcionado pela racionalidade capitalista/burguesa. A peculiaridade encontra-se na existência de outro funcionamento, de uma marca específica de ordenação social em que a mecânica do atraso compõe o processo de modernização. Assim, para explicar a ordenação política, é fundamental a compreensão dos vaivéns da sociedade. Como indiquei acima, não se trata de constatação do atraso, mas da análise da adoção da mecânica que controla simultaneamente modernização e atraso. É nesse caminho que se encontram as bases da adoção do termo "autocracia", que se refere às formas de organização do poder assentada em elementos que atuam além das normas fundantes das instituições[75].

Florestan Fernandes considera fundamental recuperar na pesquisa esse fundamento. Assim, pergunta como se dá a reprodução da vida nos diversos grupos sociais, sendo esse o processo social decisivo ao considerar tanto a permanência como a transformação da estrutura social. O estudo sobre as formas de socialização embasa

75. Em livro recente, André Botelho (2019, p. 17) lembra a importância dessa tradição intelectual: "Recolocando a política e o Estado *na* sociedade, a tradição intelectual aqui apresentada problematiza a ideia de que as instituições sejam espaços de ação autônoma em relação a valores e às práticas sociais vigentes na sociedade".

sua investigação em *A integração do negro na sociedade de classes.* Porém não se limita a formular a questão em termos de identidade individual, mas avança na direção das condições ou dos limites à integração social das diferentes camadas da população. Assim, o autor não se contenta em analisar os processos de assimilação e adaptação do grupo no caminho da integração à sociedade envolvente. Seu horizonte se projeta além do grupo ou da comunidade, caminha na direção da ordem social competitiva, um dos pilares das transformações burguesas. Trata-se da linha analítica que preside o livro *A integração do negro na sociedade de classes.*

Mesmo questionando a eficácia dessa ordenação[76], Florestan Fernandes analisa a existência ou não de igualdade de condições de competição para os diferentes grupos considerados em oposição, brancos e negros, pobres e ricos. A campanha em defesa da escola pública que protagonizou representa claramente a definição de uma via de alcance da superação da desigualdade e equalização, embora parcial, das condições de competição. Nos trabalhos que abordam a assimetria da situação e das relações entre negros e brancos, não indica qualquer política pública para alteração da situação. De modo muito diferente, mostra os movimentos negros ao longo da história posterior à abolição, acentuando como sua atuação construiu a percepção de uma visível situação discriminatória na sociedade brasileira. Tratando-se de constatação de situação concreta, porque envolve comportamentos e atitudes, e não tendência genérica, como seria a simples admissão da existência do preconceito, a agência impele a mobilização dos negros a um patamar democrático. Tornam-se sujeitos da mudança social. Embora o processo seja lento, com rupturas provocadas nos períodos ditatoriais ou pela autocracia que marcou quase todos os governos no Brasil, a evolução crítica é positiva. Na análise desse processo, lembro que o papel dos

---

76. Na nota explicativa do livro *A integração do negro na sociedade de classes* o autor diz: "A escolha da ordem social competitiva, como foco de referência das observações, não nasce de qualquer convicção do autor de que ela seja uma ordem social natural" (Fernandes, 1965, p. XIII).

denominados "depoentes" no livro *A integração do negro na sociedade de classes* tem centralidade na pesquisa[77].

A referência sobre o debate interno nos coletivos negros organizados em associações e/ou movimentos sociais, assim como a exposição sistemática das condições de existência social por alguns desses participantes no desenrolar da pesquisa, levou os componentes a expressarem o sentido da exclusão contido no próprio processo de socialização que vivenciaram. Mais ainda, propiciou a alteração do repertório discursivo e de ação nas mobilizações[78]. Um passo em direção ao desenho de uma sociedade democrática. Assim, a consciência de que a reprodução da vida é um processo social decisivo que define não só o lugar do indivíduo na sociedade, mas sua possibilidade de ação, permite aos movimentos negros diagnosticarem que a liberdade formal obtida pela abolição da escravidão é insuficiente, pois a situação do negro no conjunto das forças sociais, sendo assimétrica em relação aos brancos, repõe o *status quo*. Nessa constatação, os coletivos negros operaram, como mostra Florestan Fernandes, e operam hoje no Brasil, buscando instrumentos que abram a possibilidade de se tornarem, ao lado de outros atores sociais, sujeitos das mudanças.

Trata-se de importante percepção que, embora presente nos anos de 1950 e início dos anos de 1960, não pôde, naquele momento, via ação daqueles coletivos, ganhar corpo na institucionalização de medidas em razão do longo cenário da repressão, mas que continuou a alimentar a consciência possível desses grupos, os quais

---

77. A pesquisa organizou-se com a participação de vários coletivos negros a partir de reuniões feitas na Biblioteca Municipal. Como, segundo Roger Bastide "tais reuniões não podiam compreender senão líderes, intelectuais ou pessoas de classe média [deixando] de lado a classe baixa, que constitui o grosso da população de cor" (Bastide; Fernandes, 1955, p. 12), estes serão visitados pelos alunos-pesquisadores nos bairros, cortiços. Assim, aplicam-se questionários, realizam-se entrevistas ocasionais ou formais, coletam-se biografias e histórias de vida. "Procuramos buscar a colaboração direta e crítica dos sujeitos da investigação, [...] cujos sentimentos e orientações de comportamento eram mal conhecidos [...] [essa colaboração] foi maciça: nos seminários contávamos com uma afluência média de 130 a 150 pessoas" (Fernandes, 1979, p. 65). Campos (2013) relata os diversos passos da pesquisa.

78. Discuto essa questão no artigo "Sessenta anos da publicação de um relatório exemplar" (Bastos, 2015).

continuaram a intervir na sociedade via ações políticas menos visíveis[79]. Tais operações voltam a ser visualizadas no quadro que anuncia a abertura política dos anos de 1980 e ganham corpo nos debates que se dão no processo constituinte, prosseguindo até hoje. Então, via coletivização dos problemas, emerge a pergunta: Como participar da elaboração das agendas política, social, cultural? Muitas respostas são dadas a essa questão, inclusive algumas delas serão objeto de políticas públicas posteriores e se configurarão em ação prioritária dos coletivos negros no Brasil do século XXI.

Atualidade do procedimento

A formulação da categoria "circuito fechado" estaria limitada a dar conta apenas de um período da história da sociedade brasileira circunscrito ao momento da produção da obra de Florestan Fernandes, principalmente àquele em que se inscrevem suas propostas teórico-metodológicas? Ou podemos reconhecer atualidade na sua utilização como instrumento analítico extensível a outros períodos da vida brasileira? Para averiguar a adequação de seu emprego na sociedade brasileira atual, consideradas as afirmações apresentadas anteriormente, um procedimento coerente será retomar as questões indutoras de sua pesquisa e refletir sobre elas a partir dos desafios contemporâneos.

No primeiro parágrafo deste texto destaco a crítica do sociólogo paulista à interpretação dualista sobre a sociedade brasileira, mais precisamente sobre a existência de dois Brasis[80]. A recusa de admissão desse diagnóstico por Florestan Fernandes, conforme indicamos anteriormente, está ancorada na constatação da realimentação entre os setores: o moderno, com concentração de renda,

---

79. No livro *A descoberta do insólito*, M. Silva (2013) relata os diversos momentos desse procedimento.

80. A intervenção de Florestan Fernandes, "Atitudes e motivações desfavoráveis ao desenvolvimento", no Seminário Internacional Resistências à Mudança – Fatores que impedem ou dificultam o Desenvolvimento, do Centro Latino-Americano de Pesquisas em Ciências Sociais, em 1959, questiona a tese dos dois Brasis. Exponho essa argumentação em Bastos (2011).

mantém as margens pauperizadas para a dupla reprodução. Essa troca se dá entre regiões, etnias, camadas da população, cidades (periferia/bairros centrais). Não se trata de uma região, de um grupo social, de um setor da população atrasados que "precisam avançar", mas que são mantidos numa condição assimétrica para que regiões, grupos ou setores continuem a vivenciar privilégios.

Ainda hoje a assimetria econômica e social entre as regiões no Brasil é continuamente denunciada pelos dados estatísticos de renda *per capita*, salários, ou considerando-se a qualidade de vida medida pelo Índice de Desenvolvimento Humano (IDH)[81]. A desigualdade econômica e social entre negros e brancos pode ser constatada pelos índices publicados em novembro de 2019 pelo IBGE sobre salários, participação no mercado de trabalho, distribuição de renda, violência e representação política[82]. Segundo dados da Carta Capital de dezembro de 2019, o Brasil é o segundo país do mundo com maior concentração de renda. O 1% mais rico concentra 28,3% da renda total do país. Os dados deixam o Brasil somente atrás do Catar, onde a proporção é de 29%. Nesses dois países quase um terço da renda está nas mãos dos mais ricos.

Embora esses dados se refiram ao Brasil, é patente a existência dessas situações em grande parte do mundo, o que demonstra a possibilidade de aplicação mais ampla da reflexão sobre o circuito

81. O índice de desenvolvimento humano avaliando renda, educação, saúde é muito desigual se compararmos as regiões do Brasil. Dados recentes evidenciam que a região Sudeste tem o maior IDHM do país, com valor de 0,766. Em segundo lugar está a região Centro-Oeste, com IDHM de 0,757, praticamente empatada com a região Sul, terceira colocada, com IDHM de 0,754. As regiões Norte e Nordeste têm os menores IDHM do país, com 0,667 e 0,663, respectivamente. Disponível em: https://www.archdaily.com.br/br/784994/diferenca-de-idhm-entre-regioes-brasileiras-

82. Em levantamento do IBGE, o grupo de pessoas que se declarou preto e pardo, em 2018, representa 55,8% da população brasileira. A diferença entre os salários dos brancos em relação aos dos negros é de 73,9%. Quanto à inserção no mercado de trabalho, os dados também são alarmantes: 64,2% da população desocupada e 66,1% da subutilizada são pessoas pardas e negras. A distribuição de renda segue o mesmo padrão: negros e pardos representam 75,2% do grupo formado pelos 10% da população com os menores rendimentos do país. A taxa de homicídios entre a população de pretos e pardos de 15 a 29 anos do sexo masculino entre 2012 e 2017 é de 185,0 por 100 mil habitantes. Somente 24,4% dos deputados federais e 28,9% dos deputados estaduais são pretos ou pardos, o que representa uma forte desigualdade na representação política (Rosa, A., 2019).

fechado proposta por Florestan Fernandes para a análise da sociedade. Isso permite afirmar que a periferia não está apenas no hemisfério sul, não é dado territorial, mas refere-se às margens da sociedade.

Volto a alguns elementos anteriormente levantados, sem pretender esgotar a argumentação. A expressão "circuito fechado" está referida a uma forma de restrição democrática que não se limita ao exercício do voto ou à chamada "normalidade institucional". O arranjo do poder permite o arbítrio em relação às instituições e à própria ordem social competitiva, construindo um princípio ordenador antidemocrático que atravessa historicamente a sociedade brasileira. Florestan traduz esse processo com a elaboração do termo "autocracia" (Fernandes, 1975)[83].

É fácil verificar que no Brasil atual tanto a naturalização da desigualdade quanto a forma pela qual o Executivo Federal – refiro-me ao início dos anos de 2020 – dimensiona a crise na área da saúde ressoa a permanência desse princípio antidemocrático. Uso o termo "antidemocrático" em lugar de "não democrático" para acentuar que se trata não apenas de uma situação transitória, mas de um processo que busca ordenar a sociedade brasileira e que pesa mais quando há a presença de grupos conservadores no poder. Constatamos uma repressão que pretende ser sutil para evitar a acusação da existência da censura, mas que se torna evidente ao desqualificar a educação, a cultura, a mídia e até mesmo a ciência, como já apontamos anteriormente. Esse procedimento retira o lugar de atuação dos agentes questionadores da ordenação político-social, o que é grave tanto do ponto de vista ético quanto do político, uma vez que o discurso de certas personalidades públicas reforça a naturalização da desigualdade pelo conjunto da população brasileira. No fim dos anos de 1950 e início dos anos de 1960 discutia-se a situação ao mesmo tempo que as mobilizações sociais denunciavam a assimetria das condições de existência entre as classes representadas na pirâmide social. Hoje

83. Para uma visão mais aprofundada dessa questão, cf. Botelho e Brasil Jr. (2020).

a repressão disfarçada funda a ocultação desses dados via desqualificação da mídia ou dos estudos acadêmicos que os apresentam.

A insistência no termo "antidemocrático" tem a ver com a constatação de que os avanços democráticos conquistados nas últimas décadas não têm firmes raízes no comportamento social e político no Brasil. Ou seja, mesmo recalcada, continua presente

> a velha sociedade brasileira, historicamente marcada por valores e práticas sociais e culturais autoritários de socialização e de orientação das condutas, de afirmação de hierarquias nas mais diferentes relações sociais e de reiteração das desigualdades (Botelho, 2019, p. 18).

Essa questão permite que indaguemos sobre o papel representado pela tradição sociológica derivada das propostas de Florestan Fernandes nos dois períodos indicados: o primeiro, entre o fim de 1950 e início de 1960; o segundo, considerando a produção sociológica atual.

O primeiro momento, no qual as bases da formulação teórica de Florestan se consolidam, traz um forte diálogo com as interpretações sociológicas anteriores e a apresentação de elementos que as fundamentam. Já indiquei anteriormente sua crítica às análises microssociais sem articulação com a sociedade mais ampla. Assim, advoga a articulação das visões micro e macrossociais, ponto muito importante em sua formulação teórica[84]. É nessa direção que explicita o emprego simultâneo do estrutural-funcionalismo e da sociologia histórica: "A análise funcional, repito, é instrumental. [...] Se for estudar [...] as transformações que ocorrem 'através' e 'além' da repetição da ordem, a análise estrutural-funcional é largamente complementada pela análise histórica" (Fernandes, 1978, p. 106). A crítica que encaminha é direcionada aos estudos que interrompem a análise no momento descritivo "como se tem feito em muitos estudos antropológicos e sociológicos de comunidades, da empresa industrial, da escola etc." (Fernandes, 1978, p. 106).

---

84. Abordo especificamente essa questão no texto "Uma sociologia local e cosmopolita" (Bastos, 2018).

Não se trata somente de diálogo com a sociologia, mas com seus efeitos no contexto em que foi produzida, seu alcance e seus limites. O período compreendido entre meados dos anos de 1950 e início dos anos de 1960 é marcado por grandes debates sobre temas como fome, pobreza, marginalidade, que ocuparam grande parte da reflexão das ciências sociais latino-americanas e mobilizaram projetos políticos para seu enfrentamento. Não só as discussões sobre a temática, mas também as propostas e alianças políticas celebradas localizaram-se em pontos bastante variados do espectro ideológico, provocando enfrentamentos de diferentes ordens. No caso brasileiro, é um momento marcado por vários movimentos sociais advindos das diversas regiões do país: movimentos operários, mobilizações em torno da urbanização/habitação, reivindicações sobre programas de saúde, defesa da escola pública, lutas pela reforma agrária[85]. Aqui, para salientar um dos efeitos importantes da sociologia crítica de Florestan Fernandes, lembro a preeminência dos movimentos dos trabalhadores rurais, que simultaneamente reivindicavam a extensão dos direitos trabalhistas ao campo e o acesso à terra via alteração da estrutura agrária marcada pelo latifúndio. Se não de forma direta, a privação de direitos humanos fundamentais é amplamente denunciada pela miséria conhecida por essa população. Por exemplo, a grande seca que atingiu o Nordeste, especialmente os estados do Piauí, Ceará, Rio Grande do Norte, Paraíba e Pernambuco, foi amplamente divulgada pelos jornais. O êxodo em direção às cidades foi grande, e os denominados "flagelados" constituíram a maior parte da população que se mudou para as favelas do Rio de Janeiro e de São Paulo.

Sem entrar em pormenores, lembro esse cenário para apontar o papel das várias forças sociais que operaram no questionamento não só da estrutura social, mas dos arranjos políticos que a sustentavam. Somando-se a elas, a sociologia crítica de Florestan Fernandes

85. Não me estendo sobre essa questão pois a focalizei no capítulo "Atualidade do pensamento social brasileiro".

desempenha uma função importante ao analisar os sustentáculos dessa situação, demonstrando o sentido histórico do conflito e legitimando seu questionamento. Assim, creio ser possível afirmar que suas ideias ganharam lugar importante no desmonte do pacto agrário-industrial dos anos de 1930, que, naquele momento e nos imediatamente posteriores, direcionou a modernização do país excluindo do processo grande parte da população, principalmente os trabalhadores rurais, os quais não tiveram seus direitos trabalhistas reconhecidos e foram proibidos de se associar a sindicatos (Bastos, 1984). A discussão da questão fundiária foi adiada *sine die*. O efeito do duplo adiamento teve conhecidas consequências. A ausência de legislação permitiu a extensão do arbítrio na regulação das relações do trabalho no campo. A prorrogação da discussão sobre a concentração de terras permitiu que, com a localização da capital federal no Planalto Central, se realizasse um avanço das fronteiras econômicas em direção à Amazônia, multiplicando a possibilidade do estabelecimento de grandes propriedades. Interpretou-se que o avanço da fronteira econômica se dava em um vazio demográfico. Indígenas, seringueiros e povos da floresta foram sacrificados, não só pelo desaparecimento, mas pela mudança de suas condições de existência social. Assim, a aliança política que estava posta em xeque no fim dos anos de 1950 e início dos anos de 1960 se refez, após o golpe de Estado de 1964, em outros termos porque foi ampliado seu raio de ação, mantendo-se garantida pela forte repressão às mobilizações sociais, ao pensamento independente da universidade, à perseguição de artistas e intelectuais. Florestan Fernandes e seu grupo de pesquisadores foram afastados da Universidade de São Paulo pelo AI-5 do governo militar. Seu pecado foi mostrar que existe a anterioridade do conhecimento da sociedade sobre o desenho das mudanças econômicas e políticas. É verdade que esse procedimento, como infelizmente sabemos, pode ser desdenhado, mas isso só pode ocorrer em um cenário antidemocrático.

A pergunta que se faz hoje para a tradição intelectual que elege, como fazia Florestan, o princípio emancipatório como prioritário à reflexão sociológica brasileira é: Como continuar a reflexão e utilizar instrumentos analíticos diante dos novos dilemas do país? Encontro um promissor encaminhamento em alguns debates que acompanhei nos últimos anos que propõem o retorno da sociedade para embasar a política e o Estado, questionando a ideia

> de que as inovações institucionais seriam capazes, por si mesmas, de transformar a dinâmica social, como se os processos políticos existissem exclusivamente no âmbito sistêmico e, portanto, que as instituições possam ser consideradas variáveis independentes da vida política (Botelho, 2019, p. 17).

Retornar à sociedade significa assumir o risco de conhecer, de visualizar os mecanismos de funcionamento dos processos sociais, de reconhecer as características diferenciais dos atores sociais, admitir que existem conflitos de interesses, que a presença de privilégios elege políticas discriminatórias em relação a eles. Mais ainda: ter coragem de atrever-se a pensar (*sapere aude*)[86] para saber, e não apenas contentar-se em perguntar: E daí?

86. A expressão proposta por Horácio foi ampliada por Kant e passou a ser usada como lema do Iluminismo. Contemporaneamente foi empregada por Foucault no sentido de ousar saber.

PARTE II

QUESTÃO RACIAL E MODERNIZAÇÃO

6
Raça e revolução burguesa

Neste trabalho busco mostrar como as pesquisas de Florestan Fernandes a respeito da questão do negro marcam um avanço no pensamento sociológico sobre o aspecto racial e representam um rompimento em relação à reflexão sociológica brasileira que as precede. Tomo apenas alguns temas que indicam como seu estudo difere radicalmente das análises prevalecentes sobre o problema.

O ponto de partida para a comparação está fixado no momento em que as discussões sobre essa temática chegam na década de 1930, representadas pela contribuição de Gilberto Freyre em *Casa-grande & senzala* (1933), *Sobrados e mucambos* (1936) e *Nordeste* (1937). Trata-se de uma época privilegiada, quando ocorre uma transição nas abordagens sobre a questão racial à medida que o debate fundado na sociobiologia ganha nova roupagem, incorporando o discurso culturalista de Franz Boas. Gilberto Freyre, ao discutir os estudos dos autores racistas ou a teoria de branqueamento, formula uma interpretação do Brasil como sociedade constituída, na base, pela democracia racial, resultado da combinação de várias etnias e culturas em harmonia. Tal articulação seria alcançada graças a uma organização social desenvolvida no trópico, tendo por base o patriarcalismo, sustentáculo de relações sociais não marcadas pelo antagonismo.

Florestan questiona algumas dessas afirmações e adiciona elementos novos à questão, caracterizando rompimento e salto qualitativo diante dessas reflexões, que haviam sido incorporadas ao pensamento brasileiro de então. Em outros termos, a obra *A integração do negro na sociedade de classes* (1965) representa uma recusa à visão conservadora que marca o debate não somente da questão racial, mas também da sociologia no Brasil.

São Paulo: unidade de investigação

Escolhendo a cidade de São Paulo como unidade de estudo da integração do negro, Florestan Fernandes analisa as transformações sofridas pela população como um todo diante do processo de industrialização e urbanização do Brasil. A escolha circunscreve o polo onde é possível perceber de forma mais ampla os fundamentos de uma organização social em que, por suposto, impera a ordem social competitiva. É o lócus "que apresenta um desenvolvimento mais intenso, acelerado e homogêneo quanto à elaboração socioeconômica do regime de classes", em que "a *revolução burguesa* se processou com maior vitalidade". É nela que "o 'negro' só adquire importância econômica real tardiamente e sofre, em condições sumamente adversas, os efeitos concorrenciais da substituição populacional" (Fernandes, 1965, vol. I, p. XII).

São Paulo, em seu processo de expansão urbana, não reproduziu o padrão brasileiro típico da cidade que cresceu em conexão com o progresso do mundo agrário. Sua inclusão na economia colonial exportadora ocorre tardiamente. Seu desenvolvimento, num momento de crise do sistema escravocrata – que restringe a reposição da mão de obra escrava e acolhe o imigrante europeu como uma presença nova e atuante –, faz dela um campo de pesquisa por excelência para o teste da tese integração/não integração na sociedade competitiva.

Trata-se de um espaço privilegiado da constituição da sociedade burguesa, embora o autor reconheça a incompletude dessa formação, tese que desenvolverá posteriormente no livro *A revolução burguesa no Brasil*. Define-se como centro urbano tipicamente burguês, onde impera uma nova visão de trabalho, marcada pelo contrato, ligada a uma nova concepção de nação civilizada. Por isso, investigar essa constituição torna-se fundamental para ilustrar diferentes fases de transformação da sociedade burguesa. Essa reconstituição compreende o período de desagregação do regime servil, a emergência da ordem social competitiva e sua consolidação, a partir de uma concepção tradicionalista (que se estende do fim do século XIX a 1930), bem como a afirmação dessa ordem dentro de um quadro tipicamente capitalista (entre 1930 e 1960).

Com referência ao processo como um todo, Florestan Fernandes busca a explicação da realização das condições históricas peculiares que envolvem a população da cidade. Ao mesmo tempo que define como objeto de análise a situação do negro na sociedade de classes, mostra que esta não pode ser descolada da reflexão sobre a ordem escravocrata e senhorial, não só porque se trata do mais vasto período da história de constituição da sociedade brasileira, mas também porque marca em sua substância as relações comunitárias e societárias que se desenvolvem a partir dela. Da crise dessa ordem surgem os novos personagens da história do Brasil (Fernandes, 1965).

O princípio da análise é a afirmação de que a ordem escravocrata é a base da qual surge um regime de trabalho e de organização social que funda a vida social, econômica, política e cultural brasileira, exemplificando com São Paulo, o espaço onde se articulam o *velho* e o *novo*. No ponto de inflexão dessa articulação encontra-se o *negro*. Refletir sobre sua situação social significa desvendar as relações entre o macrocosmo e o microcosmo sociais.

Assim, a definição das unidades empírica e analítica de seu estudo sobre a integração do negro na sociedade de classes já representa um rompimento com a sociologia brasileira marcada pela tradição conservadora. A unidade empírica sobre a qual arma sua argumentação é a formação econômico-social – o capitalismo periférico –, e não somente o grupo social formado pelos negros[87]. A

---

87. Aliás, a noção de grupo como unidade analítica carece de fundamento na abordagem de Florestan, uma vez que seu ponto de partida supõe a heterogeneidade social, econômica e cultural presente na população negra e mulata. A pesquisa leva em consideração os diferentes grupos representados pelos movimentos negros, por mulheres negras, população residente na periferia. Essa questão está apresentada em outro capítulo deste livro.

partir dessa circunscrição, desloca o debate, fundado no campo da cultura, para o campo da organização social. A definição envolve a crítica às investigações mais significativas feitas anteriormente, citando particularmente Oliveira Vianna, Gilberto Freyre, Nestor Duarte e Fernando de Azevedo. Aponta sua unilateralidade, nascida "da redução do macrocosmo social inerente à ordem estamental e de castas ao microcosmo social inerente à plantação ou ao engenho e à fazenda" (Fernandes, 1979, p. 36). Visando a uma análise sociológica referida à totalidade, afirma que a economia de *plantation* está ligada a um contexto histórico estrutural que a inclui e é determinante, obrigando o analista a considerar ambos em conjunto.

> Portanto, temos de considerar a economia de plantação em dois níveis simultâneos e interdependentes: todo um complexo de relações comunitárias e societárias que a articulava a várias estruturas econômicas, sociais e de poder, ou seja, a várias formas de dominação. (Fernandes, 1979, p. 36-37).

A participação dos personagens é desigual nos dois níveis: de um lado, o lar senhorial e a senzala, que ocupavam lugar especial na localidade e nas vilas circunvizinhas; de outro, na cidade, entreposto comercial, núcleo das instituições religiosas, jurídicas, administrativas e políticas. A este segundo patamar só tinham acesso os senhores, a família senhorial e alguns prepostos. Dar conta desse complexo de relações e de dominação exigia, do estudo sociológico, não só o aprofundamento da pesquisa em cada um dos níveis, mas uma análise articulada entre ambos.

A própria crítica forma-se na proposição de algumas teses fundamentais: Florestan recusa os limites de uma reflexão sobre a questão racial apoiada numa visão de sociedade como ordem social autorreguladora decorrente da análise independente do microcosmo social, que impede a percepção das dissociações que ocorrem principalmente nas situações antagônicas, entre a visão de mundo dos segmentos sociais marginalizados e a dos setores dominantes.

> A superposição de estamentos de uma "raça" dominante e de castas de "raças" dominadas punha a ordem societária sobre um vulcão. A força bruta, em sua expressão mais selvagem coexistia com a violência organizada institucionalmente e legitimada pelo "caráter sagrado" das tradições, da moral católica, do código legal e da "razão de Estado". O mítico *paraíso patriarcal* escondia, pois, um mundo sombrio, no qual todos eram oprimidos, embora muito poucos tivessem acesso, de uma maneira ou de outra, à condição de opressores (Fernandes, 1979, p. 38).

Em outros termos, aponta o fato de a visão conservadora abrir espaço para a idealização do passado, que se opõe a um presente que se quer negar. Desvenda o modo pelo qual tal perspectiva, ultrapassando o nível de análise, ganha espaço sociopolítico, constituindo obstáculo ao processo de integração do negro à sociedade de classes[88].

O trabalho livre e a ressocialização do negro

O ponto de partida para a reflexão de Florestan sobre as relações raciais é a peculiaridade da revolução burguesa brasileira, cujas raízes estão na escravatura[89]. Desse modo, mesmo estando num espaço marcado por relações sociais modernas, o negro livre acaba por viver em condições de existência social não tipicamente capitalistas. Nessa constatação, Florestan Fernandes enfatiza um aspecto: a ausência de um processo de *ressocialização* do negro para a nova ordem estabelecida. Socializado para viver num sistema social específico – a ordem escravocrata –, o negro não encontra no projeto abolicionista, dimensionado prioritariamente para derrubar as barreiras que constituíram obstáculo ao progresso

88. Já está aqui presente a ideia de que a formação de classes é paradoxal, embora a análise da incompletude da revolução burguesa esteja aprofundada em *A revolução burguesa no Brasil*, de 1975. A construção das classes requer uma edificação em conjunto. Se um setor populacional se encontra limitado, tendo extremamente restrita sua liberdade de afirmação social e política, prevalece um conflito impeditivo do processo de formação. Persistem, então, regras do período que Florestan denomina "o velho regime".

89. O autor acentua a manutenção de traços estamentais presentes na sociedade brasileira.

econômico, espaço para empreender uma nova inserção social. A transição ao exercício dos novos direitos não supõe uma correspondente organização social. Cria-se, então, um impasse definido pela dualidade *igualdade perante a lei/desigualdade real*. À nova condição jurídico-política dos ex-escravizados não correspondeu imediatamente o exercício das prerrogativas sociais que a situação deveria propiciar.

A precariedade da ressocialização impediu que o negro fosse imediatamente inserido na ordem social competitiva e, assim, encontrasse sua identidade de classe. Essa situação o levou a uma existência ambígua, restringindo as condições sociais, econômicas, políticas, culturais e mesmo psicológicas de integração ao novo sistema.

A socialização é vista como um processo abrangente, ligado ao modelo de sociedade, definidor da identidade e do lugar do indivíduo no sistema social. Sua referência à ordem social competitiva não significa que Florestan Fernandes a considere como solução do dilema racial brasileiro. É antes a constatação de uma situação de fato do que um modelo aspirado de organização social. Assim, mostra que a associação urbanização/europeização reflete-se na morfologia da cidade, alterando os quadros de absorção do negro como agente de trabalho. Mais ainda, é em torno do fazendeiro e do imigrante que se desenvolverá a ordem social competitiva, excluindo-se o negro e o mulato como agentes sociais significativos. A socialização num quadro de organização social de base rural impediu que, num processo crescente de urbanização e competição, o negro encontrasse, de maneira geral, ajustamento econômico, político e social[90].

À medida que a cidade de São Paulo se desprende das matrizes rústicas da sociedade agrária, cujo sentido é comunitário, coletivo, tradicional, desenvolve-se um estilo de vida individualista e competitivo. Essas características tornam-se adversas à assimilação do negro e do mulato ao processo de urbanização. Expulso para a

---

90. O trabalhador rural foi mantido com a permanência das formas de prestação social: trabalho gratuito como pagamento de moradia, cambão.

periferia da cidade por condições de habitação e pelo não acesso à educação, o negro transforma essa situação numa estratégia de sobrevivência. É a partir desse lócus que se apega às oportunidades residuais do sistema de trabalho[91]. De outro lado, o imigrante aparece nesse quadro como agente natural do trabalho livre, esperança de progresso por saltos e, nessa condição, ligado aos setores articulados à dinâmica do novo mundo econômico.

Assim, nas condições em que se forma e consolida inicialmente a ordem social competitiva em São Paulo, os negros ficam restritos às ocupações marginais ou acessórias do sistema de produção capitalista. Não se trata, pois, de um traço comportamental que levaria o negro a não conseguir romper os liames culturais de sua formação, a se apegar a ocupações tradicionais, mas sim de uma construção social que se estrutura a partir de um forte controle sobre a mudança da sociedade[92]. Florestan busca o sentido dessa situação no sistema como um todo.

A exclusão da estrutura de trabalho vinculada às novas formas econômicas faz com que a mobilidade social, no período de transição do antigo regime, seja difícil e quase impossível ao negro e ao mulato, barrada por condicionamentos econômicos, sociais, políticos e culturais, embora a ascensão social, por hipótese, esteja aberta a todos, mediante o processo competitivo. O comportamento aparentemente irracional do negro em um processo "racional" de mobilidade baseia-se no desalento diante da constatação de que a mudança não acarretou a redenção da raça. Apenas duas formas de sobrevivência lhes foram oferecidas no novo sistema logo após a abolição da escravidão: a incorporação gradual à escória do proletariado urbano ou o ócio. Mais ainda, o protecionismo oficial à

91. O espaço "aberto" para o negro liberto foi principalmente o setor de serviços, que continuou por longo tempo fora das regras do contrato.

92. Florestan mostra em vários textos o "cuidado" com que os setores dominantes criaram instrumentos jurídicos, econômicos e sociais para deter o controle sobre a mudança social. Mostrará, enfaticamente, que o planejamento econômico, conferindo primazia aos elementos técnicos, torna-se ambíguo, selecionando parte restrita da população que se apropria dos resultados positivos desse processo.

imigração operou como obstáculo à sua ascensão social e assimilação pela sociedade moderna.

Ao lado de barreiras estruturais à sua integração, o negro, não recebendo o benefício da ressocialização, não foi preparado para as mudanças na sociedade inclusiva, introduzindo elementos morais no contrato e percebendo os direitos de trabalho segundo critérios pré-capitalistas[93]. A dificuldade de dissociação do contrato de trabalho de transações que envolvem a pessoa humana indica bem os limites que o negro enfrentou para efetuar a passagem das formas de vida comunitárias às societárias.

Nesse ponto, a discussão sobre a socialização ultrapassa o nível explicativo meramente psicossocial. A pesquisa mostra como a ordem social competitiva se impôs de forma abrupta. A ausência de gradações impediu que o negro e o mulato, por meio de um processo educacional, redefinissem seus papéis sociais na sociedade de classes. Nessa constatação está embutido o questionamento sobre o destino a ser dado à ordem social competitiva e à sociedade de classes no Brasil. Mostrando que o negro foi expulso não apenas da estrutura de trabalho tipicamente capitalista, mas do *sistema contratual* como um todo, Florestan Fernandes aponta os obstáculos à conquista dos direitos de *cidadania*. Consequentemente, chega à conclusão de que o novo sistema se deparou com uma dificuldade fundamental, na medida em que é impossível a existência de uma sociedade fundada em relações contratuais quando não se ancora na cidadania. Desse modo, estão indicados os limites do liberalismo brasileiro e, também, evidenciadas as condições em que se dá a emergência do povo na história do Brasil.

As ocupações do imigrante não são substitutivas das do escravizado. O imigrante veio para ocupar um lugar novo, numa nova estrutura de trabalho, numa sociedade organizada em novas formas. No momento da abolição, o negro ocupava posições na organização

93. Aliás, o setor de serviços até hoje, independentemente de serem trabalhadores negros ou brancos, carrega esse traço, representado pela falsa familiaridade, pela noção de fidelidade.

da economia e da sociedade que não foram imediatamente incluídas na égide do contrato. Assim, na nova ordem, desenvolveram-se estratégias que reproduziram e recriaram aquelas situações do escravizado e/ou liberto na sociedade agrária. Tais ajustamentos o integraram ao setor agrícola, e não ao urbano: transformou-se em morador, arrendatário, parceiro. A situação apresenta-se de forma diferenciada em cada região: onde o capitalismo avançou mais lentamente, abriram-se espaços para relações de trabalho que não se subordinam direta e imediatamente ao capital[94]. Nesse sentido, a posição social do negro e do mulato foi definida pelos interesses da revolução burguesa. Sem dúvida, houve uma articulação entre interesses conservadores e liberais, e o ajuste do negro na sociedade de classes é a ilustração por excelência dessa ligação.

Abolição e imigração constituem elos de um processo amplo, revolucionário, porque transformador das relações sociais. Ao mesmo tempo, consagram-se a abolição do cativeiro e a ordem contratual na sociedade brasileira. Mas se do ponto de vista legal ficaram estabelecidos esses princípios,

> deixou-se ao curso natural das relações humanas a determinação do que isso poderia significar, em situações concretas, como democratização efetiva dos direitos e deveres fundamentais dos indivíduos, garantidos juridicamente. Se isso foi prejudicial aos trabalhadores brancos, estrangeiros ou nacionais, e se corrompeu pela base os próprios fundamentos jurídicos e morais da ordem contratual [...] para o negro as consequências foram piores. [...] A abolição equivalia – nas zonas de vitalidade da lavoura cafeeira – a condená-lo à eliminação no mercado competitivo de trabalho ou, no mínimo, ao aviltamento de sua condição como agente potencial de trabalho livre (Fernandes, 1965, vol. I, p. 24).

Em outras palavras, não foi equiparado ao trabalhador assalariado branco, sendo, assim, levado à regressão ocupacional. Na instauração e evolução da ordem social competitiva, acabaram por imperar

94. O próprio imigrante alocado como colono na agricultura cafeeira ficou sujeito a condições precárias em termos de contratação.

modelos de comportamento, formas de vida e hábitos de dominação patrimonialistas. Por isso o processo de democratização das relações sociais é lento. A sociedade só vai ser "igualitária" e "aberta" naqueles estratos sociais que foram e serão dominantes. Os instrumentos de ascensão social só serão acessíveis a alguns indivíduos.

Nesse quadro de exclusão, sem meios claros de se afirmar como categoria à parte e sem instrumentos para se integrar nas categorias abertas à participação, o negro defrontou-se com uma dupla luta: tinha de forjar ao mesmo tempo sua alocação na estrutura econômica e os quadros de organização de sua vida social. Todas as formas possíveis de organização, como a família, estavam comprometidas pelo regime escravocrata, dissolvente de unidades básicas da sociedade, com exclusão da família patriarcal.

Assim, a primeira luta do negro liberto consistiu em definir o espaço social onde ocorreria sua ressocialização. Sendo impossível desenvolvê-la nos quadros da sociedade inclusiva, realizou-se no seio do próprio meio negro. Ali se iniciou a integração do negro na sociedade de classes, por meio do modo pelo qual organizou sua vida social e forjou sua personalidade como trabalhador. Esse percurso segue um duplo caminho: é ao mesmo tempo criador e destruidor. Ressocializar-se para uma nova realidade, urbana e industrial, significa simultaneamente destruir aquelas formas de organização elaboradas em um quadro de acomodação ao passado e articular nova rede de ocupações. O ajuste concomitante apresenta-se como conflituoso. Por exemplo, a mulher negra e a mulata encontram rapidamente um lugar na nova estrutura de trabalho, continuando a exercer as mesmas atividades desempenhadas no "antigo regime", "sobrevivências" na nova ordem, apesar das alterações provocadas pela urbanização e industrialização. Porém, esse elemento aparentemente integrador funciona ao inverso, uma vez que opera como fator de desajuste da unidade familiar. A família completa, de organização recente no meio negro, perde, em parte, seu poder socializador.

Além disso, no desenvolvimento da urbanização e da industrialização, há uma quebra dos antigos costumes. O negro, de origem rural, cuja identidade social foi elaborada em um universo tradicional, tem de definir seu espaço na cidade que *deve* ser culta, moderna e civilizada. Nesse processo, entra em crise a própria cultura popular. A perda de uma autêntica herança cultural não permite a reorganização integrada e autônoma do meio negro. Assim, a urbanização, por operar a integração de forma individual, não impulsionou para uma direção criadora, no sentido de alteração conjunta das condições de existência social. O que se reforçou e recriou no meio negro foi um "tradicionalismo tosco e inoperante" que repete fórmulas de ajustamento e acomodação com raízes no passado (Fernandes, 1965, vol. I, p. 46). Aqui serão os movimentos negros que atuarão na quebra dessa espécie de "circuito fechado" reprodutor de um cenário característico do período escravagista. Florestan mostrará a ação das diferentes mobilizações apontando as características que marcam a situação até 1930 e o momento posterior no qual se configuram com mais força política os coletivos negros.

No primeiro período, o bloqueio ao processo de ressocialização impediu que o negro imediatamente modernizasse seu estoque de ideias, comportamentos e valores em áreas vitais a uma participação vantajosa no processo de urbanização. O acesso aos mecanismos de socialização permitiu que os brancos já detentores de privilégios sociais aumentassem a distância em relação àqueles que sempre foram excluídos. Em outros termos, o negro, pelos motivos já apontados, não entrou imediatamente no processo de urbanização, de mobilidade social e de secularização da cultura. O que persistiu de sua herança cultural e que foi valorizado pela sociedade inclusiva e reforçado pelas relações sociais e pela produção do pensamento social foram aqueles elementos culturais que regulavam os ajustes em que o negro aparecia como equivalente ou substituto do escravizado na nova ordem econômica e social (Fernandes, 1965, vol. I, p. 47).

Recriou-se, de certo modo, um caldo cultural negativo para o desenvolvimento da ressocialização, procedimento enfraquecedor da situação política do negro e de sua afirmação como cidadão, na medida em que impulsionou a projeção das causas e soluções de seus problemas para o passado. No período posterior a 1930, as reações coletivas a essa exclusão operaram como lócus de enfrentamento daquelas restrições.

O mito da democracia racial

O mito da democracia racial está assentado na afirmação de que não se forjaram barreiras, de modo consciente, à ascensão social do negro. Germinado longamente na história do Brasil mediante afirmações que apontavam o tratamento concedido ao escravizado como "suave", "cristão" e "humano", só vai ganhar sentido e objetivar-se com a abolição e a implantação da República.

> No passado, o conflito insanável entre os fundamentos jurídicos da escravidão e os mores cristãos não obstou que se tratasse o escravo como *coisa* e, ao mesmo tempo, se pintasse a sua condição como se fosse "humana". No presente, o contraste entre a ordem jurídica e a situação real da "população de cor" também não obstruiria uma representação ilusória, que iria conferir à cidade de S. Paulo o caráter lisonjeiro da *democracia racial* (Fernandes, 1965, vol. I, p. 198).

Florestan Fernandes indica o caráter hipócrita da formulação, mostrando que o mito se baseia na afirmação de que a ordem social competitiva é aberta a todos igualmente, forjando-se a crença de que há um paralelismo entre a estrutura social e a estrutura racial da sociedade brasileira. Formulação vazia, não fundada na situação concreta.

> Ninguém atentou para o fato de que o teste verdadeiro de uma *filosofia racial democrática* repousaria no modo de lidar com os problemas suscitados pela destituição do escravo, pela desagregação das formas de trabalho livre vinculadas ao regime servil e, principalmente, pela assistência sistemática a ser dispensada à "população de cor" em geral (Fernandes, 1965, vol. I, p. 198).

Incorporada ao senso comum como elemento necessário à "respeitabilidade" do brasileiro, não se lhe desnuda o caráter impositivo, garantia da "normalidade" institucional e da "ordem" social, nem se percebe o caráter de técnica de dominação de uma classe sobre outra.

O mito da democracia racial, que na pesquisa dirigida por Roger Bastide e Florestan Fernandes para o estudo Unesco/Anhembi foi denunciado pelos vários componentes dos coletivos negros consultados, pois funda uma *consciência falsa* da realidade, a partir da qual "acredita-se" que o negro não tem problemas no Brasil, já que não existem distinções raciais entre nós e as oportunidades são iguais para todos. O preto vive satisfeito com sua situação, pois, sendo livre, os problemas sociais serão resolvidos com o passar do tempo. Não se trata de uma formulação sem sentido. Serve a uma constelação de interesses, entre os quais isentar as elites de culpas e evitar a realização efetiva da integração racial democrática. É a forma pela qual as elites exorcizam e reprimem a ameaça apresentada pelos movimentos sociais.

Nesse sentido, sua discussão não pode ser descolada da reflexão sobre a socialização do negro na sociedade de classes. Aproximando as duas questões, Florestan Fernandes rompe com o círculo vicioso das interpretações sobre a formação nacional. Não são elementos de ordem cultural as causas da não integração do negro na sociedade de classes, mas condições engendradas e mantidas pelo processo de anomia e pauperização, resultantes da exclusão do mercado de trabalho e da desorganização social geradora do difícil ajustamento às condições urbanas.

A associação anomia e pauperização neutraliza as tensões criadoras, remetendo a questão da situação do negro na ordem social competitiva a uma solução individual. Assim, corroem-se as bases morais da associação, inibindo-se a ação transformadora dos movimentos sociais. Inviabilizada a emergência do agente coletivo, caracteriza-se a apatia como forma de reação e de protesto social.

Nesse sentido, a apatia preenche uma função histórica: acaba por configurar-se, quando os movimentos sociais negros ainda são fracos, como a única resistência possível ao negro diante da exclusão social. Apontando esse traço, Florestan Fernandes rompe com as interpretações tradicionais que caracterizam o negro pela sua "bondade inata", ressaltando a cordialidade das relações sociais no Brasil, a suavidade do tratamento concedido ao escravizado ou ao liberto, e explicam a "harmonia" imperante na sociedade por meio de um intercâmbio racial. Mostra a face não acomodatícia da apatia, que tem em si o germe da negação dos arranjos sociais imperantes, representando a recusa à aceitação dos valores impostos pela classe dominante.

Com isso, desnuda a ambiguidade da sociedade burguesa: o isolamento do negro na sociedade competitiva, por princípio aberta e democrática, é aberrante. O preconceito social não se explica por si próprio, não cria a situação de isolamento do negro, mas garante uma distância social que preserva as estruturas arcaicas da sociedade. Nessa direção, podemos ler a crítica feita ao emprego do termo "preconceito" como base da comparação entre as várias regiões estudadas no projeto Unesco sobre relações raciais no Brasil (Fernandes, 1976a). Tanto o emprego não uniforme da noção de preconceito social como a expectativa de comparação da situação paulista com outra realidade social na qual o conceito utilizado foi concebido são apontados como limites à investigação. O primeiro item, com reflexos importantes no segundo, define as críticas à visão não histórica dos processos sociais, à aplicação naturalizada do conceito "preconceito racial" e à aceitação da universalidade da diferenciação entre as noções de preconceito e discriminação. Florestan, ao tomar como pano de fundo a perspectiva da constituição da sociedade brasileira, articula dois pontos fundamentais para sua compreensão: a trajetória simultânea do escravismo e da formação de uma sociedade de classes no Brasil. A integração é um dilema que não pode ser analisado como um caminho retilíneo, pois tem como limite as fronteiras em que se forma o regime de classes na sociedade brasileira[95]. Em outros termos, se as classes não estão plenamente constituídas, é equivocado identificar o preconceito como sendo "de classe", como alguns analistas fizeram[96].

O mito da democracia racial tem sua justificativa no fato de os setores dominantes, originários da aristocracia rural, não estarem acostumados a lidar com movimentos sociais autônomos. Veem a *pax* social como algo monolítico, portanto, não podem permitir nenhuma "rachadura" no todo social. Transforma-se em ideologia que sustenta a negação da existência da questão social, amplamente ilustrada pela afirmação corrente nos meios políticos: a questão social é uma questão de polícia. Engendrado no seio da escravatura, formulado no momento da abolição e no da Proclamação da República, ganha força na década de 1930, com a incorporação da rejeição ao racismo. Sua reformulação, associada à discussão da família patriarcal como unidade básica da formação nacional, ganha um sentido novo. Nesse momento, a obra de Gilberto Freyre[97], que articula democracia étnica/social e patriarcalismo, torna-se elemento importante para a consolidação das alianças políticas expressas no pacto agrário-industrial. Não se trata apenas da discussão da democracia racial: o debate torna-se peça fundamental para apontar a importância não apenas da família, mas das forças oligárquicas, que, naquela conjuntura, deveriam ser incorporadas ao projeto urbano-industrial por serem a única garantia da ordem social e da unidade nacional. É a partir da família que Freyre propõe a articulação do *velho* e do *novo*. É, ainda, a partir da família que estabelece a questão do *tradicionalismo* e do *modernismo*, forma pela qual aponta a debilidade política e social da burguesia industrial, que, para impor seu projeto, uma nova ordem social, necessita do apoio dos setores tradicionais, só eles capazes de compreender e manter a velha ordem da sociedade. Assim, o discurso sobre a democracia

95. Discuto essa questão neste livro no capítulo "Dois livros, dez anos de intervalo".

96. Florestan refere-se aos estudos de Donald Pierson sobre o negro na Bahia.

97. Refiro-me especialmente a *Casa-grande & senzala* (1933) e a *Sobrados e mucambos* (1936).

racial operado pelos setores dominantes, numa ordem social marcada pelo autoritarismo, apresenta-se como político e transforma-se na garantia de uma forma de encaminhamento da revolução burguesa que legitima a articulação "pelo alto".

As reflexões de Florestan Fernandes sobre a questão racial, ao apontarem o aspecto político do mito denunciado pelos coletivos negros, constituirão, ao lado dos movimentos sociais que eclodem no fim da década de 1950 e início de 1960, um elemento questionador do pacto de 1930. Ao colocar em debate, no campo sociológico, o mito da democracia racial, mostrará como a questão racial é um dos elementos fundamentais da questão nacional. E, ao concluir a exposição de *A integração do negro na sociedade de classes*, permite afirmar que, se não tivermos uma *democracia racial*, não teremos uma *democracia*: "Por um paradoxo da história, o negro converteu-se, em nossa era, na pedra de toque de nossa capacidade de forjar nos trópicos este suporte da civilização moderna" (Fernandes, 1965, vol. II, p. 394).

7
Dois livros: dez anos de intervalo

Dois livros muito importantes para o desenvolvimento das ciências sociais no Brasil comemoram 60 e 50 anos de publicação em 2015. São eles *Relações raciais entre negros e brancos em São Paulo*, de Roger Bastide e Florestan Fernandes, publicado pela editora Anhembi em 1955, e *A integração do negro na sociedade de classes*, de Florestan Fernandes, publicado pela editora Dominus em colaboração com a editora da Universidade de São Paulo, em 1965. O primeiro expõe o relatório da conhecida pesquisa da Unesco sobre a questão racial em São Paulo, coordenada pelos dois autores; e o segundo foi escrito para o concurso da cadeira de Sociologia I, da Faculdade de Filosofia, Ciências e Letras da Universidade de São Paulo, realizado em 1964.

O projeto Unesco que deveria primordialmente desenvolver-se na Bahia acabou por incluir, após várias negociações, as cidades do Rio de Janeiro e São Paulo, além do estado de Pernambuco. Os vários aspectos que influenciaram essa escolha estão explicitados nos trabalhos de Marcos Chor Maio (1997, 1999, 2000), que apresentam ser o motivo da escolha do Brasil para o estudo da questão racial a crença difundida de que representávamos uma democracia racial, o que me poupa o desenvolvimento do assunto. Esse autor mostra que no desenrolar do projeto

> [...] uma suposta visão idílica, um propalado *ethos* nacional, é antropofagicamente transformado em problema nacional (desigualdades sociorraciais, desafio da integração

> de segmentos excluídos) sem cancelar o mito da democracia racial à brasileira (Maio, 2000, p. 117).

O resultado das diferentes pesquisas, de um modo ou de outro, denunciaram esse mito. No entanto, embora reconhecendo existir uma intenção geral por parte da Unesco, saliento que nos deparamos com quatro projetos diferentes na concepção de sua estrutura, no enquadramento do problema, na utilização da metodologia para coleta de dados, na posição que a questão racial ocupa no quadro da questão nacional. Por essas razões o próprio desenho do tema como "problema nacional" é diverso. A diversidade naturalmente enriquece o conhecimento sobre a sociedade brasileira, que acaba sendo vista a partir de várias perspectivas. Seria muito produtivo poder compará-las, mas tal procedimento foge aos objetivos deste texto.

Proponho-me a examinar alguns desses aspectos na investigação realizada em São Paulo, entre 1950 e 1951, e apontar como vários dos elementos coletados serão absorvidos por Florestan Fernandes ao construir a argumentação de *A integração do negro na sociedade de classes*.

Na época das negociações da Unesco com Roger Bastide – fim dos anos de 1940 –, o professor francês era o catedrático de Sociologia I e, nesse período, Florestan tornou-se seu assistente. Mas sua relação como aluno e pesquisador era mais antiga, tinha iniciado a partir do interesse de Bastide pelo tema racial, sobre o qual desenvolvera longos estudos sobre as religiões africanas no Brasil.

Em 1941, quando estava no primeiro ano do curso de ciências sociais, Florestan teve os primeiros contatos com essa temática: "O Professor Bastide tinha muito interesse por coleta de material, e eu próprio, já a partir daí [1941], andava coletando biografias de algumas personalidades negras que ele queria conhecer" (Fernandes, 1978, p. 10). Esse intelectual colocou-o em contato com Emílio Willems, que o ajudou a aperfeiçoar as técnicas de pesquisa de campo. "Eu saí um pouco da tendência do estudante de ficar preso a certos livros e descobri que a pesquisa é instrumental para o trabalho intelectual: a teoria se constrói através da pesquisa" (Fernandes, 1978, p. 11). O material sobre o tema, coletado em 1941 e 1944 – ano em que termina sua licenciatura –, é fartamente utilizado na construção do livro *A integração do negro na sociedade de classes*, conforme consta em nota (Fernandes, 1965, vol. I, p. XI). Na mesma anotação, assinala que parte dessa documentação foi colhida entre "1949-1951, por alunos ou ex-alunos de Roger Bastide ou do autor" (Fernandes, 1965, vol. I, p. XI), portanto já no quadro da pesquisa Unesco. Em 1943 publicou "Congadas e batuques em Sorocaba" na revista Sociologia, o que atesta um interesse que já se sistematiza.

Cito brevemente essas pesquisas sem especificar seu conteúdo para apontar o fato de Florestan Fernandes ter já dez anos de experiência no estudo do tema quando participou ao lado de Roger Bastide da direção da etapa paulista do ciclo de estudos patrocinados pela Unesco entre 1951 e 1952 sobre as relações raciais no Brasil[98].

Começo a falar do projeto lembrando sua importância para a sociologia, uma vez que na construção do plano e em sua execução as questões teóricas estão em pauta. Além disso, trabalho simultaneamente com os dois livros, de 1955 e 1965, para tentar mostrar como o material coletado na pesquisa ganha sofisticação no processo de interpretação dos dados.

Projeto de estudo

Raça e sociedade: o preconceito racial em São Paulo, projeto que fundamenta a investigação do grupo paulista, é elaborado por Florestan Fernandes (1976a), já então assistente de Roger Bastide na cadeira Sociologia I da Universidade de São Paulo. A primeira questão levantada pelo autor é sobre a diferenciação entre plano de estudo e projeto de pesquisa, definidos como dois instrumentos diferentes de trabalho: o primeiro explora as possibilidades teóricas

98. M. Silva (2013) relata as relações pessoais desenvolvidas entre membros da liderança negra com Roger Bastide, Florestan Fernandes e Wagner Vieira da Cunha entre 1940 e 1950.

do estudo referido a situações de fato; o segundo, as condições de operacionalização da pesquisa. Nessa exposição, aponta as especificidades da sociologia e das ciências humanas, lembrando que nessas áreas não existe uniformidade de procedimentos, mas num plano de estudos científicos a ser desenvolvido é preciso combinar vários critérios: o informativo, o descritivo e o interpretativo. Partindo desses três pontos, em relação ao projeto Unesco, aponta os limites existentes à realização de uma eficiente pesquisa científica que contemple plenamente aquelas exigências: o emprego não uniforme da noção de preconceito social; a expectativa de comparação da situação paulista com outra realidade social na qual o conceito utilizado foi concebido; os limitados recursos financeiros e de pessoal disponível, além do curto prazo concedido para a realização do trabalho (três semestres); e o fim *extracientífico* do estudo destinado à política social da instituição promotora.

O primeiro item, com reflexos importantes no segundo, define as críticas a uma visão não histórica dos processos sociais, à aplicação naturalizada do conceito "preconceito racial", à aceitação da universalidade da diferenciação entre as noções de preconceito e discriminação. Creio que aqui aparecem algumas das dificuldades de desenvolvimento de um trabalho associado entre os pesquisadores pertencentes ao grupo da Universidade de São Paulo e aqueles da Escola de Sociologia e Política em razão dos princípios teóricos que os orientam. No plano de estudo, Florestan explicita as críticas à pesquisa de Donald Pierson realizada na Bahia, apontando sua discordância com as afirmações desse autor:

> Existe na Bahia pouco preconceito de raça (se é que existe), no sentido em que este termo é usado nos Estados Unidos. [...] Isto não quer dizer que não exista algo que se possa chamar propriamente de "preconceito", mas sim que o preconceito existente é um preconceito de *classes* e não de *raça* (Pierson, 1945, p. 402 *apud* Fernandes, 1976a, p. 294).

O problema básico em torno do qual gira a discordância é aquele que se configurará como eixo de *A integração do negro na sociedade de classes*: a trajetória simultânea dos ex-escravizados e da formação de uma sociedade de classes no Brasil. A integração é um dilema que não pode ser analisado como um caminho retilíneo, pois tem como limite as fronteiras em que se forma o regime de classes na sociedade brasileira[99]. Em outros termos, se as classes não estão plenamente constituídas na sociedade brasileira, é equivocado identificar o preconceito como sendo "de classe".

Além dessa crítica endereçada explicitamente, estão presentes outras afirmações que contestam a posição teórico-metodológica de Pierson, extensivas ao grupo de seus assistentes e ex-alunos. Discutindo o preconceito, mostra ser uma noção cuja delimitação conceitual depende de sua adequação à situação particular investigada. Sendo assim, a aplicação do método comparativo como eixo da investigação é recusada (Fernandes, 1976a). Nesse sentido, o trabalho de Oracy Nogueira, considerado por Maio (2000, p. 119) como "a primeira análise comparativa – rigorosa e extremamente atual – das diferenças qualitativas entre o racismo à brasileira e o racismo à norte-americana", foge da própria concepção do plano de estudos, o que não lhe retira o mérito, mas talvez explique sua publicação como "apêndice" no relatório. Em princípio, a recusa de Florestan à comparação como estratégia metodológica está ligada à afirmação dos limites de uma concepção abstrata de preconceito e da necessidade de buscarem-se outros caminhos teórico-metodológicos: "Daí a necessidade do procedimento histórico, de conceituação pela particularização [...] o qual permite operar com o conceito combinando a plasticidade à precisão" (Fernandes, 1976a, p. 293). Essa disposição diante do objeto de pesquisa leva à seguinte proposição: "a definição do fenômeno [o preconceito] *contará entre os resultados teóricos da investigação*, representando uma das contribuições dos autores ao estudo sociológico do preconceito racial" (Fernandes, 1976a, p. 293, grifo nosso). Esse procedimento está

99. Gabriel Cohn (2001) mostra de modo competente como esse ponto é nuclear na análise de Florestan Fernandes e como o autor examina essa tensão "em todas as suas dimensões ao longo da obra" (Cohn, 2001, p. 388).

fundado na própria concepção da pesquisa: os negros que participam da investigação são simultaneamente sujeitos e objetos da pesquisa. Veremos que na narração, em especial e *A integração do negro na sociedade de classes*, eles são indicados como depoentes, pois, além de explicitarem sua história de vida, reconstituem o itinerário das famílias, dos grupos e dos diferentes movimentos sociais. Embora a frase citada esteja presente como nota de rodapé, procedimento a meu ver condizente com um plano de estudos, configura-se como a visão afirmada no início de sua carreira, quando diz que "a teoria se constrói através da pesquisa".

Um segundo ponto importante abordado no plano de estudos é o da diferenciação entre tema e problema, em que o autor mostra que um problema de pesquisa se estabelece quando chegamos à definição de que o tema escolhido é suscetível ou não de receber o tratamento de objeto de investigação. Essa visão do objeto se refletirá na seleção dos métodos e das técnicas tanto para a operacionalização da pesquisa como para a delimitação do universo empírico a ser estudado. Não se trata, então, somente de estudar um grupo determinado, mas de considerar como o fenômeno particular investigado – preconceito – integra-se ao contexto social mais amplo. As fronteiras do universo empírico estão delimitadas à cidade de São Paulo – pois interessa saber o impacto da metropolização – e à compreensão do lugar que esse processo ocupa no quadro geral da sociedade brasileira.

No plano de estudos, a pergunta "o tema preconceito pode ser tratado sociologicamente?" é respondida a partir de cinco itens, definindo-se elementos que o caracterizam como problema: por que e como a formação do preconceito pode ser estudada; quais são as formas de exteriorização do preconceito; qual é a integração à cultura; que função social assume; e como sua transformação está ligada à transformação da ordem social.

A primeira questão tem sua resposta na própria formulação dos princípios sociológicos que embasam a interpretação de Florestan Fernandes: as relações sociais que expressam o preconceito não se explicam apenas aqui e agora, mas são produto de um processo social que fundaria suas "razões". Assim, trata-se de estudar a formação histórica que o sustenta ou, para muitos dos atores, "o legitima". A investigação desse processo envolve descrever as diversas fases da economia e da sociedade paulista, compreendendo a transição da escravidão indígena para a africana, que se dá tardiamente em relação a várias regiões do país; as ações abolicionistas; os momentos posteriores à abolição; o sentido que assumiu o abolicionismo; os efeitos das mudanças nas relações raciais.

A pergunta seguinte parte da visão ao mesmo tempo distinta e articulada que o autor tem sobre os conceitos de preconceito e discriminação. Se o preconceito pode ser visto como um conceito geral, a discriminação se expressa a partir de formas diversas, conforme diferem os atores sociais e os diferentes períodos históricos. Por exemplo, já no desenrolar da pesquisa documental, aponta que, no momento anterior à abolição, o preconceito estava inscrito "naturalmente" na lei, que "consagrava a escravidão e sancionava, sem restrições, a espoliação de um grupo racial por outros" (Bastide; Fernandes, 1955, p. 78). Daí a existência no século XIX de dois códigos: um código civil e um código negro. Por isso a discriminação social atingia todas as esferas da vida social. "Na verdade, senhores e escravos formavam duas 'sociedades' distintas, que coexistiam no seio de uma ordem social inclusiva" (Bastide; Fernandes, 1955, p. 78). Essa distância deveria ser observada como regra de comportamento. No relatório, Florestan conta um episódio ilustrativo dessa situação:

> Durante sua permanência em São Paulo, um viajante foi recebido por uma importante família do lugar. À sobremesa, lembrou-se de elogiar a dona da casa, atribuindo-lhe a confecção dos doces que comera; esta se melindrou, pois, aquela era uma ocupação das escravas, e não ocultou o seu desagrado (Bastide; Fernandes, 1955, p. 78).

Em outros termos, a estratificação social produzia uma desigualdade de direitos e deveres que se "traduzia socialmente em medidas de discriminação racial" (Bastide; Fernandes, 1955, p. 90). Assim, o preconceito de cor e a discriminação racial, vistos em sua função social, "se completavam, como processos de preservação da ordem social escravocrata" (Bastide; Fernandes, 1955, p. 90).

Uma das mais importantes passagens do livro *A integração do negro na sociedade de classes*, referente à fase de transição entre o período anterior e posterior a 1930, mostra como a fusão dos conceitos "preconceito de cor" e "discriminação" é operada pelos negros e se dá no processo de sua ressocialização para a nova ordem social competitiva, alcançada por meio dos movimentos sociais[100]. Mais ainda, essa fusão numa mesma representação conceitual permite que o *preconceito de cor* seja visto como o fator da *desigualdade racial* e definido como problema social que deve ser encarado via soluções sociais. Gabriel Cohn lembra, a respeito dessa análise, que Florestan avança em direção a uma conclusão abrangente.

> A incorporação dessa perspectiva permitiria, no limite, associar intimamente o "dilema negro" ao "dilema da democracia no Brasil". Ao optar pela democracia e se preparar para dela participar, [os negros] criaram um critério seguro de avaliação dos limites da ação dos brancos (Cohn, 2001, p. 400).

Além disso, a fusão dos conceitos permite uma alteração semântica importante. As associações e os agrupamentos sociais questionam a denominação "populações de cor" e passam a identificar-se como "negros"[101]. Retomando a história da constituição da Frente Negra, Florestan aponta os elementos presentes naquele processo como preparação do terreno para a ação dos movimentos

100. Este é mais um dos elementos que colocam a interpretação de Florestan Fernandes em outro patamar se comparada àquelas pesquisas já referidas. Lembra o autor que a definição de "preconceito" e "discriminação" como pertencentes a dois campos diversos é um "procedimento [que] induziu alguns especialistas tanto brasileiros quanto estrangeiros a lamentáveis confusões interpretativas. Esvaziando o conceito de seu sentido histórico, no fim não deparavam com as realidades que os termos 'preconceito racial' e 'discriminação racial' permitem descrever psicológica e sociologicamente, em outras sociedades" (Fernandes, 1965, p. 27).

101. Agradeço a Mario Augusto Medeiros da Silva, que chamou minha atenção para essa questão.

sociais: "Lograram até suplantar o temor pela identificação através do termo negro" (Fernandes, 1965, vol. II, p. 15). Citando em nota a pesquisa de Renato Jardim Moreira e José Correia Leite, diz:

> Foi Vicente Ferreira quem introduziu (nesse período) o termo "negro" para substituir o então vazio e usado "homem de cor". Homem de cor também é o amarelo e o índio; acabou com essa baboseira de homem de cor, que não quer dizer nada (Moreira; Leite, p. 9 *apud* Fernandes, 1965, vol. II, p. 15).

Assinalo como a ênfase sobre o sentido do "preconceito de cor" – constatada por Florestan como fusão entre a noção geral de preconceito e as formas de discriminação experimentadas pelos negros, elaborada intelectualmente no processo de mobilização social – difere da interpretação de Oracy Nogueira, que aponta a diferença entre "preconceito de origem" e "preconceito de marca", afirmação em princípio presente no texto de 1955[102]. As conclusões de Florestan e de Oracy partem de dois universos de pesquisa diferentes – a cidade de São Paulo e o município de Itapetininga, o que indica coleta de dados entre dois grupos de negros e mulatos diferenciados pelo processo de metropolização. No caso de São Paulo, as várias associações e agrupamentos de negros que participam da pesquisa, no debate que se estendia durante anos, já teriam elaborado a consciência de que a discriminação "solapava ou impedia o acesso do 'negro' às formas desejadas de integração social" (Fernandes, 1965, vol. II, p. 27). Portanto, para Florestan, a consciência do "preconceito de cor", ao fundir as formas diversas que assume a assimetria das relações sociais, simultaneamente, é produto e abre espaço para a ação coletiva. De outro lado, uma das conclusões apontadas por Oracy Nogueira em seu estudo sobre Itapetininga, entre outras, apresenta o seguinte:

> Onde o preconceito é de cor ou, mais genericamente, de traços raciais, os membros do grupo discriminado tendem

---

102. Cf. Oracy Nogueira (1955), em especial as p. 550 e 551. Cf. também Maio (2000, p. 119).

> a lutar antes individualmente que conjugadamente pela ascensão social e solução dos problemas que os afetam. Seus objetivos são antes paralelos do que comuns. Onde o preconceito é de origem, os dois grupos raciais – o discriminador e o discriminado – opõem-se e se hostilizam reciprocamente como unidades sociais distintas. [...] O preconceito de origem tende a se tornar obsessivo tanto para o que o exerce como para a vítima. Gera o ódio e o antagonismo recíprocos (Nogueira, 1955, p. 550-551).

Note-se que Oracy enfatiza o termo "onde", pois analisa Itapetininga e opera a comparação com a situação norte-americana. Assim, as duas posições interpretativas – de Oracy e Florestan – podem coexistir se admitida a existência de resultados diversos para a coleta de dados em grupos diferentes e, ainda, o papel operado pela metropolização sobre as relações sociais. É claro que, ainda, resta a questão da aceitação ou não da possibilidade de comparação entre sociedades que conheceram caminhos históricos diferentes.

A indagação – teria a desagregação do regime servil e a equiparação de negros e brancos sob o ponto de vista jurídico-político trazidas pela abolição alterado imediatamente a equivalência que se estabelecera no antigo regime entre a estrutura da sociedade paulistana e o padrão de estratificação anterior? – levaria os pesquisadores do grupo Roger Bastide-Florestan Fernandes à análise do processo de integração do preconceito à cultura e ao desvendamento da nova função social que ele assume, terceira e quarta questões levantadas. Sabemos que uma representação social não se altera de um momento para outro, pois é produto de um processo de socialização definidor de *status* e papéis sociais. No relatório, Florestan Fernandes afirma, com base nos dados dos depoentes, que, em São Paulo, do início dos anos de 1950, "entre os brancos, a antiga representação da personalidade-*status* do negro continua em plena vigência" (Fernandes, 1955, p. 108). Assim, o padrão de relação assimétrica mantém-se garantido pelo sistema de controle social.

O plano de estudos, a partir da argumentação anterior, levanta algumas hipóteses secundárias para configurar uma hipótese geral:

embora o preconceito racial não seja um componente imediato da estrutura social, ele tanto interfere no ajustamento dos indivíduos a essa estrutura como "funda" um controle social. Essa hipótese vai conferir direção ao plano de pesquisa. Por exemplo, pode servir de base para estudar as raízes e o sentido dos tratamentos assimétricos entre brancos e negros, sua aceitação e/ou sua rejeição. O aprofundamento dessas questões dar-se-á em vários momentos da narração de *A integração do negro na sociedade de classes*.

Em seguida, o plano de estudos apresentará o esquema que servirá de base ao relatório publicado em parte na revista Anhembi, em sua integridade contando com textos de vários outros pesquisadores, editado pela editora Anhembi em 1955 e depois organizado em livro com os capítulos escritos por Bastide e Fernandes em 1959. Podem-se notar, ao comparar o esquema do projeto de estudos e aquele apresentado no relatório, mudanças significativas. Primeiramente, o acréscimo de temas não constantes no projeto inicial de pesquisa, os quais foram desenvolvidos por Virgínia Leone Bicudo, Aniela Meyer Ginsberg e Oracy Nogueira. Em segundo lugar, a substituição do termo "preconceito racial" pela expressão "preconceito de cor", talvez para atender às exigências dos compromissos institucionais de investigação, mas possivelmente ligada aos limites interpretativos impostos pelo tempo de pesquisa (três semestres). Em terceiro, algumas alterações significativas: o capítulo programado "Brancos e pretos em uma sociedade de classes" não foi incluído; também não consta aquele denominado "Impactos da mudança social"; ainda, o capítulo "A luta contra o preconceito de cor", escrito por Florestan Fernandes, acrescenta-se ao projeto primitivo.

Apresento brevemente minhas considerações, naturalmente hipotéticas, sobre essa nova forma de apresentação dos resultados da pesquisa, referidas principalmente aos itens sobre mudanças dos capítulos. No prefácio à edição de 2008 de *Brancos e negros em São Paulo*, Fernando Henrique Cardoso indica como a visão sobre classes sociais resultante da passagem da ordem escravocrata à sociedade capitalista de classes configura-se no fio da meada que conduz à interpretação de Florestan Fernandes.

> É a riqueza desse vai e vem entre estamentos (casta), classe, preconceito de raça e preconceito de classe que fornece o miolo do livro. Desde o início do capítulo [trata-se do segundo], da lavra, como o primeiro, de Florestan Fernandes, vê-se como o preconceito de cor e a discriminação racial se completavam para preservar a ordem escravocrata [...]: cor e diferenças raciais são elementos refeitos em seus significados culturais para manter uma situação interétnica desigual, potencialmente violenta, altamente espoliativa, mas que se acomodavam, graças àquelas definições culturais, evitando a explosão daquela ordem (Cardoso, 2008, p. 12).

Foi a constatação da presença de elementos estamentais, ao lado daqueles que compõem as características de classe trazendo maior complexidade à análise, que, creio, levou Bastide e Fernandes a evitar um título que ressoaria visão linear sobre a organização da sociedade. No capítulo que se intitularia "Impactos da mudança social" constariam dados sobre urbanização, industrialização e secularização da cultura articulados ao sistema de reintegração racial e de classes. Evidentemente a coleta sobre tão amplo espectro não seria possível no tempo restrito para a pesquisa, já assinalado anteriormente. No entanto, seu desenvolvimento e o estabelecimento dessas relações serão realizados na investigação feita para *A integração do negro na sociedade de classes*.

O capítulo não previsto no plano de estudos, intitulado "A luta contra o preconceito de cor", escrito por Florestan, reproduz de modo resumido a história dos movimentos sociais protagonizados pelos negros. No texto do relatório, o autor diz:

> A emergência e a canalização social do "protesto negro" contra as manifestações da discriminação e do preconceito com base na cor constituem um fenômeno recente, cuja explicação se encontra nas transformações operadas na situação dos negros e dos mulatos na sociedade paulistana (Bastide; Fernandes, 1955, p. 198).

No período escravocrata não existiram condições sociais que permitissem essas associações. Posteriormente à abolição, nos anos que vão de 1888 a 1930, não se criaram condições que neutralizassem completamente as forças e as pressões sociais que impediam a integração dos negros em movimentos coletivos independentes. Essas condições surgiram a partir do segundo quartel do século XX, quando,

> Segundo o testemunho das pessoas entrevistadas, [...] a transformação das formas de repressão às atividades dos indivíduos de cor acarretou uma mudança considerável nas perspectivas de agrupamento deles entre si, permitindo que se unissem publicamente onde quisessem para discutir seus problemas (Bastide; Fernandes, 1955, p. 199).

Para a reconstituição da história desses movimentos sociais, Florestan conta com depoimentos de líderes, documentos da imprensa negra, entrevistas e estudos sobre o tema, mas aponta, também, "os debates que se abriram na Comissão de Estudos das Relações Raciais" (Bastide; Fernandes, 1955, p. 221). Essa comissão, montada no quadro da pesquisa *Raça e sociedade: o preconceito racial em São Paulo*, foi uma das formas de operacionalização da investigação organizada por Bastide e Fernandes para efetivação do estudo patrocinado pela Unesco em São Paulo.

A narrativa de Florestan sobre o desenrolar da história dos movimentos sociais protagonizados pelos negros termina com um debate sobre a repercussão da lei, promulgada em 1951, *contra o preconceito de raça ou de cor*. É óbvio que seus efeitos não poderiam ser avaliados, pois naquele momento se encerra a pesquisa, mas o autor se arrisca a afirmar:

> Quanto à questão sobre a eficácia da lei, nada se pode dizer de positivo por enquanto. A experiência acumulada pelos sociólogos no estudo e no tratamento de problemas sociais não permite enxergar nela senão uma medida que pretende submeter a um freio formal (jurídico) atitudes e ações sociais cujas manifestações não podem ser reguladas por meios exclusivamente legais (Bastide; Fernandes, 1955, p. 214).

Operacionalização da pesquisa

Os dados da pesquisa foram coletados por meio de várias técnicas, como entrevistas, estudos de caso, histórias de vida, questionários etc. Todavia quero lembrar um procedimento específico. Várias vezes Florestan cita "os intelectuais negros colaboradores da pesquisa", indicando-os como jornalistas, funcionários públicos, escritores, médicos, professores. Essas pessoas participaram de seminários e mesas-redondas organizados por Roger Bastide e Florestan Fernandes, patrocinados pela Unesco, realizados na Biblioteca Municipal, com associações como a José do Patrocínio ou reuniões de mulheres de cor, na USP. Na introdução do relatório, Roger Bastide refere-se a essa forma de organização da pesquisa.

> Antes mesmo de iniciar o nosso estudo e conforme o sistema preferido por certos sociólogos norte-americanos, que recomendam o preparo de pesquisas pessoais por uma reunião coletiva, a fim de que todos possam compreender o interesse e as razões das perguntas feitas, reuniram-se numa mesa-redonda os representantes mais qualificados dos paulistas de cor, o êxito dessa primeira reunião foi tal que pediram para trabalhar no inquérito (Bastide; Fernandes, 1955, p. 11).

Segundo Bastide, "tais reuniões não podiam compreender senão líderes, intelectuais ou pessoas de classe média", deixando "de lado a classe baixa, que constitui o grosso da população de cor" (Bastide; Fernandes, 1955, p. 12). Aqui, então, entraram os alunos-pesquisadores que visitaram bairros, cortiços, aplicaram questionários, realizaram entrevistas ocasionais ou formais, coletaram biografias e histórias de vida.

A partir de diversas formas de coleta de dados, o processo social que tem como referência as formas de integração é relatado pelos militantes de diferentes movimentos, por grupos negros e por indivíduos negros e brancos não necessariamente pertencentes àqueles coletivos[103]. Diz Florestan Fernandes:

103. Cf. dissertação de Antonia Junqueira Malta Campos (2013), *Interfaces entre sociologia e processo social*, em que há um levantamento de diversas fontes referentes a essa pesquisa.

> Procuramos buscar a colaboração direta e crítica dos sujeitos da investigação, [...] cujos sentimentos e orientações de comportamento eram mal conhecidos [...] [essa colaboração] foi maciça: nos seminários contávamos com uma afluência média de 130 a 150 pessoas (Fernandes, 1979, p. 65).

Se no relatório publicado pela Anhembi sobre a pesquisa Unesco, ou no livro *Brancos e negros em São Paulo*, os dados da pesquisa constituem somente o pano de fundo, em *Integração do negro* os documentos dessa coleta são fundamentais para reconstituir o processo de socialização dos ex-escravizados ou dos filhos e netos de pessoas escravizadas. Na verdade, Florestan mostra que se trata de uma ressocialização para outra ordem social que não a escravocrata. E que esta teve que ser engendrada pelos próprios negros em seu cotidiano, num certo período, ou a partir da ação das mobilizações sociais criadas por eles, em outro.

Passo agora a mostrar como esses dados de pesquisa serão trabalhados no livro de Fernandes publicado em 1965. Busco nas considerações que se seguem apontar os desdobramentos teóricos que são apresentados como resultado da pesquisa.

O negro está integrado na sociedade de classes?

A integração do negro na sociedade de classes é, sem dúvida, um dos mais importantes livros direcionado à compreensão do Brasil. Para apreender essa importância, não podemos isolá-lo do conjunto da obra de Florestan Fernandes, pois várias teses nele contidas aparecem primeiramente levantadas em escritos anteriores; outras são comentadas e ampliadas em textos posteriores. Recorrerei a alguns desses trabalhos com o objetivo de abordar as questões da atualidade do livro, sua contribuição para a interpretação do país e seu lugar no atual desenvolvimento das ciências sociais.

Escrito entre 1963 e 1964, *A integração do negro na sociedade de classes* está organizado em duas partes, que analisam os períodos compreendidos entre 1880-1930 e 1930-1960, estudados considerando-se algumas subdivisões. Cada um dos volumes da edição de 1965 corresponde a um dos períodos indicados, e os capítulos analisam as alterações do contexto histórico-social e as possibilidades de integração do negro na sociedade brasileira. O tema do primeiro volume, "O legado da raça branca", desdobra-se em três capítulos.

> O primeiro toma a fase crucial da desagregação do regime servil e da emergência da ordem social competitiva – de 1880 a 1900. Os dois subsequentes lidam com a fase imediatamente ulterior, de consolidação da ordem social competitiva, sob forte persistência da concepção tradicionalista do mundo, de 1900 a 1930 (Fernandes, 1965, vol. I, p. XII).

O segundo volume, denominado "No limiar de uma nova era", mostra como a ordem social competitiva passou por transformações, consolidando-se no sentido capitalista. É ordenado em três capítulos.

> O primeiro capítulo apanha, em geral, o período de 1925 a 1948 [...]. O segundo abarca o período de 1940 a 1960, de especial importância por causa dos efeitos diretos e indiretos da segunda revolução industrial, na reabsorção da mão de obra "negra". O terceiro gira, maciçamente, em torno de dados colhidos em 1951, suplementados, eventualmente, em data posterior (Fernandes, 1965, vol. I, p. XIII).

O foco de referência analítica é a ordem social competitiva, e na nota explicativa introdutória Florestan alerta: não porque haja "qualquer convicção do autor de que ela seja uma ordem natural ou que ela proporcionará as soluções efetivas para o dilema racial brasileiro. Ela nasceu de uma contingência da própria situação". Isto é, "a ordem social competitiva impôs-se como um sistema de referência inevitável das descrições e das interpretações" (Fernandes, 1965, p. 13). Em outros termos: há uma maneira generalizada, e/ou naturalizada, de crer-se ou se afirmar que, porque a lei é a mesma para todos, as condições de competição estão abertas para toda a população. O livro contesta essa visão: reconstitui empiricamente a existência da desigualdade de condições de competição entre brancos e negros. Para demonstrar essa tese, o autor constrói uma argumentação fundada nas condições de existência social dos ex-escravizados e seus descendentes que vivem na cidade de São Paulo[104]. São inúmeros os exemplos fornecidos ao longo do livro sobre as restrições sofridas pelos negros e mulatos: por exemplo, a própria expansão urbana empurra os libertos para as margens da cidade, o que dificulta uma série de acessos sociais – ao trabalho, à educação formal, à profissionalização exigida pela industrialização etc. O mesmo processo altera o modo de vida dessa população:

> As tendências da urbanização impediram a preservação de "mores" *afro-brasileiros*, que poderiam garantir a transformação da "população negra" numa minoria racial integrada e autônoma, sem facilitar a tendência alternativa, representada pelos anseios de classificação social revelados ostensivamente pelos vários segmentos daquela população (Fernandes, 1965, vol. I, p. 70).

Desenvolvendo a argumentação sobre o primeiro período, mostra como a marginalização do negro se deu reafirmando os elementos tradicionais do sistema anterior à abolição da escravidão. No segundo, ao descrever a etapa compreendida entre 1930 e 1960, aponta como no processo de modernização da sociedade grande parte das desigualdades de condições de competição se reproduziu mesmo se considerarmos a ruptura representada pelas leis abolicionistas.

Para enfrentar as questões apresentadas no início deste artigo, ressalto alguns pontos de caráter teórico-metodológico da pesquisa empreendida por Florestan Fernandes não só para a escritura de *A integração do negro na sociedade de classes*, mas para a de *Relações raciais entre negros e brancos em São Paulo* e alguns artigos sobre

---

104. A situação do negro e do mulato exemplifica a não aplicação dos direitos de cidadania ao povo – "como o povo emerge na história" –, apontando que "a análise permite considerar os aspectos psi-codinâmicos e sociodinâmicos da mobilização do homem da plebe para os papéis sociais e as situações de vida da ordem social competitiva" (Fernandes, 1965, vol. I, p. XI).

essa temática. Proponho-me a mostrar como na construção desses textos o autor propõe contribuições importantes para o desenvolvimento da sociologia que hoje praticamos.

Um amplo diálogo

Os princípios teórico-metodológicos daqueles estudos estruturam-se a partir de uma abordagem que instaura um diálogo e ao mesmo tempo propõe novos elementos em relação à sociologia anterior: Florestan lembra as contribuições do pensamento brasileiro mais significativas – de Oliveira Vianna, Gilberto Freyre, Nestor Duarte e Fernando Azevedo (Fernandes, 1979). Reconhece a importância da interpretação desses autores, mas critica suas análises baseadas no microcosmos social inerente à *plantation*, vendo-o independentemente da totalidade em que estão inseridos. Lembra a necessidade de pensar simultaneamente o macro e o microcosmos sociais. Trata-se de posição teórico-metodológica que não só caracteriza a interpretação de Florestan Fernandes, mas também marca uma tradição de estudos sociológicos que se desenvolveu a partir dele[105]. Retoma proposta clássica, isto é, o estabelecimento da relação entre o todo e as partes[106], mas, no caso brasileiro, caracteriza-se como ângulo diferenciado de análise da sociedade. Como já indiquei em trabalho anterior (Bastos, 2002), indaga como explicar que o capitalismo brasileiro, dinâmico e com base produtiva diversificada, reitera ao longo da história a exclusão social, a pobreza e as disparidades regionais. No Brasil, produz-se uma relação inseparável entre opostos – arcaísmo e modernidade, riqueza e pobreza – que encontram unidade explicativa na totalidade do sistema e operam como estratégia de sua reprodução. O processo de reprodução articula a argumentação. No livro *A integração do negro na*

---

105. Refiro-me aos trabalhos ligados à cadeira de Sociologia I, da Universidade de São Paulo, dirigida por Florestan Fernandes. Já tive a oportunidade de referir-me à questão em Bastos (2002).

106. Trata-se de uma proposta característica do marxismo. Cf., como exemplo, Goldmann (1959) e Adorno (1968).

sociedade de classes, a questão ganha corpo pela demonstração de as relações sociais não se apoiarem claramente em princípios democráticos, mas remeterem a formas originadas no período escravocrata, principalmente aquelas entre negros e brancos.

Assinalo que pensar simultaneamente o macro e o microcosmos sociais se configura em uma posição polêmica enfrentada por Florestan nos diferentes textos em que debate a possível compatibilização entre a análise funcional e a explicação dialética. Trata-se de uma longa discussão que não enfrentarei neste capítulo. O autor lembra em vários momentos que a análise funcional, no limite, privilegia a ordem e, em geral, pode levar a uma visão estática dessa ordem. Mas se a encararmos como instrumental é possível superarmos tal limite.

> Se for estudar, por exemplo – como fiz no caso do livro com o Professor Bastide ou no livro sobre o negro – as transformações que ocorrem "através" e "além" da repetição da ordem, a análise estrutural-funcional é largamente complementada pela análise histórica. O que quer dizer que trabalhei simultaneamente com as duas perspectivas de análise, completando-as e corrigindo-as. Muitos pensam que as duas análises se excluem – o que é um erro e um dogmatismo – pois ambas foram empregadas ao nível analítico da reconstrução da realidade e como técnicas lógicas de formação de inferências e de controle (Fernandes, 1978, p. 106).

O livro *A integração do negro na sociedade de classes* é escrito entre janeiro de 1963 e abril de 1964 e apresentado como um dos requisitos necessários ao concurso da cadeira de Sociologia I da Faculdade de Filosofia, Ciências e Letras da Universidade de São Paulo. Sua publicação se dá em 1965. Embora seja o trabalho mais completo de Florestan Fernandes sobre o tema, suas pesquisas sobre a população negra e mulata iniciaram-se muito antes[107]. Abordei em trabalho anterior (Bastos, 1987) o desenvolvimento das teses

107. No início do texto já indiquei que Florestan Fernandes, desde seu curso de graduação em ciências sociais, dedicou-se a pesquisar a temática.

sobre o negro no livro de 1965. Evitando repetir o já dito, neste texto atenho-me principalmente a aspectos teórico-metodológicos envolvidos.

Considerando que a unidade de investigação da pesquisa dos anos de 1950 e de *A integração do negro na sociedade de classes* é a mesma – a cidade de São Paulo –, é importante assinalar como a abordagem neste está profundamente articulada à delimitação do campo. Diferentemente daquela, a narração se desenvolve acentuando as várias fases das transformações sofridas pela população como um todo, portanto compreendendo negros e brancos, diante do processo de industrialização e urbanização. Assim, trata-se da circunscrição de um lócus onde se percebe de forma mais ampla os fundamentos de uma organização social em que supostamente impera a ordem social competitiva. É o lugar "que apresenta um desenvolvimento mais intenso, acelerado e homogêneo quanto à elaboração socioeconômica do regime de classes". Ainda, "onde a *revolução burguesa* se processou com maior vitalidade". Mais, o espaço em que "o negro só adquire importância econômica real tardiamente e sofre, em condições sumamente adversas, os efeitos concorrenciais da substituição populacional" (Fernandes, 1965, vol. I, p. XII). Portanto, as razões que explicitam o lugar que ocupa a cidade de São Paulo na interpretação são associadas à reflexão sobre os efeitos do desenvolvimento socioeconômico, e não a razões de comportamento sociocultural, como foi alegado pelos responsáveis pela pesquisa Unesco para a incorporação da cidade de São Paulo ao estudo ampliado sobre preconceito racial. Como explicação à ampliação do inquérito, Métraux e Herskovits dizem que: "Por outro lado, deveremos nos concentrar na situação de São Paulo, que está em vias de se deteriorar rapidamente" (Métraux; Herskovits, 1951 *apud* Maio, 2000, p. 117). Ou, ainda, como afirma Métraux, o caso paulista seria "suscetível de alterar a imagem por demais otimista que se fez do problema racial no Brasil" (Maio, 2000, p. 117).

Ao retraçar o processo de expansão urbana de São Paulo e sua relação diferenciada do padrão brasileiro de crescimento, Florestan aponta as diversas fases em que se deu a metropolização. Embora acentue esse traço da história de São Paulo, não o descola das ocorrências nacionais, mostrando as diferentes formas e sentidos da articulação velho/novo, tradicional/moderno, que, no caso das relações entre negros e brancos, ganha características específicas.

Um desses traços importantes é representado pelo papel que o imigrante europeu assumiu na indústria paulista, deixando o negro restrito a ocupações marginais ou acessórias do sistema de produção capitalista. Portanto, diferentemente de grande parte dos trabalhos referidos ao subdesenvolvimento publicados no período, Florestan não aceita as denominações "populações marginais", "setores atrasados", "dois Brasis"[108]. Mais ainda, recusa a expressão "resistências comportamentais às mudanças", mostrando que a não inserção do negro às novas ocupações não é resultado de um traço comportamental que o leva a apegar-se a ocupações tradicionais, mas se trata de uma situação cuja explicação só pode ser dada a partir do sistema social visto como um todo.

Outro ponto importante referido à relação todo/partes, sempre invocada por Florestan Fernandes, assume caráter metodológico que não deve ser esquecido: na nota introdutória de *A integração do negro na sociedade de classes*, o autor assinala que se trata de estudo sobre o povo, e não apenas sobre o negro no Brasil.

> Em sentido literal, a análise desenvolvida é um estudo de como o povo emerge na história. Trata-se de assunto inexplorado ou mal-explorado pelos cientistas sociais brasileiros. E nos aventuramos a ele, através do negro e do mulato, porque foi esse contingente da população nacional que teve o pior ponto de partida para a integração ao regime social que se formou ao longo da desagregação da ordem social

108. Muitas dessas expressões aparecem nos textos apresentados ao seminário organizado pela Clapcs em 1959, no Rio de Janeiro (Métraux, 1960).

> escravocrata e senhorial e do desenvolvimento posterior do capitalismo no Brasil (Fernandes, 1965, vol. I, p. XI).

Em outras palavras, Florestan assume que raça é um componente da questão nacional, assim como o são região e cultura. Ou seja, afirmo, dando um salto argumentativo, pois aqui não cabe enfrentar a polêmica sobre questão nacional[109], que o autor está alerta para o fato de que nem todas as raças, regiões ou grupos culturais estão representados no Estado. Nesse sentido, ele denuncia os limites da democracia, pois o exercício da cidadania não é aberto para todos. Metodologicamente, opera com a afirmação de que o elo mais fraco da corrente social ilustra o funcionamento da sociedade. Em artigo anterior (Bastos, 2002) já abordei essa questão, motivo pelo qual a retomo de modo breve. A escolha para análise de um grupo que carrega desvantagens maiores do que outros para integrar-se socialmente implica uma admissão teórico-metodológica: a partir da periferia percebe-se melhor o movimento da sociedade, possibilitando, assim, a percepção dos princípios que a articulam. No texto citado, apontei artigo de Nadia Urbinati (1996), que sugere ser o procedimento de Gramsci ao debater a questão meridional muito semelhante, pois busca, ao mostrar os problemas exclusivos da região Sul da Itália, apontar as fraquezas do sistema nacional. Nessa direção, ouso dizer que o estudo da periferia (e não me refiro a uma conotação territorial) se configura em um método importante porque define o papel do sociólogo segundo o ponto de partida em que se coloca para sua reflexão. A observação segundo esse ângulo traz, evidentemente, contribuições importantes para a teoria sociológica, como aponta Florestan:

> O Brasil não é apenas, como se diz, "um cadinho de raças e culturas". Através de escolhas judiciosas, o sociólogo brasileiro pode contribuir de forma original e criadora para o enriquecimento de ramos da teoria sociológica que não podem ser cultivados com a mesma facilidade por seus

109. Acentuo esse caráter de pertencimento no capítulo "A questão social e a sociologia de Florestan Fernandes".

> colegas dos "países desenvolvidos" do mesmo círculo civilizatório. As sociedades que se afastam do tipo "normal", inerente a determinada civilização, representam, em si mesmas, um problema teórico para a ciência. As explicações válidas para o tipo "normal" nem sempre se aplicam às suas objetivações em condições especiais. É de enorme interesse científico não só introduzir as retificações necessárias nessas explanações, mas, principalmente, construir modelos de explicação congruentes com as flutuações da realidade. Na verdade, apenas a investigação intensiva e cuidados de casos dessa natureza permitem entender a teoria, de forma consistente, íntegra e sistemática, a todas as manifestações de um mesmo tipo social. Desse ângulo, a posição do sociólogo brasileiro é quase privilegiada, pois poderá propor tarefas de grande significação teórica para a sociologia (Fernandes, 1976a, p. 19-20).

A citação é longa, mas quis deixar a questão ser formulada pelo próprio autor, que, pelas palavras, reconstrói os debates sobre as ciências sociais naquele momento, isto é, em 1962, quando da escritura do primeiro prefácio de *A sociologia numa era de revolução social*. Essa posição era considerada revolucionária naquele momento, o que talvez explique a "necessidade" de calarem-se os intelectuais que refletiam nessa direção. Hoje a recusa à formulação de um pensamento social nacional (refiro-me a vários países, não apenas ao Brasil e/ou à América Latina) está superada. Para esse processo concorreram inúmeras transformações mundiais. A mudança levou os cientistas sociais dos países centrais a refletirem sobre sua "periferia" interna e a compreenderem a "periferia" externa, a correrem atrás do prejuízo. Assim, por exemplo, pensadores sociais como os indianos Homi Bhabha, Partha Chatterjee, Gayatri C. Spivak – só para citar professores da Universidade de Harvard e Columbia – fazem necessariamente parte da herança teórica contemporânea, a qual não podemos desconhecer.

Não afirmo que Florestan antecipou o debate de algumas questões para as ciências sociais que estão na ordem do dia, porque ele mesmo não gostaria de uma abordagem desse tipo, o que está expresso em sua frase de *Fundamentos empíricos da explicação sociológica*: "O trabalho da ciência enlaça as gerações sucessivas numa colaboração invisível e ininterrupta" (Fernandes, 1959, p. 12). Lembrarei apenas um ponto presente em *Integração do negro* que remete a problemas que desafiam hoje as ciências sociais.

Como assinalei ao longo do texto, o autor lembra que a pesquisa não se refere apenas a um estudo sobre democracia racial, mas se trata de uma reflexão sobre democracia. Essa preocupação está expressa na reflexão sobre o sentido do trabalho, isto é, se a ordem social competitiva se impôs como um sistema de referência inevitável das descrições e das interpretações. Assim, a resposta para a pergunta "existe realmente igualdade de condições de competição para os grupos sociais que foram desprivilegiados no decorrer da história brasileira?" é "não", pois os negros ilustram claramente tal situação. Ora, a questão sobre as desvantagens históricas de certos grupos e sobre como fundar uma compensação a elas é o tema central das teorias da justiça muito em voga no debate contemporâneo. É claro que Florestan não faz propostas sobre políticas públicas em relação a como superar esse desnivelamento, mesmo porque elas podem ser de várias ordens. Mas esse é um poderoso debate contemporâneo, embora, pareça-me, sejam mais discutidas as políticas públicas do que os pressupostos teóricos que as fundamentam.

8
Um entre outros debates sobre o preconceito racial

Uma versão deste texto foi publicada em 1988 por ocasião do centenário da abolição da escravatura. A intenção marcando o artigo era lembrar como alguns autores viam aquela medida mais como um momento de rearranjo da economia/trabalho no Brasil do que como um rompimento estrutural capaz de alterar profundamente as relações de submissão que marcavam a situação do negro na sociedade brasileira. Por esse motivo deixei mais falarem os autores do que os coletivos negros que assumem como sujeitos a discussão de seu lugar social após o período de repressão aos movimentos sociais durante o Estado Novo.

O período fixado se estende entre 1947 e 1953, e o eixo gira em torno da pesquisa Unesco-Anhembi sobre preconceito racial, realizada em São Paulo, cujo projeto e os primeiros resultados foram divulgados primeiramente nessa revista. O artigo representa um momento de minha carreira de pesquisa em que buscava compreender o papel dessa investigação temática para o desenvolvimento da sociologia no Brasil. Assim, o texto não aborda trabalhos posteriores que exploraram tanto essa como outras pesquisas, como os movimentos sociais em torno do tema, e ainda as críticas que avançaram o debate incorporando visões diferenciadas sobre as questões envolvidas. Livros e artigos ampliaram o interesse e mostraram a importância da reflexão sobre essas questões, explorando ângulos diversos que alargam a discussão sobre a democracia.

Abordo, neste texto, dois momentos em que, no âmbito do pensamento social no Brasil, o debate sobre o negro ganhou grande importância, levando diferentes intelectuais a se inscreverem nele e a tomarem partido.

O primeiro é representado pela repercussão provocada por dois artigos de Paulo Duarte (1947), *Negros do Brasil*. Vários estudiosos dos problemas sociais manifestaram-se em relação às suas afirmações. Destaco, entre os que o questionaram, Florestan Fernandes, embora a carta escrita por este, quando terminava seu curso de pós-graduação na Escola Livre de Sociologia e Política, não esteja catalogada no arquivo daquele jornalista alocado na Unicamp. Tal polêmica tornou-se um dos móveis do patrocínio do inquérito sobre o problema do negro em São Paulo pela Unesco/Anhembi. Segundo as palavras de Duarte:

> Há muito tempo ANHEMBI tomara a decisão de patrocinar um inquérito em profundidade sobre o problema do negro em S.Paulo. A reação provocada por um artigo saído no "O Estado de S.Paulo", em 1947, trabalho de que se originaram numerosas manifestações pró e contra o seu autor, fizera-nos já pensar na necessidade de tal inquérito não apenas para uma simples satisfação intelectual, mas porque os dados de uma investigação dessa ordem, fatalmente haviam de constituir um serviço prestado ao meio social brasileiro e aos próprios administradores públicos, quando aqui houvesse administradores capazes de compreender os nossos grandes problemas (Duarte *apud* Bastide; Fernandes, 1955, p. 7).

O segundo momento é marcado pelas discussões que giram em torno mais da validade daquela pesquisa do que de seus resultados. Embora a principal questão a ser investigada – o preconceito racial – fosse demarcada pelos estudos comportamentais, o âmbito do trabalho ampliou-se, principalmente se levarmos em consideração o rumo que tomaram os estudos de Florestan Fernandes, um dos responsáveis pela investigação. Nesse sentido, não foram questionadas apenas as relações naquele momento existentes entre negros e brancos em São Paulo, mas buscaram-se, na escravatura, as raízes desse relacionamento, embora no decorrer do tempo mudanças sociais trouxessem novos elementos a essa relação. Assim, foi retomado o problema das interpretações correntes sobre a questão racial e, consequentemente, de modo direto ou indireto, instaurou-se um diálogo com a bibliografia brasileira que trata dessa temática – mais ainda, com os estudos sociológicos no Brasil.

Nos diferentes textos que abordam a questão da existência do preconceito racial na sociedade brasileira, as indagações contidas ultrapassaram as fronteiras circunscritas ao problema, transformando-se em reflexão mais ampla, que tem por objeto os rumos da sociologia no Brasil[110]. Essa polêmica, que encontrou seu ponto culminante no confronto entre as produções de Guerreiro Ramos e do grupo de Florestan Fernandes na USP nos primeiros anos da década de 1960, centrada sobre os rumos da sociologia no Brasil[111], tem início a partir de algumas observações feitas por Guerreiro Ramos sobre a pesquisa da Unesco realizada em São Paulo, entre 1952 e 1953, e a resposta dada a elas por Roger Bastide, em novembro de 1953.

Um artigo polêmico

> Começa a surgir no Brasil, com todo o horror que o caso encerra, um problema que, por não existir, era o capítulo mais humano talvez da nossa história social: o problema do negro. O curioso, porém, é que aparece agora não criado

110. Ilustrativas do debate são as considerações sobre as limitações analíticas presentes no emprego da expressão "preconceito racial" no projeto de estudo para a pesquisa na cidade de São Paulo. Conforme explicita Roger Bastide na nota 1 da introdução do relatório do inquérito Unesco-Anhembi, o projeto de estudo, escrito por Florestan e aprovado por Bastide, foi publicado separadamente (Fernandes, 1976a).

111. O eixo dessa discussão será deslocado para o papel dos estudos sociológicos em relação ao desenvolvimentismo diante das afirmações de Guerreiro Ramos: "são as tendências do desenvolvimentismo que procuro exprimir em minhas obras e estudos sociológicos" (Ramos, 1957, p. 207). A questão toma rumos diferentes daqueles que abordo neste texto.

> ou agravado pelo branco, mas por uma prevenção agressiva que se estabelece da parte do negro contra o branco. É mais um legítimo fruto podre entre tantos com que nos aquinhoou a ditadura (Duarte, 1947, p. 5).

Com essa afirmação, ambígua e muito polêmica, Paulo Duarte inicia um dos artigos de abril de 1947[112]. O momento, situado pouco depois do término da ditadura, é propício para balanços político-sociais, e vários problemas sociais e políticos são creditados às soluções autoritárias que foram adotadas naquele período. No cerne do texto de Paulo Duarte encontra-se a crítica ao Estado Novo, que, segundo ele, tendo destruído a disciplina social, abriu espaço à ausência de ordem e, mesmo, à anarquia. Ao dar ênfase à polícia política, que se dedicou a perseguir os denominados "inimigos do regime", o aparelho do Estado teria deixado de coibir "os crimes contra a pessoa", propiciando a emergência de uma desordem moral, que se estendera mesmo depois do período de vigência do Estado ditatorial.

> A polícia moral desapareceu ante a reincidência dos crimes impunes, dos abusos de toda a sorte, cujos exemplos mais repulsivos partiam exatamente das classes mais altas da política e da administração, das camadas que tinham o poder nas mãos. A polícia administrativa abandonou os métodos científicos de repressão ao crime e passou a especializar-se na tarefa miserável de perseguir, torturar e até assassinar aqueles que pudessem, de qualquer forma, perturbar o sono dos dirigentes (Duarte, 1947, p. 5).

É como se a sociedade estivesse contaminada e, por esse motivo, contaminasse a essência da ordem social. "Deposto o ditador, a palavra liberdade envolveu as massas como uma atmosfera dentro da qual tudo pudesse ser feito, sem o menor freio ou restrição" (Duarte, 1947, p. 6). O problema do negro, para o autor, ilustra largamente

---

112. Trata-se de mais um entre outros textos de Paulo Duarte em que critica o primeiro governo de Getúlio Vargas, que se estende de 1930 a 1945. Paulo Duarte nesse período foi preso duas vezes pela polícia política e exilou-se em Paris até o término da ditadura. Cf. Duarte, *Memórias*, 10 v. (1974-1979).

o afrouxamento dessa ordem, denunciando tanto o despreparo dos governantes como a face demagógica do Estado brasileiro.

> Os recalques explodiram e, entre nós, temos assistido a essas repetidas cenas deprimentes da concentração de negros agressivos contra o branco, ou a agressão individual contra pacatos transeuntes que não são negros. Há pouco tempo, em plena praça do Patriarca, um negro agrediu a socos uma senhora sob o pretexto de que esta o olhava mais insistentemente. Vários incidentes em ônibus ou em filas têm-se verificado também; em todos eles, os negros são os agressores e os brancos as vítimas. Os comícios de todas as noites na praça do Patriarca e as concentrações também à noite de negros agressivos ou embriagados na rua Direita e na praça da Sé, os botequins do centro onde os negros se embriagam, já estão provocando protestos, justíssimos protestos, até pela imprensa, pois não é possível uma cidade como São Paulo ficar à mercê de hordas grosseiras e malcriadas, prontas a se desencadearem contra qualquer branco, homem ou mulher, desde que um gesto involuntário, um olhar mesmo, possa ser mal-interpretado por esses grupos brutais e violentos (Duarte, 1947, p. 6).

O objeto da crítica não é apenas o aparelho de Estado. A produção cultural que se desenvolveu no período da ditadura é apontada como corresponsável pelo problema e, portanto, merecedora de reparos.

> Mas não só o desleixo criminoso, a incompetência e a inconsciência da ditadura são as causas do surgimento em nosso país desse aspecto odioso da vida social que ia desaparecendo paulatinamente do nosso meio. Contribuiu para isso também essa pequena sociologia do Nordeste que procura impor como verdade científica, o romantismo mestiço de que o tipo característico do brasileiro é o mulato. [...] Hoje alguns romancistas que passaram a girar em torno da sociologia do Sr. Gilberto Freyre, agradável pela leveza, muitas vezes real, mas em muitos pontos colorida de fantasia, pretendem impor um tipo de brasileiro negro ou mulato como o único legítimo tipo brasileiro (Duarte, 1947, p. 5).

Mas, além de formular a crítica, Paulo Duarte define a existência de um projeto étnico cultural para a sociedade brasileira, o qual é, recorrentemente, também econômico e político. "Uma coisa, porém, existe e existe com absoluta nitidez: a deliberação marcada pelo consenso unânime dos brasileiros lúcidos: o Brasil quer ser um país branco e não um país negro" (Duarte, 1947, p. 6).

Estando já feita a opção (pelos brasileiros lúcidos!!!), no Brasil, a via para concretizá-la é "humana" e "menos perigosa" do que nos Estados Unidos, que preferiram o modelo segregacionista: "embora mais lento, preferido pelos latinos em geral, mais humano, mais inteligente, embora moralmente mais perigoso durante o período de transição, isto é, a fase mais ou menos prolongada da eliminação do negro pela miscigenação" (Duarte, 1947, p. 6). A forma de lograr tal intento é "a intensificação imigratória de correntes brancas, de preferência a mediterrânea, que fará com que se chegue a esse resultado, ora em adiantado processo" (Duarte, 1947, p. 6).

Para o autor, esse caminho, "naturalmente" escolhido, resultado de "esforços de três séculos temperados pelos sentimentos humanos que caracterizam os povos latinos, mercê dos quais pudemos viver durante tanto tempo sem o ambiente intolerável do ódio ou do desprezo do branco contra o negro" (Duarte, 1947, p. 6), é ameaçado pela incompetência do Estado. Não se trata evidentemente de uma situação ideal, reconhece, pelo fato de a população negra encontrar-se como o elo mais frágil da corrente da transformação social no Brasil, desprotegida, marcada pelas endemias patológicas e sociais. A transformação da situação provocada pela ausência de controle é visível: "desapareceu, pelos menos das cidades, aquele tipo tradicional do negro bom".

Os acontecimentos apontados deveriam, segundo o autor, levar à retomada da competência do Estado, no sentido da organização da sociedade e dos instrumentos mantenedores da ordem.

> Oxalá não sejam as terríveis consequências das tragédias já desencadeadas os únicos argumentos capazes de convencer

o país da necessidade de uma ação enérgica e imediata. Por enquanto a solução do problema se reduz apenas a um pouco de polícia, um pouco de compreensão e um pouco de educação (Duarte, 1947, p. 6).

Assim, se tudo continuar como estava, e estava-se "no bom caminho", talvez possa ter sequência a situação "muito mais agradável de continuar-se a usar essa expressão natural: negros do Brasil do que, quando a eles por qualquer motivo alguém se referir, ter à boca essa outra expressão que já vai ficando mais frequente do que devia: a negrada" (Duarte, 1947, p. 6).

A revista *Anhembi* e a questão do negro

A abordagem escolhida e as posições preconceituosas naturalmente devem ter gerado as mais diversas reações, o que levou o autor, que fundara a revista *Anhembi*, a "patrocinar um inquérito em profundidade sobre o problema do negro em São Paulo".

A revista teve o início de sua publicação em fins de 1950, estendendo-se até 1962. Representou, nesse período, um espaço de debate muito importante, trazendo a um público bastante amplo a discussão de temas candentes do ponto de vista político, social e cultural. Publicada mensalmente, representou bem o espírito e o clima intelectual de São Paulo nesse período, mas com vistas mais largas, tendo "entre seus colaboradores nomes nacionais e estrangeiros de conhecida projeção no mundo das letras, das ciências e das artes". Essa intenção mais abrangente é explícita no próprio nome da publicação: "Anhembi, que é o nome indígena de Tietê, símbolo da penetração geográfica num tempo em que não havia regionalismos no Brasil, tornou-se também um símbolo de penetração cultural sem regionalismos" (Duarte, 1951)[113].

---

113. Trata-se do Rio Tietê, que nasce próximo ao litoral de São Paulo, mas tem seu curso direcionado ao interior do país. Foi o caminho utilizado pelos bandeirantes na conquista do território. Deixo de comentar o sentido polêmico embutido na escolha do nome Anhembi para caracterizar, segundo o responsável pela publicação, a importância paulista de penetração cultural no interior do Brasil.

A revista, além da publicação de artigos que buscavam o aspecto científico das pesquisas em curso, dedicava-se a abordar criticamente os acontecimentos verificados durante o mês transcorrido. Por exemplo, o "Jornal de 30 dias" focalizava acontecimentos políticos, sociais, econômicos e culturais a partir de um patamar crítico. "Livros de 30 dias", onde apareceram resenhas bibliográficas, algumas delas gerando debate fundamental para o avanço das ciências sociais, bem como vários balanços críticos de bibliografia sobre temas de importância; além disso, teatro, artes, cinema e esportes.

A relação dos nomes de alguns colaboradores durante o primeiro ano de sua edição de 1951 exemplifica a abrangência do debate suscitado pela publicação: G. Ricciotti (Univ. de Bari); A. Duzat (École des Hautes Études); Alfredo Mesquita (Esc. De Arte Dramática-SP); A. Baleeiro (Univ. da Bahia); A. Bragaglia (Esc. Teatro de Roma); Carlos Drummond de Andrade; C. Baudoin (Univ. de Genebra); Mira y López; Érico Veríssimo; Gilberto Freyre; Herbert Baldus (Museu do Ipiranga); Jairo Ramos (Esc. Paulista de Medicina); Jean Hyppolite (Sorbonne); Lúcia Miguel Pereira; Luis Camara Cascudo; Luís Martins; Manuel Bandeira; Moyses Vellinho; Murilo Mendes; Otoniel Mota; Paulo Claudel (Action Française); Roger Bastide (Univ. de São Paulo); Sérgio Buarque de Holanda; Sérgio Milliet; Temístocles Linhares; Wilson Martins.

Com a intenção de realizar a pesquisa sobre preconceito racial, a revista fez contato com Roger Bastide para organizá-la, o qual, por sua vez, chamou como colaborador Florestan Fernandes. Estando já em andamento o processo de organização da pesquisa, inicia-se o intercâmbio com Alfred Métraux, do Departamento de Relações Raciais da Unesco, para a realização conjunta do trabalho.

Assim, relata Paulo Duarte, em resposta à carta de Oracy Nogueira, de novembro de 1955, a propósito da forma a partir da qual apresentou-se a publicação do livro *Relações raciais entre negros e brancos em São Paulo*:

> Há muito tempo, a direção desta revista entendeu-se com o Professor Roger Bastide para a realização de um

> inquérito sobre relações raciais entre negros e brancos, que seria dirigido pelo mesmo ilustre professor. Este organizou então o plano de investigação que foi por nós aprovado imediatamente. Cerca de dois ou três meses após, procuraram o diretor de Anhembi os professores Bastide e Alfred Métraux, dizendo o primeiro que o segundo viera ao Brasil incumbido pela Unesco de realizar aqui um inquérito exatamente o mesmo sobre o qual se haviam entendido esta revista e o Professor Bastide. O Professor Métraux propôs então o que fosse o inquérito realizado conjuntamente, aliando-se Unesco e Anhembi, desde que a revista conseguisse em São Paulo um crédito correspondente a 4 mil dólares, quantia com a qual contribuiria a Unesco para esse fim. Aceita a proposta, entendeu-se Anhembi com o Professor Lucas Nogueira Garcez, ao tempo, governador de Estado ao qual solicitou o crédito necessário, imediatamente concedido, dada a importância da investigação. Estabeleceu-se então que o inquérito ficaria sob a chefia do Professor Bastide, ficando a Unesco com o compromisso de publicá-lo em qualquer das línguas oficiais daquele organismo cultural. Anhembi se comprometeria a publicá-lo na revista e, depois, se possível em volume (Duarte, 1955, p. 555).

A escolha do Brasil, pela Unesco, como objeto de pesquisa é explicada porque é "país universalmente considerado como aquele que melhor solução estava dando ao problema entre todos os países brancos possuidores de importante parcela de cor" (Duarte, Prefácio, Inquérito Unesco-Anhembi, p. 7)[114]. O trabalho, considerado em seu conjunto, aborda três grandes temas: as bases escravocratas das relações sociais no Brasil; a mudança social e a questão da cor como obstáculo à mobilidade; o preconceito de cor – suas manifestações, seus efeitos e a luta para superá-lo. Colaboraram, como responsáveis pelos textos – além dos já citados Roger Bastide e Florestan Fernandes –, os autores dos protocolos de pesquisa

114. Passarei a partir daqui a indicar o relatório do inquérito Unesco-Anhembi pelo título escolhido pelos seus coordenadores: *Relações raciais entre negros e brancos em São Paulo* (Bastide; Fernandes, 1955).

Virgínia Leone Bicudo (p. 227-310), Aniela Ginsberg (p. 311-361) e Oracy Nogueira (p. 362-554)[115].

São Paulo – unidade de pesquisa: do escravo ao cidadão

Roger Bastide aponta o significado especial da escolha de São Paulo como núcleo de estudo das relações sociais. Mais do que em qualquer cidade brasileira, em São Paulo subsistem as sobrevivências da sociedade escravocrata ao lado das inovações da sociedade capitalista. É aí que "o preconceito de cor, cuja função era justificar o trabalho servil do africano, vai servir agora para justificar uma sociedade de classes, mas nem por isso vão variar os estereótipos antigos: mudarão apenas de finalidade" (Bastide; Fernandes, 1955, p. 11). Com as transformações da sociedade capitalista e a universalização (pelo menos em tese) dos direitos civis, políticos e sociais, aparece mais claramente a metamorfose e as ambivalências que a acompanham. "Um novo tipo de preto afirma-se cada vez mais com a transformação do escravo em cidadão, e o branco não sabe mais que atitude tomar com ele, pois os estereótipos tradicionais já não se aplicam a esse negro que sobe na escala social" (Bastide; Fernandes, 1955, p. 11).

O equacionamento do problema é dado pelo trabalho de Florestan Fernandes *Do escravo ao cidadão*, em que aponta a associação entre as mudanças no perfil da população "de cor" e as transformações da economia paulista. "Os movimentos característicos da 'população de cor' e as tendências à especialização profissional que se processaram dentro dela, reflete de forma considerável as flutuações das 'fases' ou 'ciclos' de evolução da economia paulista" (Bastide; Fernandes, 1955, p. 16). O primeiro momento marcando essa transição é definido pela descoberta das minas pelos paulistas, em fins do século XVII e início do século XVIII. Esse

115. "Atitudes dos alunos dos grupos escolares em relação com a cor de seus colegas", "Pesquisas sobre as atitudes e um grupo de escolares de São Paulo em relação com as crianças de cor" e "Relações raciais no município de Itapetininga", respectivamente.

acontecimento altera a estrutura da mão de obra, vindo o escravizado negro a substituir o indígena. Desse ponto de vista, Florestan Fernandes abre debate com diferentes autores, mostrando que

> a escravidão, como instituição social, articulava-se dinamicamente com o sistema econômico de que fazia parte; se era por ele determinada, reagia sobre ele por sua vez e o determinava. Talvez em bem poucas situações histórico-sociais se poderá apreciar a escravidão operando como um 'fator social construtivo', como na fase do desenvolvimento da economia paulista que ora nos preocupa (Bastide; Fernandes, 1955, p. 28).

Se a formação da grande lavoura – o segundo ciclo no processo de transformação – engendra uma modificação fundamental na estrutura da mão de obra, serão as modificações no seio da escravatura que operarão como elemento potenciador nessa mudança econômica. No bojo da crise da mineração, o excedente de escravizados, operando como "prejuízo", força o desenvolvimento em direção à grande lavoura. Nesse sentido, a escravidão se torna um fator histórico importante tanto na direção da desagregação do antigo sistema econômico quanto na da construção de um novo. "Elabora-se então a estrutura do novo mundo social, em que o negro e seus descendentes mestiços viriam a ser, durante quase um século, os únicos agentes do trabalho escravo e os principais artífices da produção agrícola" (Bastide; Fernandes, 1955, p. 30).

Assim, ao desenvolver-se a produção agrícola na zona central do Estado, desloca-se para São Paulo, em conexão com Santos, o centro do comércio, que até então se fazia do Vale do Paraíba em direção ao Rio de Janeiro. Polariza-se, desse modo, a mão de obra em São Paulo. Ao mesmo tempo, a decadência agrícola das províncias do Norte levou a migração (até mesmo em comboios) de escravizados em direção às fazendas de café. Mas a extinção do tráfico altera o abastecimento dessa mão de obra e a quantidade de escravizados transferidos de outras regiões não seria suficiente para suprir as necessidades da lavoura cafeeira. Daí o recurso à imigração.

A terceira fase da transformação é marcada pela desagregação do regime servil. O processo que se desenvolve por décadas não foi delineado para preparar o escravizado para as mudanças decorrentes das transformações vindouras. A abolição nada mais foi do que um momento desse processo, sancionando uma situação de fato, em que o escravizado negro não encontrou apoio para sua inserção no novo mundo econômico que se abria. Dessa forma, o conjunto da sociedade transitou de uma visão tachada como humanista, que lamentava a situação de escravidão, à aceitação tácita da imigração, não se atribuindo nem aos senhores, nem ao Estado, a obrigação de manutenção dos ex-escravizados no novo sistema que se engendrava. Disso resultará a eliminação parcial do negro do sistema de trabalho.

A forma pela qual se desenrolaram os acontecimentos levou a que se levantassem obstáculos, difíceis de serem transpostos, à própria transformação do escravizado em cidadão[116]. A transição não conheceu o mesmo ritmo em todos os planos da sociedade: econômico, político, social e cultural. Assim os acontecimentos levaram à exclusão dos negros do próprio exercício da cidadania, exercício que compreende a inserção pluridimensional, que se processa em todas as esferas.

Esses fatores em conjunto levaram a que na década de 1940 o negro tivesse que enfrentar em extrema desvantagem a ordem social competitiva, característica da sociedade de classes. "A disposição de competir com o branco é relativamente recente e nasce da incorporação dos ideais de vida urbanos à personalidade do negro" (Bastide; Fernandes, 1955, p. 59). Tal configuração levou a que se definisse um quarto momento desse ciclo histórico.

---

116. O título *Do escravo ao cidadão*, como outros usados por Florestan Fernandes em sua obra, é uma forma de provocação ao leitor, que o obriga a pensar: se a legislação afirma essa passagem, uma vez que reconhece a universalidade dos direitos, que razões explicam a não concretização desse processo? Por que o conjunto de direitos não se estende aos negros?

> Essa transição parece ter entrado em sua fase inicial em nossos dias[117]. A proletarização dos indivíduos de cor e a integração concomitante de uma porção deles às classes médias marcam o fim de um período e o começo de uma nova era na história do negro na vida econômica de São Paulo (Bastide; Fernandes, 1955, p. 60).

O que queremos apontar, embora pretendamos abordar esse ponto em outro momento do texto, é que a colocação do problema nesses termos não altera apenas o debate sobre a questão racial, mas, principalmente, leva ao questionamento dos rumos das ciências sociais no Brasil. Ou seja, as análises que exploravam os processos de assimilação, acomodação ou adaptação do negro na sociedade envolvente se mostraram limitadas frente à constatação da desigualdade das condições de competição dessa camada da população em relação aos brancos. O preconceito racial e a discriminação social acentuam uma situação que é estrutural, resultado da forma pela qual se desenvolveu a economia em São Paulo e se estruturaram as classes sociais. Além disso, o processo de reprodução dessa situação é mantido pelos próprios limites das condições de competição. Um círculo vicioso.

A estrutura social em mudança e o problema da cor

A discussão sobre as mudanças na estrutura social em São Paulo, feita por Florestan Fernandes, abre espaço para que se dimensionem em outro patamar os problemas que circundam o preconceito racial. Aponta para o fato de que

> as condições sociais de exploração econômica da mão de obra escrava favoreceram a formação de símbolos sociais e de padrões de comportamento polarizados em torno da raça ou da cor, os quais se ligaram, como causa ou como condição operante, à determinação da dinâmica dos ajustamentos entre negros e brancos em São Paulo (Bastide; Fernandes, 1955, p. 67).

117. Ressalto que a pesquisa se localiza no início dos anos de 1950.

Tanto a partir de pesquisa que se utiliza de documentos e fontes bibliográficas históricas como de dados de inquérito feito especialmente[118], verificou-se que, em São Paulo, a estratificação social corresponde ou se superpõe a uma estratificação interétnica ou racial. Ainda, como a cor, no seio do regime escravocrata (ou extravasando o mesmo) opera como elemento de manutenção do que se entende como "ordem social". Mais ainda, tendo já feito o debate sobre as bases econômicas da escravatura, buscou-se outros fundamentos que permitiram a dominação de uma raça sobre outra. Florestan pergunta: Que elemento serviu como fonte de justificação e de legitimação da conduta espoliativa dos senhores? E responde:

> Esse elemento foi a cor, que passou a indicar mais do que uma diferença física ou uma desigualdade social: a supremacia das raças brancas a inferioridade das raças negras e o direito natural dos membros daquelas de violarem o seu próprio código ético, para explorar outros seres humanos, O fundamento pecuniário, quer da escravidão, quer da exploração do escravo, compeliu os "brancos" a procurarem as razões emocionais, racionais e morais da escravidão fora da relação senhor-escravo. O contraste da cor da pele, sublinhado por incompatibilidades culturais (as mais notadas foram as de origem religiosa), facilitou esse processo que, sob a inspiração de ideais cristãos, degradou uma parcela da humanidade ao estado de "coisa", de utilidades mercantis (Bastide; Fernandes, 1955, p. 71).

Dessa ótica, note-se que o preconceito de cor e a discriminação racial se completavam como processos de preservação da ordem social escravocrata. Sem questionar diretamente, põe em debate o mito

---

118. Os dados da pesquisa serão coletados por meio de várias técnicas, como entrevistas, estudos de caso, histórias de vida, questionários, depoimentos. Também lembro um procedimento específico. Várias vezes Florestan cita "os intelectuais negros colaboradores da pesquisa", indicando-os como jornalistas, funcionários públicos, escritores, médicos, professores. Essas pessoas participaram de seminários e mesas-redondas organizadas por Roger Bastide e Florestan Fernandes, patrocinadas pela Unesco, realizadas na Biblioteca Municipal de São Paulo, em encontros com associações como a José do Patrocínio ou reuniões de mulheres de cor, na USP. Na introdução do relatório, Bastide se refere a essa forma de organização da pesquisa. Relato esse procedimento com mais pormenores no capítulo "Sessenta anos da publicação de um relatório exemplar", neste mesmo livro.

da democracia racial e, consequentemente, a bibliografia celebrada que estuda a questão negra no Brasil (Bastide; Fernandes, 1955).

Aponta também que existe na sociedade escravocrata, malgrado a completa restrição das liberdades, a emergência de revoltas contra a situação escrava, que acabaram tendo como resposta um sistema de coerção, de repressão e de violência como formas de manter o controle sobre os escravizados. Além das revoltas explícitas, várias foram as formas por meio das quais os escravizados questionam sua situação:

> A insatisfação que isso provocava nos escravizados manifestava-se socialmente de várias maneiras. O desmazelo, o descuido e o afrouxamento no trabalho; a tentativa de suicídio, de aborto ou de fuga; a rebelião e o ataque ao senhor ou aos seus prepostos (Bastide; Fernandes, 1955, p. 89).

Assim, a duplicidade da situação – que de um lado aponta a visão senhorial de que o escravizado é "objeto", "mercadoria", e a ação concreta do negro-escravizado que se revolta contra a submissão e essa visão – mostra o dilema que caracteriza a sociedade brasileira[119].

As questões sociais, somadas à existência de dois códigos éticos, reafirmados pela existência de duas legislações – as leis que regiam o escravizado pertenciam ao denominado Código Negro, não ao Código Civil – trazem ao seio do debate abolicionista a questão nacional formulada em termos de unidade nacional. Considerada a partir dessa ótica, por vários intelectuais e políticos em meados do século XIX, a abolição da escravatura asseguraria a existência de uma sociedade homogênea, mediante extensão do princípio de igualdade jurídico-política aos cidadãos. Porém, se a condição civil perdeu sua importância como fonte de reconhecimento formal da desigualdade (condição *sine qua non* da escravidão), não houve uma real equiparação de negros e brancos no exercício real dos direitos. Florestan Fernandes mostra, por exemplo, que na etiqueta

119. Trata-se de um dilema que atravessa a sociedade brasileira, que, de um lado, mantém um sistema fechado e, de outro, conta com a emergência de agentes que questionam a situação. No caso em questão, esses agentes voltados à transformação são os movimentos negros.

das relações raciais conservou-se o antigo padrão de tratamento: o branco esperando do negro um tratamento "respeitoso". Mostra, por exemplo, que o fazendeiro de café, mesmo transferindo-se para a cidade, mesmo após a abolição, procurou manter, pelo modo de vida, pelas atitudes e pelo comportamento, o perfil senhorial. Dá alguns exemplos nessa direção.[120] Mais ainda, que as mesmas condições culturais e estruturais ajudaram a perpetuar medidas discriminatórias de natureza econômica, política e social. Em outros termos, aponta o fato de serem tanto as representações sobre o negro como aquelas sobre o "senhor", herdadas do regime escravocrata e funcionarem como impedimento a que se formassem condições para transformações de caráter efetivo no conjunto das condições de existência social dos negros e mulatos (Bastide; Fernandes, 1955)[121].

Resumindo os resultados da investigação feita em campo:

> Em suma, deveríamos convir que na herança do passado estão compreendidas tendências que atuam como forças de conservantismo cultural e social. Todavia, seria o caso de perguntar se não se transmitiram também tendências que podem operar, nas circunstâncias presentes, como fatores de desagregação do atual sistema de relações sociais (Bastide; Fernandes, 1955, p. 119).

Outra vez o dilema. Apresentadas desse modo, as questões abrem espaço para a reflexão, a partir de uma nova ótica, a respeito do preconceito racial.

---

120. Ilustra com o caso de um visitante estrangeiro, que, ao final do jantar com uma família tradicional, elogiou a habilidade da dona da casa no preparo da sobremesa. Esta mostrou desagrado diante do elogio, pois tratava-se de tarefa a ser executada por serviçais. Não queria ser igualada a eles (Bastide; Fernandes, 1955).

121. Uma situação de subalternidade política e social de um setor não se configura com medidas que somente atingem uma classe ou camada social. Mesmo com a abolição, os antigos proprietários de terras e escravizados preferiram manter o poder senhorial, não assumindo o perfil burguês. Tal atitude afasta as medidas e o comportamento democrático. Esse é o dilema com o qual não só os analistas, mas os atores político-sociais se deparam na sociedade brasileira.

Temos ou não uma democracia racial?

Já apontamos anteriormente que o relatório do inquérito Unesco-Anhembi referia-se na sua proposta ao preconceito racial – suas manifestações, seus efeitos e a luta para superá-lo. Roger Bastide, ao comentar as respostas do inquérito na parte que lhe cabe na publicação do relatório, aponta o fato de serem estas contraditórias entre si: uns afirmam, outros negam, tanto brancos como negros, a existência de preconceito racial no Brasil. Retomando o tema de algumas, chega à constatação da existência de um preconceito de não ter preconceito.

> Muitas respostas negativas explicam-se por esse preconceito de ausência de preconceito, por essa fidelidade do Brasil ao seu ideal de democracia racial. Contudo, uma vez posto de lado esse tipo de resposta, que não passa de uma ideologia, a mascarar os fatos, é possível descobrir a direção em que age o preconceito (Bastide; Fernandes, 1955, p. 123-124).

Mostra, pois, como o ideal da democracia racial funciona impedindo as manifestações brutais do preconceito, que incitariam, como contrapartida, reações violentas. Em outras palavras, aponta para a existência de uma "manifestação larvar" de preconceito, difícil de ser aferida, porque apresenta uma "facies democrática". De outro lado, mostram-se claramente algumas "manifestações aparentes" desse preconceito: em situações de trabalho, em relação ao casamento e formação da família, em caso de vizinhança, em comportamentos que se direcionam a "pôr o negro em seu lugar".

A heterogeneidade da formação da cidade de São Paulo, devida principalmente às mudanças ocorridas no fim do século passado e nas primeiras décadas deste, mostra como o preconceito de cor, manifesto ou latente, varia de um grupo social para outro. Bastide dedica-se, assim, a constatar a forma pela qual se apresenta no seio das famílias "tradicionais" e nos diferentes grupos de imigrantes: sírios, portugueses, italianos. Nesse quadro, constata que: "A cor age, pois, de duas maneiras, seja como estigma racial, seja como símbolo de um estatuto social inferior. Se assim for, quanto mais o negro se aproximar do branco, pela tez, pelos traços do rosto, nariz afilado, cabelos lisos, lábios finos, maiores as suas probabilidades de ser aceito" (Bastide; Fernandes, 1955, p. 140). Entra, assim, no seio do debate sobre a mobilidade social, apontando a existência de barreiras no processo de ascensão social do homem de cor.

Contrapõe-se a textos do sociólogo norte-americano Donald Pierson, a respeito de seus estudos sobre raça e cor no Brasil, negando a afirmação de que o branco nunca tenha considerado o negro ou o mulato como ameaças a seu próprio *status*. Mostra que a forma pela qual se manifesta o preconceito racial em São Paulo é indicativa de um processo que tenta afastar o negro do palco competitivo. Em outros termos, é a forma pela qual se consegue manter a pirâmide ocupacional, "com o branco nos postos de comando e o negro nos postos subalternos" (Bastide; Fernandes, 1955, p. 169). Assim, criam-se barreiras de cor à ascensão social. Define-se, claramente, na escola, uma "linha de cor", que tem como consequências a criação de barreiras à escolha da profissão e às promoções profissionais. O efeito desse conjunto é definido pela barreira aos casamentos inter-raciais, em especial nos estratos mais elevados socialmente da população paulista. A própria denominação utilizada pelos pesquisados – casamentos mistos – é indicativa da visão discriminatória.

Volta-se, então, a estudar as consequências do preconceito sobre o comportamento do próprio negro. Para além das diferenças a nível individual, o protesto contra a situação ganha, principalmente nos momentos de crise econômica e política, um caráter coletivo e público: por exemplo, a associação A Frente Negra, os jornais Clarim e A Voz da Raça. Reunindo as duas questões, verifica a existência de uma associação entre a existência de uma denúncia explícita sobre o domínio do ajustamento inter-racial e o esforço de parte da população branca para a conservação da velha ordem social com a repressão do poder público a esses movimentos.

O rompimento do processo, no período em que a pesquisa se desenvolve, é representado por um movimento de "reação legal" contra o preconceito racial, explicitado pela exigência da real aplicação da Lei Afonso Arinos, sancionada em 1951, que considera contravenção penal a discriminação racial praticada formalmente por estabelecimentos comerciais, hotéis, escolas, estabelecimentos públicos, instituições estatais. Atitudes díspares, quanto à legislação, entre os próprios negros que se posicionam a favor e contra a nova lei indicam, segundo Bastide, a necessidade de ampliação do debate a respeito da questão negra em São Paulo.

O problema do negro na sociologia brasileira

Em vários momentos de sua discussão sobre a sociologia brasileira – *O processo da sociologia no Brasil* (1953), *Cartilha brasileira do aprendiz sociólogo* (1954), *Definição dos problemas brasileiros* (1956), *Introdução crítica à sociologia brasileira* (1957)[122] – Guerreiro Ramos afirma que a reflexão social brasileira padece do mal da lógica da situação colonial. Nesse sentido, propõe algumas regras para o pensar sociológico que permita dar conta dos problemas sociais do país, deixando de lado as questões sem importância.

> A disciplina sociológica, no Brasil e nos países de formação semelhante, como os da América Latina, tem evoluído até agora, segundo influências exógenas que impediam, neles, o desenvolvimento de um pensamento científico autêntico ou em estreita correspondência com as circunstâncias particulares desses países. Assim, a disciplina sociológica nesses países se constitui de glosas de atitudes, posições doutrinárias e fórmulas de salvação produzidas alhures, ou ilustra menos o esforço do sociólogo para compreender a sua sociedade, de que para se informar da produção dos sociólogos estrangeiros (Ramos, 1957, p. 19).

Tais normas podem ser reunidas na crítica aos "erros" em que incorrem os sociólogos nacionais.

---

122. Há várias repetições entre esses textos; por exemplo, *A cartilha brasileira do aprendiz de sociólogo* é reeditada no livro *Introdução crítica à sociologia brasileira*, de 1957.

A simetria e o sincretismo, que os leva "a adotar literalmente o que nos centros europeus e norte-americanos se apresenta como mais avançado". O dogmatismo, que "consiste na adoção extensiva de argumentos de autoridade na discussão sociológica, ou em certa tendência a discutir ou avaliar fatos através da mera justaposição de textos de autores prestigiosos". O dedutivismo, "que empresta aos sistemas estrangeiros o caráter de validade absoluta", passando os mesmos "a serem tomados como ponto de partida para a explicação dos fatos da vida brasileira". A alienação, decorrente do fato de a sociologia no Brasil não ser "fruto de esforços tendentes a promover a autodeterminação de nossa sociedade. Diante desta, o sociólogo brasileiro tem realmente assumido uma atitude perfeitamente equivalente à do estrangeiro que nos olha a partir de seu contexto nacional e em função deste nos interpreta". A inautenticidade, pois "o trabalho sociológico, em nosso país, não se estriba em genuínas experiências cognitivas. Em larga escala, as categorias e os processos que o sociólogo indígena usa são recebidos, por ele, pré-fabricados. Não participando de sua gênese, ele domina escassamente tais categorias e processos" (Ramos, 1957, p. 20-23).

Diante de tais critérios definidores do campo da análise da sociedade, Guerreiro Ramos analisa um dos temas mais candentes das ciências sociais no Brasil: a questão do negro.

> Para a compreensão do nosso problema do negro, é necessário que o estudioso se dê conta de que, de modo geral, os estudos de sociologia e antropologia no Brasil refletem o estado em que neste se encontra o trabalho científico. Até a presente data, não temos, senão em pequeníssima escala, uma ciência brasileira. Nestas condições, o trabalho científico, entre nós, carece, em larga margem, de funcionalidade e de autenticidade. De um lado, porque não contribui para a autodeterminação da sociedade; de outro, porque o cientista indígena é, via de regra, um *répétiteur*, hábil muitas vezes, um utilizador de conceitos pré-fabricados, pobre de experiências cognitivas genuinamente vividas e, portanto, uma vítima dos "prestígios" dos centros europeus e norte-americanos de investigação (Ramos, 1957, p. 123-124).

Aponta, então, para uma falha fundamental nos estudos raciais brasileiros: sendo esse o estágio da sociologia e da antropologia no Brasil, carecemos de uma "ciência nacional". Tal fato inviabiliza a compreensão do problema nacional. Ora, as questões negra e indígena nada mais são do que aspectos particulares do problema nacional. Se não temos instrumentos científicos adequados à sua compreensão, estão essencialmente prejudicados os estudos que se referem àqueles temas. Nesse sentido, afirma: "à luz de um critério funcional, está por se fazer, até agora, a história dos estudos sobre o negro no Brasil e das tentativas de tratamento prático da questão" (Ramos, 1957, p. 127).

No sentido de empreender o que denomina "história sincera dos estudos sobre o negro no Brasil", faz um balanço crítico referente ao assunto, detendo-se em autores como: Sylvio Romero, Euclides da Cunha, Alberto Torres, Oliveira Vianna, Nina Rodrigues, Arthur Ramos. Constata que a sociologia do negro nada mais é do que a ideologia da brancura. Nesse sentido, indaga: Por que o negro se torna um tema sociológico?

> Que é que, no domínio de nossas ciências sociais, faz do negro um problema, ou um assunto? A partir de que norma, de que padrão, de que valor se define como problemático ou se considera tema o negro no Brasil? Na medida em que se afirma a existência, no Brasil, de um problema do negro, que se supõe devesse ser a sociedade nacional em que o dito problema estivesse erradicado? (Ramos, 1957, p. 148).

E ao responder à questão, amplia o questionamento sobre a própria sociologia.

> Na minha opinião, responder a estas perguntas corresponde a conjurar uma das maiores ilusões da sociologia brasileira. Uma determinada condição humana é erigida à categoria de problema quando, entre outras coisas, não se coaduna com um ideal, um valor, ou uma norma. Quem rotula como problema, estima-a ou a avalia como anormal. Ora, o negro no Brasil é objeto de estudo como problema

à medida que discrepa de que norma ou valor? (Ramos, 1957, p. 148).

Nessa argumentação parece que o autor não estabelece diferença, em termos de formulação, entre problema e questão. Ao propor uma pista para o prosseguimento dos estudos sobre esse tema a partir de uma revisão, sugere que se abandonem ou se negligenciem os aspectos econômicos do problema, para fixar "a questão do ângulo psicológico, enquanto socialmente condicionado, atingindo uma sociologia funcional e científica do negro" (Ramos, 1957, p. 154).

Não fica explícito o sentido da afirmação de Guerreiro Ramos "negligenciando mesmo os seus aspectos econômicos". Creio que se refere a um dos pontos ao qual a pesquisa Unesco-Anhembi chega, e que mais tarde será desenvolvida por Florestan Fernandes em *A integração do negro na sociedade de classes* (1965): o acesso restrito ao mercado de trabalho em São Paulo, resultante de vários fatores apontados no relatório, entre os quais se ressalta a desigualdade de condições de competição, é fator condicionante das condições de existência social dos negros. A frase "o problema efetivo do negro no Brasil é essencialmente psicológico e secundariamente econômico" (Ramos, 1957, p. 157) me autoriza a dizer que, ao destacar o problema psicológico como central, não percebe a articulação das diferentes situações apontadas no relatório do inquérito que resultaram da concepção do próprio método da pesquisa utilizando multiplicidade de instrumentos de coleta de dados. É claro que o problema psicológico de quem é cotidianamente discriminado é de grande importância, pois pode afetar a afirmação da identidade, e o grupoterapia organizado por Ramos no Teatro Experimental do Negro (TEN) foi, evidentemente, excelente apoio a seus participantes; no entanto configura-se como uma orientação sociologicamente restrita. A questão da consciência da discriminação alcançada pelos movimentos negros, conforme é vista por Florestan Fernandes[123], transfere o problema para a esfera democrática, portanto consti-

123. Essa questão aparecerá mais desenvolvida em Fernandes (1965).

tui um importante objeto de análise da sociologia, tornando-se um caminho para que esses coletivos assumissem o papel de sujeitos da mudança.

Estando em desacordo com a orientação da pesquisa da Unesco, que conforme se sabe ganha direções diferentes a partir dos diversos coordenadores regionais, Guerreiro Ramos acusa os estudos dirigidos por Roger Bastide de se inserirem numa ideologia da brancura.

> É certo que os modernos sociólogos brasileiros não definem mais o problema em termos de raça, como dizia Nina Rodrigues em 1890, não o consideram expressamente como o problema de diluir o contingente negro a fim de assegurar a liderança do país pelos brancos. O problema é, em nossos dias, colocado em termos de cultura. Estima-se como positivo o processo de aculturação (Ramos, 1957, p. 155).

O problema, assim exposto, atinge diretamente aqueles que dirigem as pesquisas sobre a questão negra no Brasil, levando Roger Bastide a responder às críticas em uma carta aberta a Guerreiro Ramos. Se as críticas de Ramos são violentas – embora me pareça que se dirigem mais fortemente a Pinto –, a resposta de Bastide mantém o mesmo tom agressivo. Assim inicia:

> Acabo de ler seu palpitante estudo sobre "O Processo da Sociologia no Brasil" e, se compreendo o ardor que o anima contra todos os que não fazem mais do que repetir como papagaios o que se encontra nos livros estrangeiros, em vez de se dedicarem com amor às realidades brasileiras, sei também que a paixão o leva demasiado longe e que as suas teses podem ser perigosas para a constituição da sociologia brasileira (Bastide, 1953, p. 521).

O autor da carta questiona as afirmações de Guerreiro Ramos ponto a ponto – sociologia consular, inautêntica, sincrética, alienada –, acentuando a universalidade da sociologia, afirmando, porém, os conceitos sociológicos como operatórios, adequando-se às situações estudadas. Lembra que "levar o individual ao geral, situar os fatos brasileiros no conjunto dos fatos sociológicos estabelecidos é o mesmo que dizer que a ciência mata o pitoresco"[124]. E, numa reação bastante irada, diz: "É a sua sociologia particularista que se arriscaria a atirar-nos no anedótico, não a nossa" (Bastide, 1953, p. 525).

O tom do diálogo entre os dois sociólogos não é edificante, mas abre espaço para um largo debate sobre a sociologia brasileira. Florestan Fernandes, que substituirá Roger Bastide na cadeira de Sociologia I na Universidade de São Paulo, acompanhado por seus assistentes Fernando Henrique Cardoso e Octavio Ianni, dará continuidade a essa discussão indagando sobre o que é fazer sociologia no Brasil. Trata-se, porém, de uma outra discussão.

---

124. Ramos acusara os estudos bastidianos sobre as religiões africanas como "exploração do pitoresco".

PARTE III

UMA TRADIÇÃO SOCIOLÓGICA

9
Raça e nação

Como indiquei anteriormente, a questão racial foi abordada numa grande pesquisa a que se dedicaram os pesquisadores da Universidade de São Paulo componentes do grupo dirigido por Florestan Fernandes. Temática importante no pensamento brasileiro anterior, essa abordagem foi construída na forma de reflexão sobre a formação do povo e, derivação necessária, sobre os modos de organização da sociedade. Embora se colocando em perspectivas diversas, os autores tanto do século XIX como do século XX convergem em dois pontos principais. Lembro primeiramente que desenvolvem sua análise em momentos caracterizados pelo desenrolar de uma crise de caráter social, político e cultural. Sílvio Romero, cuja obra está ancorada em profundas transformações de ideias, convive com debates abolicionistas e com movimentos republicanos. Já Gilberto Freyre tem sua reflexão principal localizada no seio das mudanças da revolução de 1930, que resultaram numa alteração do rumo das orientações políticas, sociais, econômicas e culturais. Assinalo também que, ao se posicionarem em relação à problemática da raça e da constituição do povo, instigam outros pesquisadores a refletir sobre a questão racial e redefinem os rumos do pensamento social no Brasil. Exemplifico a tendência: Gilberto Freyre busca um discurso novo para dar conta do social como instrumento necessário para ancorar as discussões sobre as relações fundadas no pacto agrário-industrial de 1930; nos anos de 1950, Florestan Fernandes lança as bases para uma sociologia crítica, maneira pela qual opera uma avaliação das relações marcadas pelo tradicionalismo resultante do contexto anterior e desvenda os horizontes para uma sociedade fundada em bases democráticas.

Considerados esses pontos, aponto um sociólogo do conjunto das reflexões do grupo uspiano que, ao debater a questão racial, lembra que o tema é central para a definição da questão nacional, eixo importante no contexto de produção dos dois autores citados anteriormente. Trata-se de Octavio Ianni, que em várias de suas pesquisas – sobre raça, região, questão agrária[125]– busca refletir sobre como a diversidade presente numa sociedade pode e deve exigir uma direção política democrática. Neste texto procuro seguir os passos dados pelo autor no desenrolar de seus estudos em relação à questão racial.

A USP e a questão racial

Em trabalho dedicado à análise da Escola de Sociologia de São Paulo, Enno D. Liedke Filho (1977) aborda como tema principal a controvérsia metodológica, ocorrida por volta dos anos de 1970, envolvendo algumas figuras desse grupo e o filósofo José Arthur Giannotti. Esse ponto de partida tem como objetivo estabelecer o percurso da evolução teórica dos autores que compõem o grupo dos cientistas sociais que se forma em torno de Florestan Fernandes, no curso de ciências sociais da Universidade de São Paulo, o qual influi de forma decisiva no processo de desenvolvimento das ciências sociais no Brasil.

Seu estudo propõe-se a apontar a existência de um núcleo teórico central, compondo o ponto de partida da escola, e uma posterior ruptura reorientando as diferentes análises. O ponto de partida é representado por uma síntese entre a problemática mannheimiana – construção de uma ordem social industrial e democrática enquanto processo de racionalização – e o método funcionalista – como referencial para a análise desse processo e intervenção

125. Cf. Ianni (1971, 1972, 1978, 1979) para saber mais sobre essa temática.

racional nele. A ruptura, produto de incorporação de teses marxistas que têm como centro as categorias "mais-valia" e "alienação", levaria ao questionamento do conceito de ação racional (contraposto à alienação) e dos princípios do funcionalismo (contrapostos ao método dialético), conceito e princípios articuladores das reflexões feitas anteriormente.

Segundo Liedke, trata-se de caminho importante para explicar as relações entre a produção da obra desses autores e seu momento histórico. Para tanto, é fundamental a identificação da problemática básica da escola. No sentido de construir sua argumentação, aponta a possibilidade de classificação da temática desenvolvida pelo grupo uspiano segundo quatro grandes linhas. Em primeiro lugar, a fase é caracterizada pela análise da sociedade brasileira assentada na hipótese de *demora cultural*, compreendida entre os anos de 1954 e de 1959. Na segunda etapa, a preocupação central é o estudo sobre *capitalismo* e *alienação*, entre os anos de 1959 e de 1962. No terceiro momento os esforços se concentravam em torno das análises do subdesenvolvimento, estabelecendo-se as relações entre *economia* e *sociedade*, situado entre os anos de 1962 e de 1964. Por fim, entre os anos de 1965 e de 1969, o tema principal passa a ser a compreensão do papel das classes sociais na configuração do Estado, quando uma nova categoria surge como explicativa – *dependência* –, associada à ideia de *desenvolvimento*.

O autor ressalta a existência de uma ruptura entre a primeira e a segunda etapas da análise, motivada pela constituição do seminário sobre *O capital* de Marx, iniciado em 1959[126], a partir do qual a unidade teórica do grupo é rompida. As fases subsequentes se estabeleceriam em decorrência da ruptura epistemológica, representando, nos diferentes autores, momentos mais sofisticados em relação aos temas levantados.

Deter-nos-emos apenas na primeira etapa da classificação, uma vez que aí se localizam a pesquisa e o conjunto dos trabalhos

---

126. Com relação ao seminário sobre *O capital*, cf. Rodrigues (2012).

(embora sejam publicados posteriormente) sobre a questão racial, questionando a noção de ruptura, buscando apontar novas hipóteses em relação à análise do grupo uspiano. Segundo Liedke, a hipótese da demora cultural emerge como resposta "à problemática das possibilidades e entraves à realização plena da ordem social industrial e democrática no Brasil" (Liedke, 1977, p. 49). Citando Florestan Fernandes:

> consiste na presunção de que, quando não é homogêneo o ritmo da mudança das diversas esferas culturais e institucionais de uma sociedade, umas esferas podem se transformar com mais rapidez do que outras, introduzindo-se um desequilíbrio variável na integração delas entre si (Liedke, 1977, p. 49).

A demora cultural teria como ponto de referência o conceito de ação racional: assim, as ações de tipo tradicional são vistas como entrave à realização das formas societárias.

Nessa ordem de ideias inscrever-se-iam as pesquisas do grupo uspiano que têm por objetivo a análise das relações raciais no processo de desagregação da ordem social escravocrata.

Creio ser possível questionar essas afirmações, uma vez que várias categorias empregadas pelos autores – como ordem social competitiva, noção nuclear articulada à categoria estrutura de classes – não se restringem aos limites do conceito "ordem social", suporte da ideia de demora cultural. Além disso, a vinculação questão racial/questão nacional, pela sua própria formulação, ultrapassa aqueles limites.

Nesse sentido, a reflexão a respeito dos estudos de Octávio Ianni sobre a questão racial articulada à questão nacional mostra a impossibilidade de constituição de uma tipologia estática. Fazendo um corte no conjunto de sua produção intelectual e, assim, enfocando como uma unidade seus trabalhos sobre a questão racial, podemos dividi-la em três fases complementares, embora assinale estar presente a continuidade de argumentação, naturalmente desdobrada segundo os vários enfoques.

Considerarei, para ilustração, alguns estudos exemplares de cada uma delas. A primeira é ilustrada pelo trabalho *Cor e mobilidade social em Florianópolis*, escrito em conjunto com Fernando Henrique Cardoso, cuja redação é ultimada em junho de 1957, publicado em 1960. A segunda é representada pelo texto *Metamorfoses do escravo*, escrito entre 1960 e 1961, como tese de doutorado, e publicado em 1962. A terceira é exemplificada pelos livros *Raça e classes sociais no Brasil*, publicado em 1970 e ampliado em terceira edição em 1987, e *Escravidão e racismo*, publicado em 1978, ambos compostos por ensaios escritos em momentos diversos.

Cor e mobilidade social em Florianópolis

O texto que analisa alguns aspectos das relações entre negros e brancos numa comunidade do Brasil meridional constitui uma primeira experiência dos autores – Fernando Henrique Cardoso e Octávio Ianni – na realização de um projeto completo de pesquisa, bem como na redação de uma monografia (Cardoso; Ianni, 1960). Trabalha os dados de pesquisa na cidade de Florianópolis, coletados em julho de 1955. A redação é ultimada em junho de 1957 e recebe prefácio de Florestan Fernandes, datado de dezembro de 1959. A obra é publicada em 1960. Trata-se, pois, de texto que se encontra, segundo as especificações de Liedke, inserido na primeira fase da produção uspiana, em que se formula a hipótese da *demora cultural* para a busca de explicações sobre a sociedade brasileira.

No prefácio do trabalho, propõe-se uma discussão sobre o papel das ciências sociais, não só como desvendadoras da realidade, mas como força social que atua diretamente na configuração da realidade. Exemplo disso é o debate sobre como uma interpretação da sociedade brasileira baseada na afirmação da existência no Brasil de uma democracia racial leva ao desvio do próprio diagnóstico dessa mesma realidade.

> Questionam-se os resultados à luz de argumentos que outra coisa não fazem senão justificar e defender as concepções

> econômicas, políticas e morais das camadas sociais que sempre tiraram proveito da desigualdade e das diferenças de oportunidade, consagradas ou mantidas pela ordem social herdada do passado (Fernandes, 1960b, p. XI-XII).

Assim, a pesquisa, ao questionar as bases "tradicionais" da explicação da sociedade brasileira, simultaneamente põe em questão os fundamentos metodológicos dessa explicação: primeiramente, ao utilizar os autores do modelo *survey* numa direção a permitir um maior aprofundamento no conhecimento da realidade; secundariamente, ao apontar para a necessidade de explorações restritas, mas consistentes, como condição prévia para a definição de "casos típicos". Desse modo, segundo afirma Florestan Fernandes, inova:

> De um lado, na compreensão e interpretação de certos fenômenos ainda mal conhecidos na sociedade brasileira – a estrutura da economia colonial; os influxos dessa economia nos processos de crescimento econômico; as conexões existentes entre as bases econômicas do sistema social e a organização das relações raciais; as origens e as funções sociais dos estereótipos raciais; as situações de interesses e os valores sociais que promovem o solapamento ou o reforço dos estereótipos raciais etc. De outro, na maneira de definir e compreender a situação de contato em termos de totalidade das condições, fatores e produtos de um mesmo *continuum* histórico-social: o que permitiu descrever os diversos aspectos dinâmicos do sistema de relações raciais, em sua formação, em sua evolução, em sua integração atual e nas tendências à reintegração que podem ser percebidas no presente (Fernandes, 1960b, p. XX-XXI).

Além desses aspectos teórico-metodológicos, há que se ressaltar o fato de dedicar-se ao estudo de uma região brasileira muito pouco investigada até então. A definição do universo de pesquisa – o Sul do Brasil – valerá para este e para estudos posteriores que os autores desenvolverão. Assim, as indicações levantadas pelo trabalho deverão operar no sentido de selecionar as unidades definitivas de seu projeto de investigação.

A escolha do Brasil meridional – estados do Rio Grande do Sul, Santa Catarina e Paraná – como campo de investigação, mediante o estudo de quatro comunidades – Pelotas, Porto Alegre, Florianópolis e Curitiba –, deveu-se não só ao fato de a região ter sido marginalizada pelos trabalhos feitos anteriormente, mas por suas características específicas do ponto de vista da sociedade brasileira. Sua formação histórico-social e econômica difere das áreas de povoamento mais antigo, pois nessa região não se desenvolveu, em grande escala, uma exploração de produtos tropicais do tipo colonial; o regime escravocrata teve menor extensão e intensidade; e a colonização estrangeira – alemã, italiana e polonesa – contribuiu para a elaboração de padrões de convivência racial diferentes dos que prevaleceram nas zonas tradicionais (Fernandes, 1960b).

Diante dessas características, a situação dos negros e mulatos na região, em relação à posição tanto econômica como social, é peculiar. Esse setor populacional encontra possibilidades limitadas de ascensão social e econômica porque os padrões de relações raciais estabelecidos no passado atuam como fatores negativos à sua integração e mobilidade social.

Em outros termos, o presente é devedor do passado: a ordem escravocrata permeia a ordem vigente e em vários pontos ressoa a ordem pretérita. A população negra e mulata, em Florianópolis, mantém-se marginalizada em relação à estrutura social, encontrando limitadas oportunidades de classificação econômica e social. Assim, dada a situação, o objetivo do trabalho foi:

> averiguar os padrões de comportamento inter-racial vigentes no período escravocrata, bem como explicar as condições responsáveis por sua emergência e analisar os seus principais efeitos dinâmicos em termos de suas funções, seja no plano da preservação da ordem escravocrata, seja no do ajustamento dos brancos e dos negros numa comunidade pobre onde a escravidão coexistiu com o trabalho assalariado; analisar os padrões de comportamento inter-racial vigentes no presente em Florianópolis, tendo como objetivo verificar como eles operam no mecanismo

> de peneiramento, de integração e ascensão socioeconômica do mulato e do negro; verificar se os padrões de relações inter-raciais do presente guardam ligações com a ordem tradicional de acomodação racial. Nesse sentido, explicar quais as condições que permitiram a preservação desses padrões até o presente e discutir se os efeitos dinâmicos dos padrões de relações raciais no sistema de acomodação inter-racial do presente correspondem aos efeitos desses mesmos padrões no ajustamento dos negros e brancos no passado (Fernandes, 1960b, p. XXIX-XXX).

Como se percebe, a linguagem, no delineamento do projeto da pesquisa, traz no seu bojo a morfologia do pensamento funcionalista. O mesmo ocorre com a qualificação do material empírico coletado, que ganha a seguinte classificação:

> I. a) distribuição ecológica da população de cor em relação com a branca;
>
> b) convivência entre brancos, negros e mulatos nos bairros, clubes (bailes), cinemas, vizinhança e família;
>
> c) relatos de situações através de entrevistas com membros dos diversos grupos raciais;
>
> II. a) atitudes e opiniões reveladas em entrevistas;
>
> b) atitudes e opiniões reveladas por meio do questionário (Fernandes, 1960b, p. XXXV-XXXVI).

No entanto, o próprio material da pesquisa leva à necessidade de se buscar explicações que fogem do modelo previsto para solucionar problemas não previstos nesse esquema. Ao discutir a realização do trabalho, limitar-me-ei a tecer considerações a respeito da segunda parte do texto, escrita por Octávio Ianni, pois pretendo mostrar o encadeamento da argumentação apresentada pelo autor em outros trabalhos, que assim respondem aos diferentes momentos da questão nacional e às provocações decorrentes das mudanças sociais. Assim, aponto haver, no seu encaminhamento, uma anterioridade de procedimento em relação à formulação dos conceitos, o que leva o autor a ultrapassar os limites estabelecidos pela circunscrição da fórmula *demora cultural*. Resumindo de modo grosseiro, creio que são três os pontos que Ianni quer demonstrar em seu estudo: como a raça influi na mobilidade; qual é o papel da ideologia nesse processo; e como essa ideologia se explicita em termos de representações sociais.

Ianni parte da observação das relações de vizinhança, analisando primeiramente os contatos entre negros e brancos que se dão no espaço da moradia. Mas essa definição, que parte do fato de existir uma distribuição ecológica das populações negras, segundo o clássico modelo funcionalista, é ponto de partida para considerações críticas a esse mesmo procedimento metodológico. Ianni considera mera aparência a relação preconceito de cor/distribuição geográfica dos grupos sociais pelo espaço urbano. A aparência esconde o fato de a distribuição entre negros e brancos ter sofrido influência direta das condições econômicas.

Aos negros, descendentes de escravizados, tendo sofrido os obstáculos já conhecidos à sua integração no novo universo de trabalho, restou a alocação nos lugares marginais da estrutura econômica. Por vários motivos acabam por alocar-se nas posições menos remuneradas do setor terciário e relacionam-se marginalmente com as regras do contrato. De outro lado, a distribuição atua como fator ativo em alguns momentos do desenvolvimento da mobilidade social, isto é, um fator que indicaria um processo de urbanização passa a ser condição de um processo de marginalização social. Assim, a situação meramente geográfica – morro/estreito – encobre um *continuum* social – classe baixa/classe alta ou negros/brancos.

O contato social em termos vicinais, portanto, dá-se prioritariamente nas áreas onde residem as camadas mais pobres da população, por ser aí onde, consequentemente, se concentra a maior população negra e mulata. O padrão desse contato ocorre de forma diferenciada social e culturalmente, à medida que se trate de negros ou brancos.

Ultrapassando o espaço da moradia, que não dá conta da totalidade do processo, o autor estende a análise a outras esferas de atuação, chegando a dois espaços sociais onde se expressam, de forma simbólica, os elementos que fundam o preconceito contra o negro: a família (relações de casamento) e o baile (admissão/exclusão dos clubes). Nesses espaços se pode aquilatar, não apenas pelo discurso dos agentes, mas segundo atitudes que expressam as relações sociais, o verdadeiro grau de convivência social entre os dois grupos.

Ora, as possibilidades de contatos vicinais, profissionais, familiares e no lazer são diferenciadas conforme as camadas sociais. Desse modo, para avaliar essas diferenças, o autor empreende uma investigação sobre atitudes e valores em relação ao negro, aplicando amplo questionário aos alunos das escolas secundárias, que representariam as diferentes camadas. Percebe, assim, como o negro é apreendido a partir de fórmulas estereotipadas em relação: a seu aspecto pessoal, ao modo de encarar a vida, à percepção do trabalho, à dedicação ao trabalho, à moralidade, à capacidade intelectual. Filtrado pelos estereótipos, o negro é considerado genericamente "preguiçoso", "pouco asseado", "farrista", "menos inteligente", "com costumes morais frouxos" etc.

Em um balanço geral, o negro é apreendido em termos negativos, ou melhor, na comparação entre brancos, mulatos e negros, ao último cabe o índice inferior em termos de valorização.

Até mesmo na consideração de existência de defeitos no branco e de qualidades no negro se explicam definições sociais que situam o negro em situação inferior. O branco, por exemplo, tem como defeitos o orgulho e a vaidade, que no limite são defeitos que se fundamentam na aceitação de suas "características superiores". E entre as qualidades mais importantes do negro figura a condição de "submisso" e "humilde", que nada mais são do que a declaração de que o negro, "sendo inferior", tem "a qualidade de reconhecer seu lugar". Mesmo as manifestações culturais do negro são vistas como "práticas inferiores": ele não é religioso, mas "macumbeiro"; é "batuqueiro" ou "sambista", e não músico.

Mas, consideradas as diferenças de contato entre os diferentes estratos sociais, é apontado o fato de ser a classe média a mais "fechada" à aceitação da mobilidade social do negro, portanto, a mais resistente à ampliação dos contatos. Nas classes mais baixas, o contato é mais generalizado desde o passado e se dá em termos de vizinhança e de trabalho, o que explica padrões de comportamento já rotinizados. Nas classes altas, o contato é praticamente inexistente. Portanto, o espaço a ser ocupado no processo de mobilização pelo negro localiza-se exatamente naquele preenchido pela classe média, cujas posições sociais e econômicas só agora estão sendo alcançadas na ascensão das populações "de cor". Assim, na não admissão do processo competitivo, o preconceito atua na direção de criar barreiras à convivência. Se esta pode ser aceita no âmbito de trabalho, é rejeitada no âmbito mais íntimo do grupo. Exemplo ilustrativo é o da admissão aos clubes que não excluem legalmente as pessoas "de cor" de seu estatuto, mas cujos membros, que afirmam não terem preconceitos raciais, esperam dos negros a compreensão de não os frequentar para evitarem "situações desagradáveis", tais como não serem servidos no restaurante ou serem recusados para a dança pelas moças brancas.

Ora, "numa sociedade tradicionalista, o baile pode ser um prolongamento de círculos sociais exclusivos. Liga-se tangencialmente à família e ao prestígio social das camadas a que serve" (Cardoso; Ianni, 1960, p. 182). Nesse sentido, a "recusa ao baile" torna-se um obstáculo a uma situação de convivência mais ampla, expressa pelo fato de o branco recusar que o negro torne-se íntimo de sua família – mais ainda, que se ligue a ela em termos de parentesco. A situação está ilustrada pela resposta direta à questão de casamento, diferindo muito pouco quer se trate de negros ou mulatos. Assim: 35% dos entrevistados não gostariam que um(a) amigo(a) se casasse com uma pessoa negra; 74% e 76% afirmaram o mesmo em relação ao irmão e à irmã, respectivamente; e 89% não aceitariam se casar com uma pessoa negra.

Trata-se, então, de um processo claro de segregação, algumas vezes ostensivo. Mais ainda, embora difundida a ideologia de branqueamento, criam-se obstáculos à sua realização. Na discussão da questão da ideologia, Octávio Ianni a analisa sob duplo aspecto: o da formulação da ideologia "do branco" e sua aceitação pelo negro; e o da elaboração, pelo negro, de uma contraideologia.

A própria definição dos contornos da ideologia racial do branco – como "um esforço para manter marcante a linha de cor" (Cardoso; Ianni, 1960, p. 197) – conceitua a ideologia como atuando na direção da reprodução das relações sociais, segundo a clássica formulação marxista, isto é, "o sentido geral da ideologia racial do branco visa colocar sempre o negro e o mulato em posição desfavorável no cosmo social" (Cardoso; Ianni, 1960, p. 207). Isso situa a definição em um patamar totalmente diverso daquele funcionalista, que considera o problema em termos de padrões de comportamento.

Ampliando o âmbito dessa função, Ianni mostra como, via representações que aparecem no nível das atitudes cotidianas, a ideologia opera apontando o negro como responsável pela sua situação de inferioridade. Isto é, por sua própria atuação, acaba por ocupar situações inferiores ou desvalorizadas na sociedade.

> Assim, a presente distribuição de *status*, segundo os grupos raciais, não se deve à predominância econômica e social do branco, mas à livre-concorrência de todos os indivíduos. Em consequência, deve-se procurar nos próprios negros e mulatos a causa do insucesso na "luta pela vida". Seu intenso "complexo de inferioridade", em particular, seria responsável pela atual situação (Cardoso; Ianni, 1960, p. 205).

Com relação ao mestiço, essa ordem é abalada. As opiniões e formas de atuação sobre ele divergem e não são conclusivas, refletindo a ambiguidade básica na formulação da ideologia de branqueamento.

A ideologia racial do branco não apresenta continuidade, pois é produto de uma situação caracterizada pela mudança social – industrialização, urbanização, modernização. Assim, nela se reconhecem várias polarizações: uma tendência à dissimulação da existência do preconceito contra o negro; outra, que tende a enfrentar o problema do preconceito, constatando os fatos consumados, contra os quais nada se pode fazer; e a que aponta uma situação de tensão resultante de mudanças na própria situação dos negros e em seu comportamento. De todo modo, essas formulações têm como objetivo promover o predomínio dos brancos diante de novas situações sociais (Cardoso; Ianni, 1960, p. 209-210).

Por outro lado, essa ideologia atua como forma de ajuste do negro a essas diferentes situações. Acaba por operar como um modo de acomodação intersocial. Seu aspecto mais visível expressa-se no "ideal de branqueamento", que pode ser constatado nas relações entre mulatos e negros, aqueles se recusando a serem confundidos com estes e, ainda, aceitando sua definição como brancos (Cardoso; Ianni, 1960). Trata-se, porém, de uma definição ambígua, porque funciona simultaneamente como técnica de integração e/ou de ascensão social.

Essas formas de integração configuram-se, por parte de negros e mulatos, num rompimento com o passado, envolvendo alterações no modo de vestir-se e comportar-se, na busca de níveis mais elevados de instrução, na formação profissional, na ligação a facções ou partidos políticos.

Nesse sentido, o autor levanta a hipótese da elaboração de uma contraideologia pelos negros e mulatos, apesar de esta, fracionada pela ideologia dominante, apresentar-se em várias polarizações: a primeira, cuja função é integradora, absorve os pontos fundamentais da ideologia do branco, pretendendo uma integração tanto social (dos padrões de comportamento, atitudes) quanto biológica (branqueamento); outra diz respeito à ascensão social e econômica, envolvendo formas diversas de atuação; e, por fim, a que levanta o ideal da segregação envolve focos de tensão, embora não lutas claramente expressas (Cardoso; Ianni, 1960).

De forma paulatina, Octávio Ianni vai tecendo a tese: Como os estereótipos são uma forma segura de penetração nos diferentes níveis da realidade social? Mais ainda, como revelam os contornos da ideologia racial do branco e, principalmente, como expressam uma ambiguidade fundamental entre uma atitude global que nega a existência do preconceito e os comportamentos concretos de rejeição ao negro nas situações face a face?

Nesse sentido, pode-se dizer que o texto *Cor e mobilidade social em Florianópolis* antecipa o germe de algumas teses que apareceram em seus futuros trabalhos, algumas delas comuns a outros autores no mesmo quadro dessa investigação.

Primeiramente, ele questiona a tese corrente da existência, no Brasil, de uma democracia racial. E mostra como essa ideologia é tão abrangente que opera muitas vezes de forma paralisadora, isto é, impede ao próprio negro um imediato rompimento com a situação de inferioridade social, econômica, cultural e política. Assim, a contraideologia elaborada pelo negro a partir desse princípio é *uma ideologia de compromisso* que tem como elemento central a integração, tanto social como biológica, isto é, a aceitação das teses de branqueamento como forma de integração e mobilidade sociais.

A segunda tese é a alocação marginal dos negros na estrutura ocupacional da sociedade como resultante de um processo circular: com raiz no passado e alimentada no presente, simultaneamente, pela exclusão e pelo preconceito que a perpetua.

A terceira é a que contrapõe a questão dos direitos em relação aos privilégios. Assim, ao constatar que a cor acaba por ser um impedimento à aceitação do negro a um emprego, abre espaço à discussão sobre igualdade formal.

Mostrando que a situação "de favor" ("quando o ingresso é um favor, então há limite da cor") difere da "de concurso" (quando entra a questão da capacidade profissional), Ianni antecipa a denúncia, que será desenvolvida em trabalhos posteriores, sobre os limites da cidadania no Brasil, ilustrados pela situação do negro (Cardoso; Ianni, 1960, p. 174).

Nesse sentido, é possível afirmar que o autor ultrapassa as barreiras impostas pela tese da demora cultural, evidenciando que existem elementos totalizadores da explicação e que não é por acaso que as diferentes esferas do social desenvolvem-se de forma descompassada. Essa pesquisa lança as bases para um novo patamar de reflexão que se explicitará na segunda fase dos trabalhos de Octávio Ianni sobre a questão social.

As metamorfoses do escravo

O texto configura-se em momento de um projeto coletivo cujo desenvolvimento iniciou-se em 1955. Escrito entre 1960 e 1961, sobre dados coletados anteriormente, foi apresentado como tese de doutorado e publicado em 1962.

No quadro mais geral de uma investigação sobre o Brasil meridional, analisa como foram instaurados o sistema escravagista e a dominação senhorial no estado do Paraná, buscando perceber os diferentes sentidos que, sob esse quadro, ganham as relações sociais. A análise ao mesmo tempo dá conta das condições de implantação/consolidação/desagregação do regime, com base nas ocorrências internas à região, e busca nos centros dominantes as raízes desse processo. Nesse sentido, especificidade, mas não marginalidade, compõe a cena geral explicativa das diferentes configurações do escravizado: cativo, fugitivo, liberto, trabalhador livre/negro e mulato.

Por essa razão, reflete, como ponto de partida, sobre a constituição do sistema socioeconômico na comunidade estudada. Distintas formas de produção se alternam, cada uma com características peculiares de utilização da forma de trabalho: primeiramente, a mineração de metais preciosos, associada ao apresamento de indígenas, de meados do século XVI até fins do século XVII; depois, a economia pecuária, de princípios do século XVIII, que transforma os mineradores em tropeiros, criadores e comerciantes de gado; e, concomitantemente a esta, a produção e comercialização da erva-mate.

Nesse processo, surge e desenvolve-se a cidade de Curitiba, marcada em seu perfil sociocultural por esses períodos histórico-econômicos. Apresentam-se peculiaridades definidas pelos sistemas produtivos básicos. No entanto, a natureza fundamental do trabalho será *escrava*. O abandono e a supressão do trabalho escravizado serão produto das transformações que ocorrem no fim do século XIX, afetando tanto as técnicas produtivas como a criação de novos núcleos agrários e as conexões da comunidade com as diferentes regiões do país.

Assim, o eixo explicativo da constituição das relações sociais passa, necessariamente, pela escravidão: "O fato é que a mineração foi o fundamento econômico da estrutura social constituída em Curitiba. Independentemente do coeficiente relativo de cativos na comunidade, o *regime de trabalho escravizado foi uma instituição básica* para a qual sempre tendeu a utilização da força de trabalho" (Ianni, 1962, p. 44, grifo nosso).

Estimulados pelo mercado das Minas Gerais no segundo quartel do século XVIII, paralelamente à mineração, abriram-se caminhos à pecuária. Assim, o comércio de gado implementou a abertura de fazendas de criação e invernadas. Nesse processo ampliaram-se os horizontes da ocupação, conquistaram-se as pastagens de Guarapuava e Palmas. Estruturou-se uma sociedade rural com base no regime de trabalho escravizado, uma vez que a decadência da mineração liberou parte de mão de obra cativa. "A própria natureza da economia pecuária colocava a força de trabalho na contingência de cristalizar-se sob a forma social escrava" (Ianni, 1962, p. 51). Isso porque

> O universo da pecuária é um sistema econômico-social onde a terra e o escravo são os fatores fundamentais da produção, e cujos produtos os senhores consomem ou comerciam, fundamentando-se dessa maneira as suas condições materiais de existência e as relações sociais que lhes são inerentes. Polarizam-se assimetricamente os grupos humanos que atuam num contexto hierarquizado como esse (Ianni, 1962, p. 55).

Ao mesmo tempo em que se consolidou a pecuária, desenvolveu-se a produção de erva-mate, ativada pelo mercado consumidor do Prata e absorvendo os recursos liberados pela mineração.

Tal ocorrência se deu sob o estímulo da Metrópole, a quem interessava a presença portuguesa no Sul do país. O processo de elaboração da erva-mate comporta fases distintas – coleta, preparo, embalagem, transporte e embarque – e em cada uma delas predomina uma forma diferenciada de organização de trabalho. Isso significa que se entrelaçam, no procedimento, os trabalhadores livres e os cativos, estes trabalhando principalmente nos engenhos de pilões de soque a braço ou no transporte de carga.

Em resumo, o apresamento indígena, a mineração, a pecuária e a erva-mate permitiram a emergência de "um sistema social apoiado na utilização mais ou menos ampla do trabalho escravizado, com intensidade diversa, conforme a significação econômica relativa de um ou outro ramo da produção" (Ianni, 1962, p. 78).

Mas a escravidão define a estrutura da sociedade em todos os seus segmentos e por isso afeta diretamente a concepção de trabalho, não só do escravizado, mas também do branco livre – mais ainda, da própria categoria, pois

> havia uma espécie de hierarquização, de conformidade com as representações das posições num sistema societário de castas, sendo que a acepção que implicava maior prestígio social era justamente a que compreendia a posse dos cativos, isto é, a desnecessidade de trabalhar, a possibilidade de viver como "branco", ou seja do produto do trabalho alheio (Ianni, 1962, p. 79).

A preocupação do autor leva a reflexão a um novo patamar analítico, pois obriga a não se analisar apenas a figura do negro, escravizado ou liberto, mas o conjunto que tem lugar na trama de relações sociais. Assim, de modo global, a reunião desses elementos permite que Ianni desenvolva a análise das relações/interligações senhor-escravizado, mostrando como estes se constroem reciprocamente.

> A elaboração do escravo reproduz, ao mesmo tempo e necessariamente, o senhor, pois que um inexiste sem o outro. A casta dos cativos e a casta dos senhores definem-se reciprocamente, e somente podem ser conhecidas desse modo, já que ambas criaram-se historicamente uma à outra (Ianni, 1962, p. 156).

A análise avança na direção do processo de socialização, mostrando como se multiplicam os reforços para a manutenção da assimetria social. Mais ainda, o autor apresenta como esse aspecto atualiza constantemente a consciência social nos dois grupos de atores, isto é, como o exercício de poder por parte de um dos grupos engendra no outro a submissão, e vice-versa. E, elemento importante, a análise mostra como se elabora, de forma paulatina, a conexão escravizado/negro, perspectiva que ultrapassará os limites da escravatura para marcar as relações sociais do mundo posterior à abolição.

A forma de socialização tem como primeiro objetivo elaborar/internalizar o *status* de submissão, o *status* de cativo que é atribuído pela camada dos brancos. Assim, os modos de expressão da cultura africana são coibidos: a religiosidade, a dança, a fala, as atividades lúdicas: "Em Curitiba, certas atividades lúdicas dos escravos eram vigiadas e punidas severamente, como manifestações de uma civilização inferior" (Ianni, 1962, p. 147). De tal forma, buscou-se marcar a assimetria entre os dois grupos, não apenas entre escravizados e homens livres, mas também entre negros e brancos: "a partir de 1864, uma postura municipal foi formada especialmente para possibilitar a separação entre o que é 'fandango' e o que é 'baile', ou seja, entre o que é de escravos e o que é de homens livres – de negros, mulatos e brancos" (Ianni, 1962, p. 147).

Diante disso, duas alternativas sobravam para os negros e mulatos cativos ou livres: aceitar essas manifestações como produtos da subcultura da senzala – portanto, como eventos que não cabiam sob a denominação "civilizados" – ou absorver a cultura branca, considerada superior. Tal dualidade quase sempre levava à desorganização da personalidade do negro ou mulato cativo ou livre.

O processo tem um objetivo claro: "A progressiva definição da posição do escravo no sistema social da comunidade era condição necessária para assegurar a continuidade de seu estado" (Ianni, 1962, p. 144). Essa continuidade é assegurada por vários impedimentos que culminam por inviabilizar o escravizado a manipular sua própria posição social. Desse modo, ele é privado de capacidade civil. Sua palavra não tem voz. Seu trânsito social é avalizado por outrem.

Essa socialização com objetivos assimétricos gera, para os escravizados, comportamentos elaborados segundo as necessidades do sistema: o cativo é dócil, respeitoso, trabalhador. Mas, como se confunde a condição escrava com a condição negra, o negro livre também deve sê-lo. E cotidianamente "repete-se o ritual que atualiza na consciência social dos sujeitos envolvidos as posições assimétricas em que se encontram" (Ianni, 1962, p. 165), criando-se e consolidando-se a condição de *obediência absoluta*. Exemplo ilustrativo dessa situação é o fato de o escravizado liberto ser, por determinação legal, obrigado a trabalhar e, quando encontrado sem ocupação, ser coagido a fazê-lo pela polícia.

É assim que se configura o paternalismo, que acaba por extravasar a simples circunscrição doméstica ou da fazenda para afetar a sociedade como um todo. A família patriarcal contava com sistemas para avaliar as tensões inerentes à ordem escravista. Figuram como tais a alforria, como prêmio à obediência e ao bom comportamento, a aceitação de elementos culturais africanos, quando convenientes ao sistema, e a miscigenação. Esta, que é vista por vários autores como sinônimo de democracia social, é enfocada por Octávio Ianni como um reforço ao paternalismo. Isso coloca o livro *As metamorfoses do escravo* como um dos textos que apontam os limites culturalistas que marcavam a sociologia brasileira até então.

A somatória dos elementos que operam como limite a uma socialização igualitária, e que predefinem uma identidade escravizada-negra ou negra-escravizada, atua como impeditivo da emergência, no meio escravizado, de uma consciência social e histórica que poderia negar o regime. Opera como obstáculo à transformação do negro em sujeito político de sua própria abolição, embora muitos conflitos e movimentos sociais emergissem em outra direção. A abolição foi moldada no seio do sistema que a criou, não operando na direção de uma socialização que alcançasse o conjunto da sociedade, que permitisse a integração cidadã dos negros.

Essa foi uma das principais barreiras para que a abolição transformasse o escravizado em cidadão de fato, não apenas no plano formal. Tal transformação não é, nesse sentido, uma ruptura, pois a avaliação à integração ao mundo de classes continua apoiada no mundo escravocrata. Em outros termos, o processo abolicionista não fixou as bases de uma nova socialização que permitisse ao negro elaborar os elementos de uma nova identidade: a de homem livre-cidadão. Tais elementos deverão ser criados pelos próprios negros após a abolição e, nisso, posteriormente, operarão os movimentos sociais. Assim, mesmo após a Lei Áurea, constituir-se-ão como um setor à parte na sociedade. "O ex-escravo e seus descendentes serão negros e mulatos, ainda em processo de absorção pela sociedade inclusiva, pois estarão socialmente configurados como uma categoria à parte, à qual a ideologia racial do branco representa de maneira diversa daquela pela qual se concebe o branco" (Ianni, 1962, p. 285).

Essa forma ideológica que marginaliza os negros tem função paralisadora, pois mesmo aceitando elementos da cultura negra como válidos acaba por valorizar apenas aqueles não politicamente operativos. Em outras palavras, reafirmam-se os elementos tradicionais do passado, que acabam por reforçar a dominação:

> Conforma as representações da consciência dos brancos das outras classes, somente no nível dos atributos psicomotores, considerados específicos de um estágio "inferior" da civilização, que aquela ideologia concede primazia. Numa estrutura societária de classes em formação, dá-se [ao negro] exatamente o que nega ou subverte a sua humanidade, preservando-lhe cristalizada uma hierarquia de atri-

> butos sociais que corresponde às exigências das relações dominação-subordinação constituídas com o novo sistema (Ianni, 1962, p. 285).

Nesse sentido, apresentam-se novos pontos críticos: a tese da democracia racial opera de forma inibidora da integração social, e não ao contrário, como se afirma. Surgem, assim, os elementos que fundam a reflexão da terceira fase da obra de Octávio Ianni sobre a questão racial.

Raça e organização nacional

Os textos *Raças e classes sociais no Brasil*, de 1970, e *Escravidão e racismo*, de 1978, têm um caráter diferente dos livros que ilustram a primeira e a segunda fases da reflexão de Octávio Ianni sobre a questão racial. Esses trabalhos apresentam ensaios escritos em épocas diversas, reunidos posteriormente pelo autor. Assim, fixar-me-ei principalmente naqueles que especificamente demonstram preocupação com a questão nacional.

A tese principal que atravessa os ensaios articulando a reflexão é a afirmação de que as categorias "raça" e "classe" são complementares na análise. Tal princípio analítico leva Ianni a retomar a questão do conflito nas sociedades brasileira e latino-americana, avaliando as relações entre a questão racial e a estrutura de classes em diferentes países, mostrando como elas se apresentam como um dos principais elementos que constituem as bases desses conflitos. Nesse sentido, ele busca uma compreensão do caminho que ganham as análises de diferentes autores que se dedicaram à questão.

Assim, não faz apenas balanço da contribuição desses estudiosos, como uma avaliação do modo pelo qual suas ideias acabaram por configurar uma forma de perceber "o caráter brasileiro". Exemplifica esse caminho o ensaio intitulado *Escravidão e racismo* (Ianni, 1978), que mostra como passa a fazer parte do senso comum a crença da não presença, no Brasil, de preconceito de raça, resultado da afirmação, por parte de alguns autores, da existência de uma democracia racial. Ianni demonstra como a aceitação de um conjunto de ideias, nem sempre verdadeiras, acaba por definir uma visão usualmente aceita e, às vezes, até mesmo o direcionamento de políticas sobre a questão.

> Vários sociólogos, antropólogos e historiadores dos Estados Unidos (nitidamente comprometidos com ideais liberais) facilmente aceitariam a ideia de que o padrão de integração e antagonismo raciais no Brasil seria essencialmente diferente do padrão vigente naquele país. Impressionados com as manifestações de discriminação, preconceito, segregação, tensão e conflitos raciais no seu país, desde a abolição da escravatura, com facilidade aceitaram, codificaram, sofisticaram e passaram a difundir o que julgaram ser o padrão brasileiro. Passou-se a estudar a situação racial no Brasil na ótica da situação racial nos Estados Unidos. Por isso rapidamente aceitaram a ideia de que o que predomina no Brasil é o preconceito de classe e não o de raça, ou casta. Quase que parece um acidente, sem especial relevância, o fato de que o negro e o mulato concentram-se nas classes proletárias, ou mais pobres, no campo e na cidade, na pequena e na grande aglomeração urbana (Ianni, 1978, p. 101-102).

Nessa direção, criticam-se as tipologias que fundam a maior parte das interpretações sobre a questão racial no Brasil, as quais estariam baseadas no princípio de acomodação generalizada, bem com aquelas que, analisando a situação norte-americana, fundam-se no princípio do conflito permanente.

Ianni mostra como a partir das tipologias tende-se a definir os padrões das relações raciais com base em elementos externos e facilmente visíveis – verbalizações oficiais, textos jurídicos etc. –, deixando de lado aquilo que é substantivo na estruturação da sociedade, como as práticas sociais nas relações de produção, na escola, na família, nas igrejas, na hierarquia militar, na administração pública etc., bem como a estruturação das relações de produção e classes sociais nas épocas e situações que se quer conhecer. De todo modo, no estudo da questão racial

> é fundamental não perder de vista o fato de que a ideologia racial, como uma expressão da consciência social do branco dominante, reifica e transfigura o significado e a prática das relações reais. Esse foi um fenômeno que escapou, em graus variáveis é certo, a Tannembaum, Harris, Freyre, Pierson, Nogueira e alguns outros. Para eles, a ideologia racial parece ser uma expressão mais ou menos transparente das relações raciais, em lugar de uma expressa transfigurada dessas relações (Ianni, 1978, p. 108-109).

O resultado das omissões apontadas é que, nesses estudos, a acomodação e o conflito são vistos como princípios organizatórios que acabam por explicar as relações de integração e antagonismo raciais. A proposta do autor é do avanço da análise em direção à busca de "uma compreensão mais concreta das manifestações e dos movimentos político-econômicos e socioculturais da história racial nas Américas e Antilhas", procurando reconhecer "que o problema das relações entre escravatura, abolição e racismo poderia ser resolvido pela análise global da formação social de cada país. Nessa perspectiva, a acomodação e o conflito, em conjunto com outras relações e processos, passariam a ser vistos principalmente em termos histórico-estruturais" (Ianni, 1978, p. 111).

Ao desenvolver essa proposta, Ianni mostra a relação intrínseca entre o encaminhamento da questão racial e a resolução da questão nacional. Buscando as raízes históricas dos antagonismos raciais, lança as bases dessa tese: o debate, o encaminhamento e a resolução dados à questão racial no Brasil e na América Latina são componentes fundamentais da política nos diferentes países.

Novamente lembro que se trata de um ensaio e, nesse caso, as hipóteses são levantadas e contrapostas às teses de diferentes autores, constituindo, assim, uma visão panorâmica sobre as diversas situações. O caminho delineado para sedimentar a tese passa por vários pontos: a busca do caráter da formação social escravista constituída nos diferentes países; a atenção às formas que assumiu a abolição da escravatura; a compreensão do significado de "trauma da escravidão", elemento que já estaria esboçado nos dois pontos anteriores. Fazer esse percurso permitiria, por exemplo, maior ou menor complexidade da transição da condição de escravizado à de cidadão. Essa passagem é indicativa do grau de resolução da questão nacional – no caso brasileiro, o atraso opera no sentido da não integração do negro na sociedade de classes. Em outros termos, o legado do trauma da escravidão

> foi o desenvolvimento de novos valores e padrões socioculturais, de pensamento e ação, no contexto da sociedade de classes. O negro e o mulato passaram a ser discriminados como ex-escravos, como trabalhadores não qualificados, como aqueles que deveriam ficar trabalhando nas ocupações rejeitadas pelos brancos. É claro que assim se limitaram e continuam a limitar-se as condições de circulação social do negro e do mulato (Ianni, 1978, p. 116).

É nessa linha que se estrutura, principalmente, a terceira parte de *Raças e classes sociais no Brasil*, à qual se acrescentam ensaios na terceira edição, de 1987. O balanço da contribuição dos autores que tratam da questão racial mostra como, necessariamente, imbricam-se os problemas políticos e o debate científico.

> Os cientistas sociais brasileiros voltam-se para o estudo das relações raciais com finalidades eminentemente práticas. Trata-se de utilizar o pensamento científico para esclarecer a situação real dos diferentes grupos étnicos e raciais, em face da sociedade brasileira. Toma-se consciência de que certas possibilidades de desenvolvimento da sociedade passaram a depender do estudo científico das condições e orientações das relações raciais (Ianni, 1987, p. 290).

Assim, decompõe-se a problemática que, de forma consciente ou não por parte dos autores, aponta para a questão da heterogeneidade da sociedade brasileira: a raça e a cultura; os processos aculturativos; o colonialismo interno; o preconceito racial; a proletarização; a civilização tropical. De outro lado, mostra-se como o descompasso entre pensamento e realidade em relação a várias questões, entre as quais a questão racial, permite que muitas das ideias desses autores funcionem no sentido de "invenção" da sociedade e da cultura. Aponta-se, nesse sentido, para a ambiguidade básica por trás do pensamento brasileiro, muitas vezes em

> curiosa luta em busca da autenticidade; a consciência ambígua, expressa no esforço pela formulação de uma "civilização nos trópicos"; a consciência infeliz de um povo que busca seu destino no espelho de outros povos, sem dispor de todas as condições para tornar-se senhor do próprio destino (Ianni, 1987, p. 316).

Ao apontar a ambiguidade, Ianni mostra não só as dificuldades de trabalhar-se com a heterogeneidade perante a formulação de uma unidade nacional, mas também a complexidade de articular na análise, assim como no encaminhamento da democracia, as questões *desigualdade/diversidade*.

> Essa heterogeneidade – que aliás não é privilégio de poucas nações, cria fatores e condições que obstam ou dificultam a expansão de relações sociais de tipo democrático. Como as manifestações discriminatórias realmente fazem parte de técnicas de preservação de interesses e privilégios, elas podem ser tomadas, no nível interpretativo, como elementos que impedem ou dificultam a instauração ou expansão de relações democráticas, obstruindo a circulação das pessoas, segundo a sua competência ou qualificação (Ianni, 1987, p. 331-332).

Trata-se, pois, de uma sociedade que não deixa nem pode deixar avançar a democracia.

Creio ser possível afirmar que certos temas, que já estavam em germe nos primeiros textos de Ianni, ganham importância central nos trabalhos dessa terceira etapa. Surgem questões que serão desenvolvidas de forma combinada com outros temas. Qual é o papel da diversidade no equilíbrio da sociedade? Como encaminhar politicamente a questão da diversidade? Como se encontram e se separam o desigual e o diverso? Como encaminhar politicamente a questão nacional em sociedades marcadas pela diversidade? Como o Estado autoritário opera com a diversidade reduzindo a capacidade de reivindicação e luta de amplos setores da sociedade civil? Como projetos socialistas na América Latina encaram a questão? E, finalmente, como manter a diversidade num processo de mundialização? São tarefas que a sociologia deve enfrentar e, certamente, desafiam os sociólogos, pois requerem uma enorme ousadia.

10
Pensamento Social da Escola Paulista de Sociologia

Certa vez, ao lado de um colega, grande especialista em pensamento brasileiro, ouvi de um sociólogo estrangeiro a pergunta: Por que vocês, no Brasil, preocupam-se tanto em estudar seus próprios autores? Deixando de lado a sugestão, embutida no questionamento, sobre a "fraqueza teórica" dos escritos, o que "explicaria" sua pouca importância, tentamos dizer-lhe que sem compreender tanto as ideias como o lugar social desses intelectuais é impossível apreender o movimento geral da sociedade brasileira. Não sei se não explicamos bem, embora carregássemos nos exemplos, ou se as razões requeriam embasamento mais amplo, mas o fato é que ele continuou perplexo.

O certo é que a indagação tem me assombrado nos últimos tempos, pois nossa singularidade nos obriga a pensar, simultaneamente, a sociedade e os problemas que a atravessam, uma vez que essa reflexão ancora a própria institucionalização. Demonstra-se, assim, que coube às ciências sociais a produção de uma narrativa e uma interpretação do país que fornecessem diagnósticos sobre essa situação tão particular, os quais ancoram modos diferenciados para o encaminhamento dos problemas.

Este trabalho é uma abordagem bastante limitada da questão. Busco mostrar como o estudo sobre os intelectuais e sua interpretação do país é elemento constitutivo da reflexão sociológica brasileira. E mais: reflito sobre como o diálogo entre as diferentes interpretações é componente fundamental da busca de explicações sobre o Brasil. Para alcançar esse objetivo, enfoco uma tradição do pensamento brasileiro que se forma em torno de Florestan Fernandes, primeiramente na Universidade de São Paulo, depois se alargando para várias instituições acadêmicas. Assim, abordo autores que escrevem sobre vários temas em diferentes momentos, como "o trabalho na ciência enlaça as gerações sucessivas numa colaboração invisível e ininterrupta" (Florestan Fernandes, 1967, p. XIL).

A escolha tem a ver com alguma familiaridade com essa produção, o que permite arriscar-me a estabelecer conexões entre os trabalhos escritos nos anos de 1950 e de 1960 e aqueles de décadas posteriores. Esse privilegiamento de modo algum sugere que a sociologia é um "produto paulista"[127]. Sabemos que tanto a sistematização da sociologia quanto sua institucionalização se dão simultaneamente em diversas regiões do país e que a autonomização da disciplina ocorre, nas diferentes tendências, a partir de uma diferenciação com o pensamento social do passado, o que pressupõe um diálogo com as tradições anteriores[128].

Passo então a refletir sobre a sociologia como um dos veículos de interpretação do Brasil a partir de um corte específico: a atualização do pensamento social elaborado pela chamada Escola Sociológica Paulista no pensamento sociológico contemporâneo no Brasil. A temática desenvolvida por Florestan Fernandes e o grupo de seus assistentes, bem como a metodologia que ancora seu desenvolvimento, forma uma tradição no pensamento sociológico que se irradia por uma pluralidade de estudos atuais sobre a questão social[129].

---

127. Uso a expressão no mesmo sentido que Ortiz (2001, p. 177), que adverte sobre o equívoco dessa atribuição.

128. Já tive a oportunidade de sugerir algumas vertentes desse processo em E. Bastos (1986).

129. Na impossibilidade de abordar analiticamente o grande número de trabalhos referentes à questão, limitamo-nos a indicar grande parte deles em notas de rodapé, como o leitor perceberá ao longo do texto.

O atraso como eixo

As indagações sobre as razões e os efeitos do atraso do país têm, de várias maneiras, centralizado as preocupações dos sociólogos brasileiros. Eixo dos debates do fim dos anos de 1950 e início dos de 1960, opôs interpretações e definiu oposições que levaram os intelectuais a enfrentamentos teóricos. Não se tratava, obviamente, de discussões que se esgotavam no âmbito acadêmico, mas que supunham tomadas de posições políticas direcionadas ao modelo de desenvolvimento em questão. Embora muitas vezes se afirme que essa temática é datada e que tem pouco interesse para os problemas que hoje nos afligem, quero mostrar sua atualidade, indicando como continua presente nas indagações dos sociólogos nacionais, em vários deles constituindo base interpretativa da sociologia que busca explicar o Brasil e dar conta de questões cruciais da sociedade nacional.

A Escola Sociológica Paulista, denominação que se atribui ao grupo que tem como centro Florestan Fernandes e seus assistentes[130], apresenta como eixo de sua reflexão a pergunta sobre as razões, o perfil e os efeitos do atraso no Brasil. A especificidade de seu caminho analítico é dada por um objetivo claro: a recusa de uma visão dualista, comum à maioria dos intérpretes, que aparece nestes como um *continuum* no qual o processo de mudança social teria a função de superação desse retardo. Recusando essa posição, o autor, acompanhado pelos pesquisadores que o cercam ou que descendem dessa tradição de pensamento, toma a imagem e lhe altera o sentido: em lugar de uma explicação linear, opera como

---

130. É importante ressaltar que na definição da sociologia como disciplina em São Paulo estão presentes vários outros intelectuais, tanto da Universidade de São Paulo quanto da Escola de Sociologia e Política. No caso de Florestan Fernandes, seus assistentes e alunos, acentuo o caráter coletivo da produção e influência de suas ideias em textos posteriores. Não se pode esquecer que compõem a ambiência da USP, nesse período, os professores Maria Isaura Pereira de Queiroz, Antonio Candido, Aziz Simão e Ruy Coelho. Para uma mais completa visão da questão, cf. Maria Arminda do Nascimento Arruda (2001). Nos períodos posteriores, vale ressaltar não apenas a pesquisa realizada na universidade – Unesp, Unicamp, PUC-SP, além da USP –, mas também a que ocorre nos institutos de pesquisa – Cebrap, Cedec, Idesp. Cf. Bernardo Sorj e Milton Lahuerta (1999).

se as duas pontas do *continuum* se encontrassem e esse encontro gerasse, simultaneamente, o objetivo, a unidade de pesquisa, o desafio à compreensão, a busca de um suporte teórico e o método de investigação. A expressão "circuito fechado", que mais tarde será utilizada como título de um dos livros de Florestan, embora tenha um significado mais amplo, uma vez que retrataria o próprio funcionamento da sociedade, simboliza muito bem o ponto de partida e o resultado da interpretação.

Levando em consideração essa circularidade, perguntas diferenciadas, se comparadas às de intérpretes que o precederam, acionam a reflexão. Correndo o risco de simplificação, creio poder reuni-las em três indagações: Como explicar o dinamismo da economia brasileira em comparação aos outros países da América Latina, um dinamismo que, mesmo com a autonomia da colônia, continua com seu centro definido externamente? Por que esse dinamismo, apesar de ter gerado uma base produtiva diversificada, reitera a exclusão social, a pobreza e as disparidades regionais? Como compreender a presença de elementos arcaicos e modernos na estruturação da sociedade brasileira?

Outra vez simplificando, creio ser possível dizer que a busca das respostas a essas questões levou Florestan a desenhar o caminho de uma análise que tem como referência dois elementos complementares: a história e a totalidade. O autor procura dar conta das peculiaridades da formação social brasileira como uma forma particular de estabelecimento do sistema capitalista, ante as experiências clássicas do capitalismo originário.[131] Assim, o atraso é definido a partir da constatação de que, embora a transição capitalista tenha aqui se efetuado com um século de atraso em relação àqueles países que conheceram as experiências clássicas, o sistema teve um dinamismo que precisa ser explicado tendo em vista a exclusão, a pobreza e a heterogeneidade.

---

131. Em vários trabalhos usei a sugestão que Florestan Fernandes indica, segundo a qual não é possível fazer sociologia num país alocado na periferia do capitalismo, como é o caso do Brasil, nos mesmos moldes que nas sociedades metropolitanas.

Segundo o autor, no Brasil se produz uma relação *sui generis* entre opostos – arcaísmo e modernidade, riqueza e pobreza –, uma relação que se assemelha a Janus: duas faces inseparáveis de uma mesma figura. São elementos que, a princípio, se opõem, mas que encontram unidade explicativa na totalidade do sistema e que acabam por operar como estratégia de reprodução desse mesmo sistema.[132]

A referência à totalidade permite a irradiação da temática desenvolvida pela escola em várias direções, com o objetivo de conhecimento da realidade brasileira em suas múltiplas perspectivas[133]. Portanto, esses temas estendem-se pela estrutura econômica, construção e transformação do Estado, estrutura social, produção cultural etc. Uma das maneiras de realização ampla dessas intenções encontra-se na preocupação de estabelecer um diálogo crítico com as grandes tradições do pensamento social e político brasileiro. Embora o questionamento dessas interpretações possa ser visto como a busca de legitimação desses pesquisadores no campo intelectual, ponto muitas vezes acentuado pelos analistas, parece-me que

---

132. Essa circularidade referente ao atraso aparece, no pensamento internacional, tanto na literatura como no ensaísmo. Os ensaios de Ganivet e Unamuno, as novelas de Pio Baroja, na Espanha do fim do século XIX, giram em torno desse tema. Talvez o mais ilustrativo dos romances nessa direção seja *O leopardo*, de Lampedusa, este da década de 1950, embora referido a acontecimentos italianos situados em 1860. Relata uma conversa entre o príncipe de Salina e oficiais ingleses sobre a situação de desigualdade marcante que presenciaram em Palermo: "Chegaram à minha casa, acompanhei-os lá acima; eram jovens ingênuos, a despeito de bastas suíças avermelhadas. Ficaram extasiados, com o panorama, com a violência da luz; confessaram, porém, que tinham ficado petrificados, de surpresa ao ver a desolação, a vetustez, a imundície das ruas que davam acesso à minha casa. Não lhes expliquei que uma coisa derivava da outra" (Lampedusa, 1976, p. 173). É importante assinalar que os dois autores citados escrevem não apenas sobre sociedades marcadas pelo atraso em relação à transição capitalista, mas também se referem a um específico modo de desenvolvimento dessa passagem: a ausência de rupturas revolucionárias, isto é, a permanência do padrão de organização social no quadro de um processo de modernização. Esse modo de transição, sendo a referência principal Gramsci, é denominado pelos autores de "revolução passiva". No referido romance sobre a Itália, uma frase, relacionada à participação da aristocracia no movimento garibaldino, tornou-se famosa: "Se nós não estivermos lá, eles fazem uma república. *Se queremos que tudo fique como está, é preciso que tudo mude*" (grifo nosso).

133. Gildo Brandão (1999, p. 198) aponta como um traço da tradição intelectual uspiana "a recusa em tomar a política separada da sociologia e da cultura e o modo de pensar a relação entre os projetos intelectuais e a vida pública".

a avaliação dessas tradições de pensamento tem um objetivo que vai além dessa intenção, pois se trata de um elemento intrínseco à proposta analítica.

Sem me deter exclusivamente nas formulações de Florestan Fernandes e seu grupo de assistentes, analisarei esses pontos, brevemente indicados, como inspiradores de uma interpretação da sociedade brasileira presente em vários analistas nas últimas décadas e sobretudo nos anos recentes.

Padrão teórico-metodológico

O objetivo proposto por aquele grupo de pesquisadores, de percepção da singularidade da formação nacional superando a visão dualista, impõe a busca de um novo padrão teórico-metodológico. O desafio levou a um esforço coletivo que compreende a docência – análise da grande tradição teórica da sociologia e estudo do ensaísmo de interpretação do país[134] – para a formulação de um ponto de partida para a pesquisa.

Creio ser possível apontar uma afirmação implícita na análise, que parece ancorar a definição do objeto de investigação: *a partir da periferia percebe-se melhor o movimento da sociedade, possibilitando a verificação dos princípios que a estruturam*[135]. Aqui está a gênese do método. Florestan explicita essas intenções levantando as possibilidades de a reflexão sociológica desenvolvida por seu grupo inscrever-se no debate internacional.

> O Brasil não é apenas, como se diz, "um cadinho de raças e culturas". Através de escolhas judiciosas, o sociólogo

134. É conhecido o empenho de Florestan na organização do curso de ciências sociais na USP. Cf., entre outros, Florestan Fernandes (1980a, 1976a); Maria Arminda do Nascimento Arruda (2001); José de Souza Martins (1998); Fernando Limongi (1989); Sylvia Gemignani Garcia (2002); e Milton Lahuerta (1999).

135. Nadia Urbinati (1996) sugere a presença do mesmo procedimento em Gramsci, que, ao debater a questão meridional, busca apontar antes as fraquezas do sistema do que os problemas exclusivos da região Sul da Itália. Penso que no caso de Gramsci a referência maior está na questão nacional. Assim, para esse autor, a proposta é pensar a emancipação do Sul como um momento necessário da emancipação da nação. Na proposição de Florestan Fernandes, o problema está ampliado, abarcando a compreensão da dependência do país ao centro hegemônico da economia.

> brasileiro pode contribuir de forma original e criadora para o enriquecimento de ramos da teoria sociológica que não podem ser cultivados com a mesma facilidade por seus colegas dos "países desenvolvidos" do mesmo círculo civilizatório (Fernandes, 1976a, p. 19-20)[136].

O autor encara as tarefas da sociologia no Brasil e o papel dos sociólogos nesse processo, além de apontar as discordâncias em relação a algumas interpretações sobre o país.

No texto *A revolução burguesa no Brasil* (Fernandes, 1975), o desenvolvimento da relação periferia/centro está claro: o estudo da revolução burguesa no Brasil só pode ser feito se referido a uma configuração histórica mundial, levando-se em consideração os aspectos econômicos, sociais, políticos e culturais vistos de forma articulada. Mais ainda, ao fazê-lo, é possível demonstrar que os princípios que orientam o centro não se aplicam mecanicamente à periferia. Nesse sentido, as explicações dadas pelos clássicos, se aplicadas diretamente, são insuficientes para a percepção do alcance do problema, porque se referem a sociedades que se desenvolvem segundo outro padrão. Faz-se necessária, então, a busca de interpretação original que contemple essa formação singular. Penso que aqui reside um ponto explicativo para o muitas vezes apontado ecletismo de Florestan Fernandes, tema que mereceria reflexão mais ampla, mas que não enfrentarei neste texto[137].

A proposta metodológica tem ampla aplicação, não se referindo apenas à macrointerpretação, mas se estendendo à análise das condutas individuais. Um exemplo importante é a definição do

---

136. A citação é do prefácio da primeira edição, de 1962.

137. Analisando *A revolução burguesa no Brasil*, Maria Arminda do Nascimento Arruda (2001, p. 293-294) traz uma excelente contribuição ao debate: "[...] a tendência em acentuar, na terceira parte do livro, as contribuições do marxismo não fazem da obra um modelo de análise materialista histórica. A grande originalidade reside, penso, na combinação de tradições teórico-metodológicas diversas, que resultam numa interpretação densa, de grande magnitude, tornando esse texto altamente fecundo e inovador à compreensão da sociedade brasileira. Ou, em outros termos, não se trata de assimilação indiferenciada de contribuições, mas do estabelecimento de uma síntese própria capaz de render frutos, no processo de interpretação, permitindo ao autor chegar a conclusões originais".

negro como objeto de pesquisa, num programa de investigação proposto por Florestan a partir dos anos de 1950, cujo resultado explicita-se em vários trabalhos[138]. Veja-se *A integração do negro na sociedade de classes*, em que o eixo da análise não se limita à questão racial, equívoco cometido por vários leitores dessa obra, embora a proposta original do programa de investigação junto a Roger Bastide tenha sido "o conhecimento sociológico sobre o preconceito racial no Brasil"[139]. Sem dúvida, na definição da situação da população negra e mulata, a raça é elemento dos mais importantes, base para que Florestan avalie os efeitos dos movimentos negros a partir dele[140]. Indo além do debate sobre a raça, o negro, no livro em pauta, ilustra a forma "como o povo emerge na história" (Fernandes, 1965, p. XI). Isto é, ao ocupar um posto desprivilegiado na sociedade, resultado das desvantagens históricas constituídas pela escravidão[141], torna-se objeto fundamental para analisar a inserção do povo na sociedade brasileira, marcada pela ambiguidade. Indica que o negro, não excluído totalmente, mas sem condições de incluir-se de modo pleno na sociedade, figura um processo a que está condenada grande parte da população brasileira, isto é, os limites da emergência e consolidação da ordem social competitiva. Seu lugar na periferia do sistema denuncia as fronteiras estabelecidas para uma verdadeira participação democrática do conjunto dos agentes sociais. Ao indagar sobre as possibilidades e condições do negro tornar-se um agente histórico, o autor não visa avaliar o voluntarismo presente nos grupos ou movimentos sociais, mas

138. Refiro-me a vários trabalhos desenvolvidos por Florestan, seus assistentes e alunos. Destaco alguns entre eles: Fernandes (1965); Ianni (1962); Cardoso (1991).

139. Cardoso (1991, p. 21). O autor mostra o alargamento da proposta já presente no protocolo de pesquisa que orientou os trabalhos citados.

140. "Ele [o negro] não conseguiu derrotar a assimetria nas relações raciais, as iniquidades raciais e as desigualdades raciais que tentou destruir" (Fernandes, 1988, p. 15).

141. "A raça não era tomada como uma entidade social consistente e duradoura, como se a escravidão se tivesse sustentado no ar" (Fernandes, 1988, p. 15).

sim analisar os limites de constituição dos sujeitos políticos numa sociedade com heranças fortemente autocráticas[142].

Aqui aparece, novamente, a relação centro/periferia explicitada pela articulação parte/todo, que atinge igualmente o negro e a sociedade. Em outros termos, a inclusão/exclusão do negro opera como um "buraco negro" na sociedade brasileira, caracterizando sua incompletude em relação a um projeto realmente emancipatório. Nesse sentido, a análise funda uma crítica que se direciona às interpretações então correntes e às categorias cunhadas para dar conta da vivência da desigualdade. A posição desses agentes sociais não pode ser vista em termos de *marginalização*, proposta analítica presente em grande parte das discussões sobre a América Latina sua situação de subdesenvolvimento. Ademais, aponta para as restrições das análises fundadas apenas sobre a diversidade. A indicação desses limites compõe um dos elementos presentes no diálogo crítico com os autores do Iseb[143]. Por fim, o autor questiona a tese da existência de uma equilibrada interação social, apesar da exclusão econômica e política, o que o leva a debater o alcance da tese da democracia racial[144].

---

142. Dois trabalhos de Gabriel Cohn (1999, 2000) sumarizam e comentam, com muita precisão e competência, os dois textos principais de Florestan Fernandes que abordam essa questão.

143. Tem sido ressaltada, nos balanços sobre a sociologia no Brasil, a oposição Guerreiro Ramos-Florestan Fernandes. Todavia, as raízes da discussão, que se encontram na definição de uma problemática "verdadeiramente nacional", estão sendo, se não esquecidas, pelo menos pouco aprofundadas. Aliás, o debate é bem mais antigo do que tem sido normalmente apontado, envolvendo Roger Bastide. Cf. Guerreiro Ramos (1953) e Roger Bastide (1953). Para uma visão mais geral do problema, cf. Lucia Lippi Oliveira (1995), principalmente os capítulos 4 e 5, bem como a entrevista com Guerreiro Ramos.

144. A crítica dirige-se diretamente à obra de Gilberto Freyre. Vários estudiosos desse autor apontam para o fato de a expressão não figurar em seus livros, constatando, assim, uma "atribuição" de Florestan que não corresponderia à posição daquele autor. Na verdade, aparece na obra de Gilberto inúmeras vezes a expressão "democracia étnica" associada à ideia de democracia social. O fato de Florestan retomar o termo "racial" substituindo "étnico" tem embutida uma crítica a uma sociologia aparentemente esvaziada de conteúdo político. Em *A integração do negro na sociedade de classes*, mostra que o termo "democracia racial" é denunciado pelos depoentes da pesquisa. Absorvendo a argumentação dos movimentos negros que retomam politicamente a expressão "raça" como forma de conscientização sobre a situação social vivida pelos seus membros, o trabalho de Antonio Sérgio Guimarães (2002) reconstrói o percurso da expressão "democracia racial".

O livro de Octavio Ianni, *As metamorfoses do escravo*, está na mesma direção, mostrando como a relação parte/todo é central para a reflexão. Momento de um projeto coletivo cujo desenvolvimento iniciou-se em 1955, o texto é escrito entre 1960 e 1961, sobre dados coletados no Estado do Paraná. Apontando o sentido da permanência da herança escravista nas relações sociais, o autor busca as raízes desse processo nos centros dominantes da economia:

> O conhecimento do negro – cativo ou livre – em outras regiões do país, inegavelmente facilita a apreensão da condição escrava em seus níveis e manifestações fundamentais, porquanto em qualquer lugar o regime escravista se funda num modo de utilização do trabalho humano, determinando um sistema de relações sociais (Ianni, 1962, p. 269).

Em outros termos, a análise abarca ao mesmo tempo as condições de implantação/consolidação/desagregação do regime escravista, tendo como base as ocorrências internas à região, e busca naqueles centros a gênese do processo. Nesse sentido, é a especificidade, e não a marginalidade, que compõe a cena explicativa das diferentes transformações que sofre o negro, de escravizado a trabalhador livre.

Embora a brevidade da apresentação possa ter prejudicado uma clara percepção do sentido da análise formulada pelo grupo a partir da pesquisa coletiva, tentarei recuperá-lo por meio de estudos que têm o mesmo ponto de partida e que são influenciados direta ou indiretamente por esse debate.

Ilustração clara da metodologia e do sentido da análise do grupo uspiano é o livro de Brasílio Sallum Jr. sobre a transição política brasileira ocorrida a partir de meados de 1974. Remetendo a explicação da democratização política a um processo mais amplo de democratização da sociedade, o autor afirma que

> [...] o processo de democratização política, dominante a partir de 1983, tem como componente explicativo essencial as rupturas ocorridas na esfera do Estado, na esfera

> das relações de domínio entre segmentos da sociedade no seu conjunto. Quer dizer, a mudança política que levou à derrota da cúpula governamental do regime na sucessão do Presidente da República, em janeiro de 1985, não pode ser explicada *apenas* pela dinâmica da "diarquia" surgida a partir das eleições de 1982, quando o poder político passou a ser partilhado pelo regime e os governantes de oposição (Sallum Jr., 1996, p. 43).

Esse é o eixo da análise que desenvolve buscando uma explicação multidimensional para o processo. Aliás, a própria definição de processo utilizada contém essa qualidade plural. Desse modo, o autor percebe a transição como um *processo* que envolve todas as esferas da sociedade – econômica, política, político-institucional, social –, embora se atenha às grandes linhas desse processo. Este envolve as crises econômicas e políticas, os novos caminhos e tentativas de equacioná-las, a definição das forças sociais e políticas presentes, as transformações ou a permanência da estrutura social, a consequente distribuição do poder na sociedade e, principalmente, os *efeitos* dessa dinâmica. Em outros termos, a reconstrução exige que se reconstrua, passo a passo, a constituição e os efeitos dos diferentes arranjos, desde o primeiro momento de liberalização até aquele em que se completa a passagem de uma ordem política autocrática a uma ordem política mais democrática, mesmo que ainda seja pouco definida. Não se detém apenas nos resultados institucionais, mas examina, entre outros, os efeitos psicossociais que acabam por possibilitar novos arranjos dos segmentos sociais – mobilizações sociais, associações, novas práticas, novos padrões de apresentação de reivindicações. Essas mudanças, associadas aos movimentos da economia internacional, vão, pouco a pouco, estabelecendo limites tanto ao regime militar quanto ao modelo econômico adotado.

Ao reconstruir os passos da transição, mostra, também, que a substituição do regime militar por um governo civil ocorreu sem que houvesse uma ruptura da ordem institucional. Embora isso aponte o caráter conservador da transição, que mantém o aparato legal, os efeitos anteriormente apontados atingem nuclearmente o sistema político, uma vez que, no processo, o caráter autoritário da legalidade foi esvaziado até ser substituído pela nova Constituição.

A consideração da necessidade de um tratamento mais amplo para compreender a democratização política o leva a dialogar com a produção anterior e recente sobre o tema. Nessa direção, questiona as análises que, estudando a transição, têm se concentrado apenas nos aspectos político-institucionais da mudança, minimizando na explicação a presença da economia e da sociedade. Mas, de outro lado, embora aceitando os elementos analíticos contidos na formulação que tem em Florestan Fernandes um foco gerador, considera, diferentemente dessa tradição, a importância histórica de certas estruturas institucionais e, nesse sentido, opera uma análise que as incorpora centralmente à explicação. Essa posição o leva a dialogar positivamente com as pesquisas recentes, incluindo seus dados como explicativos[145].

Os textos de José de Souza Martins podem ser tomados como exemplos do ponto de partida da escola uspiana e se estendem por uma ampla temática que procura dar conta dos mecanismos de funcionamento da sociedade brasileira. Em seu livro *Florestan: sociologia e consciência social no Brasil*[146], mostra os vários desdobramentos do percurso da análise desse grupo de pesquisadores, pois a reflexão sobre Florestan Fernandes acaba por se transformar numa avaliação da tradição de pensamento que tem naquele professor da Universidade de São Paulo um de seus pilares.

Várias leituras dos textos de Martins situam seus objetivos na "produção do conhecimento social sobre o mundo rural", embora

---

145. Em outro texto, o autor mostra o surgimento tardio da sociologia política em São Paulo, principalmente quando comparada aos estudos desenvolvidos no Rio de Janeiro (Sallum Jr., 2002).

146. O autor comenta o ambiente institucional da USP nos anos de 1960, principalmente na entrevista concedida a Luiz Carlos Jackson (Martins, 1998).

reconhecendo a variedade temática estudada pelo autor[147]. É certo que suas análises esclarecem, de forma original, vários aspectos sobre a questão agrária e o mundo rural, mas, a meu ver, não se restringem a isso. Não se trata de uma reflexão que tem como objetivo exclusivo o mundo rural, mas, pelo contrário, é o estudo do mundo rural que possibilita mostrar o funcionamento da sociedade como um todo. O rural é "o ponto nevrálgico" que permite perceber "o padrão de realização do capitalismo no Brasil" (Martins, 1973, p. 14). A recusa de uma visão dualista, preocupação central nos diferentes textos desse pesquisador, está diretamente referida à relação todo/partes, periferia/centro. Por exemplo, explicando as noções fundamentais que articulam seu texto *Capitalismo e tradicionalismo*, diz:

> A minha intenção foi a de localizar e situar as contradições pelas quais se determina a diversidade interna da nossa sociedade, seus dilemas e tensões. O tratamento crítico que dei às minhas pesquisas permitiram-me ultrapassar o conceito limitado e limitante de "rural", de forma que os processos que investigo estão situados tanto no meio rural quanto no meio urbano (Martins, 1975, p. 1).

Creio que a citação ilustra por si o eixo que quero apontar. Deixo para um outro momento a reflexão sobre o dualismo, pois aqui quero acentuar a importância da *definição do lugar em que o analista se coloca para poder perceber, simultaneamente, os aspectos estáticos e o dinamismo da sociedade – e, ainda, a relação intrínseca entre ambos.*

O método não se aplica apenas à compreensão da formação econômico-social considerada como um todo, o que já seria bastante. O estudo de um setor da população rural que foi penalizado historicamente é um desdobramento da preocupação. O tema aparece nas pesquisas de Martins sobre fronteiras, em que o foco da análise está posto nos aspectos dramáticos da expansão. Desse

147. Essa abordagem, que aparece em vários artigos, dissertações e teses, ganha um tratamento especial em Soto (2002).

avanço resulta a alteração da sociabilidade das populações que ocuparam desde sempre o território, num espaço em que persistem relações escravistas, sob novas formas (a escravidão por dívida). É um lugar onde a lógica de compreensão das coisas é mudada, pois a terra, que era uma só, transforma-se em duas coisas diversas: *Terra para trabalhar e terra para cercar*[148].

A recuperação do cotidiano da vida dessas populações explicita o modo de operar da sociedade, bem como esse esforço de sobrevivência que investe esses grupos da qualidade de participação. Portanto, não cabe, para nomeá-las, a atribuição simplificadora dos termos "marginais" ou "excluídas", porque o processo repete a circularidade já apontada em relação aos negros, inclusão/exclusão.

> Rigorosamente falando, *não existe exclusão: existe contradição, existem vítimas de processos sociais, políticos e econômicos excludentes*; existe o conflito pelo qual a vítima dos processos excludentes proclama seu inconformismo, seu mal-estar, sua revolta, sua esperança, sua força reivindicativa e sua reivindicação corrosiva. Essas reações, porque não se trata estritamente de exclusão, *não se dão fora* dos sistemas econômicos e dos sistemas de poder. Elas constituem o imponderável de tais sistemas, *fazem parte* deles ainda que os negando. As reações não ocorrem de fora para dentro; elas ocorrem no interior da realidade problemática, "dentro" da realidade que produziu os problemas que as causam (Martins, 1997a, p. 14, grifo próprio).

Outra vez, o ponto de partida metodológico obriga a repensar a teoria, a atribuir precisão às categorias analíticas, a rever grande tradição sociológica e a conferir o pensamento social e político brasileiro.

Vale retomar, brevemente, este último ponto. Refletindo, ora centralmente, ora de passagem, sobre os autores brasileiros, Martins mostra como esse pensamento opera como força social nos diferentes

---

148. Sobre a questão da terra e sua definição, é importante assinalar como essas expressões constituirão o léxico que ancorará, posteriormente, as discussões não só no âmbito da análise, mas também na própria luta pela terra empreendida pelos movimentos sociais.

períodos em que emerge, o que explica o alcance de sua crítica social, independentemente de suas posições políticas. Em outros termos, o lugar em que se coloca o intérprete define a qualidade de sua perspectiva. Ao referir-se a Gilberto Freyre, por exemplo, mostra que sua obra

> [...] é sobretudo a aguda e objetiva consciência sociológica de uma elite que tem clareza sobre os embates que a fragilizam e a tornam não mais os protagonistas únicos do cenário político, mas um entre outros, cujos interesses já não são os interesses dominantes, obrigada a dividir poderes e privilégios (Martins, 1997c, p. V-VI)[149].

Os estudos de José César Gnaccarini também ilustram esses pontos enunciados. Buscando explicar a diferenciação do proletariado rural, o faz a partir da referência parte/todo. Mostrando que essa diferenciação não pode ser explicada a partir das escolhas individuais dos trabalhadores, mas referida à compreensão do movimento geral da sociedade, diz:

> A questão de saber o que representam as diversas "opções" no campo, ou as distintas formas de engajamento no trabalho agrícola que a partir de uma concepção abstrata se poderia pensar estarem abertas à população trabalhadora rural, é na verdade uma problemática que só se pode resolver em termos de um modelo estrutural e apanhando as distintas possibilidades predeterminadas no que toca aos mecanismos de reprodução das posições nas relações sociais de produção. Não é, portanto, uma questão que se resolva nos estritos termos da consciência do indivíduo e de suas presumíveis orientações cognitivas, afetivas ou valorativas (Gnaccarini, 1980, p. 105)[150].

---

149. É certo que só uma análise que se detivesse especificamente sobre Gilberto Freyre permitiria avaliar os efeitos políticos de suas ideias. No caso desse autor, sugiro que seu pensamento opera diretamente no sentido de minimizar essa fragilidade fornecendo elementos que possibilitam uma conciliação entre interesses diversos, aproximando-se de outros protagonistas do cenário político. Sua proposta configura-se, assim, como elemento importante da formação do bloco agrário-industrial resultante do pacto de 1930. Cf. E. Bastos (1986).

150. As posições expressas contrapõem-se às de vários autores que analisaram o tema. Destacam-se as considerações que faz a respeito de Antonio Candido (1964).

Essa proposta o leva a dialogar com várias interpretações anteriores, opondo-se a aspectos daquelas visões. É o caso de seu diálogo com *Os parceiros do Rio Bonito*, de Antonio Cândido. Ainda a partir da interação velho/novo, como na tradição uspiana, o autor enfoca a emergência da violência no mundo rural e mostra as direções assumidas pelos movimentos sociais.

O livro *Sentimento do Brasil*, de Rubem Murilo Leão Rêgo (2000), representa um exemplo do método apontado. O trabalho, embora tenha como objetivo fazer uma análise da obra de Caio Prado Júnior, meta que realiza, acaba por configurar-se, também, como uma reflexão sobre as raízes agrárias da formação nacional. Elege a questão agrária como ponto nevrálgico para a apreensão da visão caiopradiana, mostrando que, para desenvolvê-la, esse pensador mobiliza um conjunto de elementos que se referem a uma interpretação mais geral do país: concepção do capitalismo brasileiro, estrutura fundiária, relações de produção no campo, caráter desigual do desenvolvimento do capitalismo, relações entre agricultura e indústria, transformações na estrutura produtiva, mudanças na sociedade brasileira. Em outros termos, exatamente porque o setor agrário representa o elo frágil na estrutura social – pois, combinado à questão regional, abriga amplos setores populacionais que não encontram integração orgânica no sistema produtivo – acaba por configurar-se como "lugar" privilegiado para uma visão sobre a totalidade da sociedade brasileira, possibilitando uma macrointerpretação.

Leão Rêgo aponta para um duplo movimento na análise de Caio Prado Júnior: de um lado, busca reconstruir o modo de desenvolvimento do capitalismo no Brasil, que não se explica dentro dos limites estritos da nação; de outro, procura compreender por que esse processo é excludente e não democrático. Esses dois elementos aparecem imbricados, sempre com o objetivo de exorcizar o dualismo presente em inúmeras interpretações sobre o país. Em outros termos, mostra como o autor trabalha esse hibridismo, não como dois elementos que se superpõem, mas como uma unidade que, a cada momento da história e a cada perspectiva em que se coloca o analista, assume nova dimensão. A exposição permite que se perceba o quanto as teses do historiador paulista são fundamentais para o desenvolvimento da reflexão da Escola Sociológica Paulista[151].

Lembro ainda, para ilustrar o ponto de partida analítico, um texto de Roberto Schwarz bastante debatido e que tem servido como apoio para várias pesquisas que refletem sobre o pensamento social no Brasil. Sem desenvolver suas teses, muito conhecidas, aponto para a frase final que resume o argumento:

> E vê-se, variando-se ainda uma vez o mesmo tema, que embora lidando com o modesto tic-tac de nosso dia a dia, e sentado à escrivaninha num ponto qualquer do Brasil, o nosso romancista sempre teve como matéria, que ordena como pode, questões da história mundial; e que não as trata, se as tratar diretamente (Schwarz, 1981, p. 25)[152].

Penso ter exemplificado, apesar de analisar apenas alguns autores, a proposta que indiquei com o ponto de partida metodológico implícito nessa tradição de pensamento: a análise a partir da periferia permite indagar sobre os princípios que articulam o sistema. Passo, agora, a refletir sobre uma categoria que considero central no pensamento desses autores.

Tensão como constitutiva da sociedade

Diferentemente dos analistas que percebem a tensão como quebra da ordem social, como anomia, em Florestan ela tem sentido

---

151. Quanto à importância do pensamento de Caio Prado Júnior na reflexão sociológica em São Paulo, cf. Ricupero (2001), Victoriano (2001) e D'incao (1989).

152. Lembro que Roberto participou, ainda como aluno do curso de ciências sociais da USP, do célebre seminário de estudos de *O capital*, organizado pelos professores assistentes da cadeira de Sociologia I, com a participação de professores de outros departamentos: Fernando Novais, da história, José Arthur Gianotti e Bento Prado Jr., da filosofia.

heurístico. Primeiramente, porque aciona o conhecimento: existe uma tensão constante na escolha dos instrumentos de percepção da realidade, uma vez que esses instrumentos mudam tanto pelo avanço da ciência como pela pressão dessa realidade.

> É que todo progresso real, no plano da pesquisa empírica ou no da sistematização teórica, sempre envolve a solução de problemas metodológicos cruciais, de grande significação e atualidade no momento em que podem ser resolvidos. Com o tempo, as contribuições tornam-se obsoletas, perdendo seu caráter construtivo. Quando, porém, tal coisa chega a acontecer, desde que as contribuições sejam pertinentes, elas já terão concorrido para alterar o quadro de conhecimentos positivos da própria ciência (Fernandes, 1967, p. XVII).

Mas, se ser sociólogo supõe sempre estar em uma situação desconfortável, resultante da tensão apontada, no Brasil esse desconforto é maior, não apenas pelas condições limitadas de produção de conhecimento, mas pelo "reboliço" da realidade que apresenta "obrigações intelectuais desencontradas" impostas pela inquietação que atravessa a sociedade. Essa tensão carrega um duplo sinal: positivo e negativo. Se o sociólogo brasileiro

> [...] não dispõe de um "nicho" para abrigar-se e proteger-se, em compensação, pode receber, em toda a plenitude, a luz do sol, que cresta e castiga, mas ilumina, aquece e fecunda o cenário da vida. Enfim, a sociedade, que não lhe pode conferir sossego e segurança, coloca-o numa posição que o projeta no âmago dos grandes processos históricos em efervescência (Fernandes, 1976a, p. 15-16)[153].

A tensão pode detonar o conhecimento, ser instrumento de desnudamento dos fenômenos sociais, *porque faz parte da natureza da sociedade*. Assim, por exemplo, ao discutir a dependência,

---

153. Note-se que o texto é do prefácio da primeira edição de 1962. Já no prefácio da segunda edição, escrito em 1976, o tom de esperança sobre as possibilidades de sua geração intervir na sociedade desaparece. Sem dúvida, com o golpe de 1964, havia se apagado "o anseio de renovação e de grandes esperanças", que atravessava a universidade brasileira anteriormente.

Florestan mostra que na América Latina essa tensão se expressa em vários níveis. A própria organização da sociedade, pela concentração da riqueza e do poder nas mãos de estratos privilegiados, leva a uma institucionalização política excludente que não só sacrifica as possibilidades de um estilo democrático de vida, mas também opera como limite à potencialidade política dos setores que sofrem a excludência. A integração nacional se dá sem transformações radicais dessa situação. Os interesses particularistas se apresentam como interesses gerais da nação (Fernandes, 1973)[154].

Esse dilema atravessa a sociedade, pois o capitalismo que se desenvolve na América Latina, e aqui expressa sua singularidade, assenta-se em uma estrutura de mercado com duas dimensões: uma heteronômica e outra com tendências dinâmicas autonômicas, dimensões coexistentes. "Por causa dessa dupla polarização, a esse capitalismo se poderia aplicar a noção de 'capitalismo dependente'" (Fernandes, 1975, p. 90). Desse modo, a tensão caracteriza a dependência e confere à categoria um significado bem mais amplo do que "subordinação externa", conceito que conferiria linearidade à relação. Em outros termos, "dependência" propõe-se como categoria que dá conta de uma realidade prismática, mas que possibilita perceber a articulação entre as diferentes faces. Como se vê, outra vez se faz presente o desafio de repensar a teoria! Mais ainda, impõe-se a associação entre teoria e definição tanto do objeto de pesquisa quanto da unidade empírica de análise.

A percepção da tensão como heurística atravessa também textos do grupo de pesquisadores da USP que refletem sobre situações localizadas. Discutindo os movimentos sociais no campo do início dos anos de 1960, Fernando Henrique Cardoso (1961) aponta a necessidade de inverter-se o ponto de partida de reflexão sobre a reforma agrária. Para a compreensão da questão não basta

---

154. Os textos reunidos no livro foram produzidos entre 1969 e 1971.

realçar e analisar as propostas de solução para o problema agrário brasileiro. O ponto central é

> [...] a descrição do processo de penetração da organização capitalista de produção no campo, com a consequente diferenciação da antiga estrutura agrária de base patrimonialista. Nesta discussão, o problema das formas de propriedade e de exploração econômica prevalece com o decisivo. Somente a partir deste ângulo será possível entender o que os diversos grupos sociais pretendem efetivamente quando falam em reforma agrária e quais os pontos de fricção existentes na estrutura agrária brasileira (Cardoso, 1961, p. 8).

A partir dessa ótica torna-se possível compreender "por que têm surgido propostas tão divergentes para resolver o problema agrário e quais os interesses realmente em jogo" (Cardoso, 1961, p. 11).

Sujeitos políticos/sujeitos sociais

Para Cardoso, é o reconhecimento das tensões que atravessam a sociedade, e não apenas aquelas expressas a partir da formulação de soluções diferenciadas ou mesmo opostas que aparecem no palco da política, que permite a definição dos sujeitos políticos do processo. Estes se diferenciam não em função das mobilizações a que se ligam, mas segundo a diferente constituição da propriedade da terra e a diversa natureza da exploração agrícola que os congrega. Isto é, a natureza da sociedade condiciona a própria emergência dos sujeitos políticos. Assim, partindo da tensão constitutiva do mundo agrário, atravessado por profundas diferenças que não podem ser captadas apenas pela via estatística, o autor aponta para a falácia que funda a divisão política dos movimentos sociais no campo, naquele momento, que se apresentam como posições que se excluem.

> Deste ângulo, a opção entre reforma agrária, entendida como fragmentação da propriedade, e extensão da legislação trabalhista no campo, torna-se um falso problema. Muitos problemas sociais do campo e muitas reivindicações dos trabalhadores rurais só podem ser atendidos, por

> enquanto, com a criação de uma legislação social rural e a consequente sindicalização, sendo inútil para eles, quando não impossível em termos dos interesses sociais em jogo, o parcelamento da propriedade. Outros, contudo, implicam, desde já, na desapropriação e no incentivo à pequena propriedade, medidas estas que alteram a estrutura ou a instituição da propriedade (Cardoso, 1961, p. 25).

Portanto, não são apenas as tensões expressas, que podem se configurar em conflitos e, muitas vezes, emergir em termos de mobilizações sociais, que constituem objeto de análise. É a tensão constitutiva, no caso definida a partir da questão agrária, que se torna central para a compreensão do movimento da sociedade.

Essa tensão se traduz, também, na configuração dos sujeitos sociais. Ianni (1962) mostra que, no universo social marcado pela escravidão, tanto o escravizado como o negro acabam por assumir uma configuração definida pelos contornos do sistema. Cristalizam-se, no sistema escravista, representações sociais que mantêm o negro na sujeição, não apenas como escravizado, mas até na situação de liberto. "Na vigência da escravatura, o manumitido será sempre identificado com o ex-cativo pela própria lei que o liberta; a mesma lei que emancipa deixa-lhe a marca de antigo escravo, de negro que foi mancípio" (Ianni, 1962, p. 156). Exemplifica o procedimento citando a lei de 1885: "Qualquer liberto, encontrado sem ocupação, será obrigado a empregar-se ou a contratar seus serviços no prazo que lhe for estipulado pela polícia" (Ianni, 1962, p. 165). Mesmo posteriormente à abolição, essas representações serão determinantes na organização social, mantendo o negro em situação de submissão.

Mostrando que a tensão constitui a natureza da construção social, o autor leva a reflexão a outro patamar analítico. Impõe à análise, para dar conta da trama das relações sociais, não apenas a figura do negro, escravizado ou liberto, mas o conjunto de personagens que atuam na sociedade. É essa visão mais ampla que permite a

Ianni apontar a construção recíproca dos dois agentes sociais principais: escravizado e senhor.

> A elaboração do escravo reproduz, ao mesmo tempo e necessariamente, o senhor, pois que um inexiste sem o outro. A casta dos cativos e a casta dos senhores definem-se reciprocamente, e somente podem ser conhecidas desse modo, já que ambas criaram-se historicamente uma à outra (Ianni, 1962, p. 156).

A construção simultânea dos sujeitos não garante, no entanto, a elaboração de identidades participantes do mesmo *cosmos* social. Ao serem elaboradas principalmente na área das atividades produtivas, essas identidades operam na direção de uma separação intransponível entre o mundo social do escravizado e aquele do homem livre. Analisando o processo de socialização, o autor mostra como se multiplicam os ritos para o reforço da assimetria social – mais ainda, como o processo atualiza constantemente a consciência social dos dois grupos, operando-se uma relação siamesa entre exercício de poder e submissão, o primeiro engendrando a segunda e vice-versa. Essa socialização, que conecta fortemente a condição escrava à pessoa do negro, ultrapassará os limites da escravatura para marcar as relações sociais do mundo posterior à abolição. Outra vez aqui surge o questionamento das interpretações anteriores sobre o Brasil. Trazendo à reflexão a tensão constitutiva das relações sociais, o autor nega aquelas análises que apontam para a existência de antagonismos em equilíbrio.

Essa argumentação está no centro da investigação sobre escravidão e racismo que congrega o grupo naquele momento – fins de 1950 e início de 1960. A preocupação com as condições da constituição dos sujeitos políticos é central porque a partir dela são avaliados os rumos e o alcance das transformações sociais no Brasil[155]. Por isso, os estudos sobre o escravismo buscam compreender não só

155. É importante assinalar que, nessa tradição de pensamento, as expressões "sujeito", "agente", "portador" (social ou político) têm sentido explicativo diferenciado da noção de "ator social".

a estrutura da sociedade brasileira, mas, principalmente, a relação existente entre essa estrutura e a definição dos agentes sociais. A rigidez dessa combinação é impeditiva de um relacionamento social fundado em *direitos*, resultado da própria forma como se forma a sociedade. A pesquisa de Cardoso (1991, p. 100) sobre a escravidão aponta a raiz da questão: "Era impossível, na estrutura patrimonialista, tentar definir normas que implicassem a ideia de um *dever objetivo* para reger a distribuição dos bens e dos direitos pertencentes à Coroa". Dessa estrutura resulta a não definição de uma esfera pública diferenciada da esfera privada, configurando o exercício de um poder fundado no arbítrio. Estudando a sociedade riograndense, mostra que não se trata simplesmente da transferência de um modo de organização social de origem portuguesa, mas de uma forma *singular* de ordenação econômica, social, política e cultural, que tem como resultado a redefinição dos sujeitos sociais e políticos.

A formulação da tese sobre a escravidão como instituição essencial, presente como um dos pontos de partida dos trabalhos desses pesquisadores, leva, também, à mesma afirmação sobre os limites à emergência dos sujeitos políticos no período escravista e à investigação sobre os resultados dessa constrição sobre a sociedade brasileira do século XX. É importante assinalar a influência decisiva do pensamento de Caio Prado Júnior em relação a esse ponto. A tese da escravidão como instituição essencial, de inspiração marxista, está presente na argumentação desse autor desde o primeiro livro, publicado em 1933[156]. A questão, que já aparece formulada por Florestan Fernandes nos textos da pesquisa sobre a questão racial patrocinada pela Unesco[157], e desenvolvida em trabalhos posteriores, repousa na constatação de que uma sociedade estratificada sobre o princípio da desigualdade não oferece lugar a relações sociais totalmente fundadas em direitos. Embora considere

---

156. *Evolução política do Brasil: Colônia e Império.*

157. Cf. Bastide e Fernandes (1955). Para mais informações sobre a pesquisa, cf. Maio (1997) e Peixoto (2000).

as especificidades da ordem social nos diferentes momentos – período colonial, século XIX, momento pós-abolição –, aponta a permanência dos elementos que compõem a sociedade escravista e senhorial. Não desenvolverei aqui os pontos sobre os quais repousa a argumentação. Assinalo, porém, que a existência de duas qualidades de legislação regendo a organização da sociedade – o Código Negro, a Constituição e a Consolidação das Leis Civis – é uma explicitação da situação (Bastide; Fernandes, 1955)[158]. Cada uma delas se funda em princípios opostos: a primeira, no princípio da desigualdade; as outras, no da igualdade. A existência simultânea é, obviamente, ambígua, permitindo a vigência do arbítrio. Essa delimitação configura a potencialidade política dos diferentes agentes sociais.

> O negro, com o escravo, liberto ou homem livre e semilivre, esteve excluído, na qualidade de agente histórico, do desencadeamento da revolução burguesa; o mesmo não acontecia com a escravidão, que foi um dos eixos em torno do qual se processou a acumulação do capital mercantil. Por isso, a protagonização histórica do processo ficou nas mãos do *fazendeiro* e do *imigrante* (Fernandes, 1977, p. 30)[159].

Tal posição foi contestada por vários autores que visam reinterpretar a ação dos escravizados e ex-escravizados a partir do privilegiamento de conflitos que se dão fora dos momentos coletivos de resistência política[160]. Não reconstruo a polêmica, que, sem dúvida, é muito importante, por não se tratar de elemento central para o desenvolvimento do tema deste texto. No entanto, lembro a centralidade da noção de projeto político na reflexão de Florestan, pois, relacionada a essa categoria, o autor define a potencialidade política de um agente social.

---

158. Argumentação semelhante é desenvolvida por Cardoso (1991), principalmente no capítulo II, "A sociedade escravista (realidade e mito)".

159. Essa questão está fundamentada em argumentos em Fernandes (1975a), principalmente no capítulo III.

160. Assinalo alguns desses autores: Lilia Moritz Schwarcz (1987); Sidney Chalhoub (1990); Silvia H. Lara (1988); Célia M. Marinho de Azevedo (1987). Cf. também Revista Brasileira de História, vol. 8, n. 16.

A crise

A consideração da tensão como parte da natureza da sociedade conduz à centralidade da noção de crise, presente nessa tradição de pensamento. Novamente aponto para o sentido heurístico da ideia. A crise assume a função de desvendamento, de possibilidade de ver além da aparência. Lembro a formulação de Lukács: "A autonomia que assumem – um em relação ao outro – momentos estritamente conexos e complementares, a crise a destrói violentamente. Por isso a crise revela a unidade dos momentos que estavam reciprocamente isolados" (1965, p. 56)[161]. A crise, percebida tanto a partir de seu caráter estrutural como decorrente de transformações sociais localizadas, permite ao analista colocar-se de uma nova perspectiva para perceber o movimento da sociedade.

Florestan a concebe como móvel do pensamento sociológico nas condições latino-americanas, em que o trabalho do sociólogo encontra sentido no esforço de projetar a sociologia no âmago dos processos de crise.

> Tomam os à história os materiais que elucidam as próprias crises e vivemos as crises também ao nível sociológico, como processos de significação heurística. [...] Poderíamos dizer que a Sociologia, como a História, sai de nossas entranhas e de nossas atividades (Fernandes, 1973, p. 9).

A crise fundamental, como iluminadora da análise, aparece nos textos de Martins como elemento explicativo para as crises conjunturais que afetam a sociedade. Ou seja, as várias expressões dessa crise, resultantes da polarização apontada anteriormente, não podem ser analisadas de modo independente. Por exemplo, as transformações ocorridas no Brasil do século XIX, que definem a propriedade da terra (Lei de Terras, de 1850) e aquelas que se referem à implantação do trabalho livre, ou seja, as leis abolicionistas, devem ser pensadas de forma articulada, não apenas pela simultaneidade das medidas, mas pelo seu sentido comum. A cri-

161. No caso, Lukács repete, no texto, a formulação de Marx.

se e suas diversas expressões são a referência necessária tanto para pensar problemas específicos – os imigrantes italianos, a adoção de práticas agrícolas inovadoras, a reforma agrária, a frente pioneira, os movimentos sociais – como para burilar categorias analíticas – exclusão integrativa, expropriação sucessiva, dessocialização, tradicionalismo, assimilação desigual da cultura[162].

Passado e presente

As relações entre o velho e o novo e suas imbricações são objeto importante da análise da Escola Sociológica Paulista. O modo pelo qual se processam a conciliação dos elementos do passado e os desafios do presente acaba por transformar-se em reflexão central para a compreensão das alianças políticas que ocorrem no país. Esse tema é objeto da análise de José de Souza Martins em *O poder do atraso* (1999). São os arranjos singulares entre o tradicional e o moderno que obrigam o sociólogo brasileiro a "fazer uma leitura dos fatos e acontecimentos orientada pela necessidade de distinguir no contemporâneo a presença viva e ativa de estruturas fundamentais do passado" (Martins, 1999, p. 14). Essa especificidade, que se traduz em várias formas, tem como um de seus efeitos a definição institucional viciosa do papel dos agentes sociais. No Brasil, o Estado tem operado na direção de diluir as demandas sociais, dando-lhes soluções muitas vezes opostas às intenções das lutas sociais. Assim,

> [...] o sistema político tem demonstrado uma notável capacidade de captura dessas pressões e propósitos, assimilando e integrando o que é disruptivo e o que em outras sociedades foi fator essencial de transformações sociais e

---

162. Por ser central a noção de tensão, impõe-se a necessidade de o estudioso colocar-se em diferentes perspectivas para compreender as tensões, os conflitos e os movimentos sociais. Fazendo parte da natureza da sociedade, em certos momentos, essas tensões se explicitam em conflitos que, em determinadas circunstâncias, emergem como movimentos sociais. Cf. o capítulo "Frente pioneira: contribuição para uma caracterização sociológica", de Martins (1975, p. 43-50). A noção de crise é central para a definição do papel das ideias em meados do século XIX no texto de Alonso (2000).

> políticas até profundas. Os grupos sociais descontentes, muitas vezes conscientemente desejosos de grandes mudanças históricas, ao atuarem no marco dessas limitações, no marco de uma sociedade cujos movimentos sociais e cujas aspirações se esgotam primariamente na reprodução de uma máquina incivilista de poder, são na verdade, involuntariamente, *agentes da história lenta* (Martins, 1999, p. 13-14).

Trata-se de um desdobramento do debate, anteriormente apontado, sobre a definição dos sujeitos políticos e sociais. Levando em consideração não apenas o cenário da definição dos agentes, mas também os efeitos de sua ação, segundo o autor, a sociologia brasileira tem a tarefa de dar conta de uma sociedade que não se explica por processos políticos e históricos dos modelos clássicos. Mais uma vez, é necessário repensar a teoria. Sua proposta é adotar uma nova perspectiva, que denomina "sociologia da história lenta", para perceber o dinamismo da sociedade, o que indiretamente estabelece um diálogo com as grandes tradições do pensamento social e político brasileiro.

No livro *Metrópole e cultura: São Paulo no meio do século XX*, de Maria Arminda do Nascimento Arruda, a tensão assume função heurística deflagrando a reflexão. Abordando metropolização e modernização como um processo único, a pesquisa permite percebê-lo em suas múltiplas facetas, cuja articulação não se entrega ao primeiro olhar. A tensão está, pois, presente na própria definição do objeto, e a autora não se compraz em pensá-lo como dois processos simultâneos, mas busca a raiz de sua unicidade. A análise, centrada no movimento cultural da cidade de São Paulo em torno dos anos de 1950, constrói essa urdidura com o objetivo de cercar o tema por vários flancos, captando o sentido das obras culturais, do processo de mudanças, dos diálogos entre os inovadores culturais, do entrelaçamento das diferentes linguagens. O sentido que a autora confere a essa trama está na questão que reputa como retrospectiva: "entender por que as expressões dessa modernidade emergente não cumpriram todas as virtualidades contidas em suas promessas" (Arruda, 2001, p. 12).

Por que retrospectiva? Poderia ser de outra maneira? Creio que a retrospecção faz parte de uma forma de pensar que tem como centro a ideia de tensão. Ao refletir sobre um processo social recusando-se a pensá-lo de forma linear, define-se, simultaneamente, o modo de abordagem e a forma de escritura. A própria "ramificação do olhar", contida nessa tomada de posição, faz com que a explicação apareça paulatinamente, pois a pergunta que a dirige é: Qual é o efeito dessa prática, desse comportamento, dessa organização ou relacionamento? Ora, a resposta depende da forma de organização do pensamento e, naturalmente, de expressá-lo. É claro que se trata de uma posição negadora do positivismo. No texto, o procedimento está claro e até mesmo explicitado na epígrafe do capítulo referente à sociologia em São Paulo:

> Sabe-se com certeza apenas o seguinte: um certo número de objetos desloca-se num certo espaço, ora submerso por uma grande quantidade de novos objetos, ora consumido sem ser reposto, a regra é sempre misturá-los e tentar recolocá-los no lugar (Arruda, 2001, p. 189).

Já havia escrito a observação acima quando li uma entrevista de Cláudio Magris, que, indagado sobre o processo de escrever, diz:

> Apenas quando escrevi um terço, às vezes até um pouco mais, de um texto, sei o que estou escrevendo de verdade, ou seja, sei qual é o significado do tema explícito ou aparente, do que ele é uma metáfora. [...] Thomas Mann disse, a propósito de sua obra-prima, *Os Buddenbrook*, que apenas ao escrevê-lo entendeu de que livro se tratava. Essa clarividência chega a um certo ponto, como uma iluminação, como o esclarecimento repentino de tantas coisas que até aquele momento, na nossa alma e na nossa mente, haviam se misturado de forma confusa, promíscua, cada uma delas clara e nítida, mas (que ganham sentido) em confronto com as outras (Brasil, 2002, p. D5).

Em seu trabalho, Maria Arminda constrói passo a passo a imbricação entre o desenvolvimento da cidade e o processo de complexificação da cultura, mostrando que o sentido dessa articulação está dado tanto no processo de modernização como nas promessas da modernidade. O período compreendido entre o fim dos anos de 1940 e o decênio de 1950, momento de atuação das gerações analisadas, está prenhe de tensões, uma vez que se entrelaçam propostas de renovação cultural e aquelas elaboradas no passado:

> [...] se em São Paulo dos anos de 1950 engendravam-se tendências que impulsionavam as transformações, não se deduz *ipso facto* que o passado tivesse sido superado, mas apenas que a maciça presença dos imigrantes e dos seus descendentes, aliada à crise dos modos de vida provenientes da cafeicultura, construíram formas outras de sociabilidade que implicavam a superação dos estranhamentos (Arruda, 2001, p. 69).

A nova sociabilidade, que ao mesmo tempo exige e tem como resultado novas identidades sociais, impõe a necessidade de novos padrões culturais. A pesquisa mostra que o momento não se explica por si, estando fortemente referido a 1922, 1964, 1968. Esses marcos não são vistos apenas como cenários onde se encaixam características ou aspectos diversos do movimento da cultura em São Paulo. O tecido reconstruído tem entre os fios de sua trama a história, uma história que é parte integrante do processo. Outra vez, a epígrafe esclarece a intenção:

> A cidade não conta o seu passado, ela o contém como as linhas da mão, escrito nos ângulos das ruas, nas antenas dos para-raios, nos mastros das bandeiras, cada segmento riscado por arranhões, serradelas, entalhes, esfoladuras (Italo Calvino *apud* Arruda, 2001, p. 51).

Assim, retorna a tensão, desta vez entre passado e presente, expressa no processo de construção da sociabilidade, em que estão presentes acomodação, assimilação, adaptação e competição. A percepção desses diferentes aspectos confere a dimensão da complexidade da cidade, mas também a de uma modernização que mantém relações ambíguas com as promessas da modernidade.

Aqui, novamente, percebemos o foco iluminador do método que permite ao pesquisador colocar-se em um lugar que o torna apto a perceber tanto os aspectos estáticos quanto os dinâmicos da sociedade. Por exemplo, ao reconstruir os ritos que cercam as comemorações do quarto centenário da cidade de São Paulo, a autora mostra que essa ritualização, aparentemente periférica em relação ao problema central, aponta a própria natureza do processo. O discurso que apresenta o plano de urbanização para o evento, bem como os dois símbolos representativos dos festejos, representa aquela fusão: o bandeirante e a espiral desenhada por Niemeyer.

> O primeiro remetia aos primórdios e à tradição; o segundo emblemava o novo destino comprometido com o moderno. A mescla representava uma fusão inusual, uma vez que o discurso da modernidade se construiu em oposição ao passado (Arruda, 2001, p. 71).

Nesse processo, a produção cultural de São Paulo, nos anos de 1950, já não se bate com a tensão local/universal, característica dos anos de 1920 e de 1930, uma vez que as linguagens tornam-se internas aos objetos, havendo uma recusa a dimensões previamente construídas. No que se refere à sociologia – sendo esse o momento em que se estabelece a Escola Sociológica Paulista –, a questão é decisiva. Nessa direção se coloca a afirmação de Florestan sobre o papel central das ciências sociais no fornecimento de recursos intelectuais para o reconhecimento não só das forças que atuam no mundo social urbano e metropolitano, mas também de sua influência na preservação ou alteração da ordem social (Arruda, 2001). Essa preocupação se encaminha à institucionalização de uma linguagem sociológica, característica da produção acadêmica de São Paulo, processo em que Florestan Fernandes se apresenta como figura de destaque, com a intenção de pontuar as "diferenças entre reflexões consideradas rigorosas e científicas e aquelas vistas como impressionistas e arbitrárias" (Arruda, 2001, p. 206). Concordo com esse argumento, que explica a importância e a repercussão do pensamento do grupo uspiano. Mas, ressaltando o conteúdo da proposta, a meu ver, o principal elemento que ancora o novo discurso é aquele que se refere ao ponto de partida metodológico, o qual obriga a repensar a teoria, a atribuir precisão às categorias analíticas e a rever a grande tradição sociológica e o pensamento social e político brasileiro. Em outras palavras, se pensarmos a produção de 1930 como um momento importante da sistematização da sociologia, tendo como figura central Gilberto Freyre (Bastos, E., 2006), podemos reconhecer em 1950 uma nova etapa desse processo, fase que responde a um novo contexto social e a um novo discurso marcadamente crítico. Embora a oposição em relação às ideias freyrianas esteja presente na formulação uspiana, o debate nuclear dá-se com os intelectuais nacionais-desenvolvimentistas[163]. Daí a discussão entre Florestan e estes últimos sobre o lugar da teoria na análise.

Ambivalência

A tensão também se traduz em ambivalência. O tema da ambiguidade dos intelectuais, que já ganhou formulações consagradas e bastante debatidas[164], reaparece em textos recentes. Walquiria Leão Rêgo (1989), em trabalho sobre Tavares Bastos, aborda a tensão existente entre as ideias e a prática desse intelectual no contexto da sociedade brasileira do século XIX marcada pelo sistema escravista. Partindo da mesma consideração sobre a escravidão como instituição essencial, já assinalada em relação à pesquisa do grupo uspiano,

---

163. Vale lembrar a colocação de Cohn (2001, p. 387): "[...] Gilberto Freyre, forma com Florestan o mais perfeito par de opostos que se possa imaginar. Não pela temática, que é em muitos pontos a mesma entre ambos. Nem pela formação e pelas linhas de pesquisa, que em ambos percorre o arco que vai da análise etnológica à reconstrução histórica em grande e pequena escala, centrando, é claro, na análise sociológica. Mas pelo contraste entre a perspectiva [...]". A questão das oposições com os intelectuais nacionais-desenvolvimentistas tem um tratamento aprofundado em Lahuerta (1999).

164. A título de ilustração, cf. Candido (1981) e Schwarz (1981).

tese de origem caiopradiana, aborda o percurso daquele liberal doutrinário buscando "deslindar a natureza das inevitáveis dubiedades do personagem, como indivíduo, no enfrentamento com uma sociedade e um tempo carregados com as misérias do sistema escravocrata, e com as deformações por este engendradas sobre tudo e todos" (Rêgo, W., 1989, p. 2).

Recuperando a produção do autor – discursos, cartas, artigos, pareceres – nas diferentes fases de sua atuação como publicista e político, mostra o perfil modernizador que o caracteriza, conformado pelas ideias liberais, mas do qual não está ausente a ambivalência:

> Sem dúvida, em sua passagem pela Academia, Tavares Bastos percorreu um itinerário de atividades publicistas onde já estão prenunciados os temas e o "estilo" que o tornarão um importante proponente de mudanças modernizadoras. Contudo, Tavares Bastos e sua geração herdaram a vacilação — no plano da política prática e no nível da relação com as ideias – constitutiva do ambiente nacional daqueles e de "outros tempos" (Rêgo, W., 1989, p. 52).

As propostas do intelectual alagoano desenvolvem-se em torno do diagnóstico dos "males do presente", indicando a experiência colonial e escravista como balizadora dos problemas. Sobre esse diagnóstico assenta as propostas reformistas referentes a questões econômicas, sociais e políticas: escravidão, imigração, propriedade da terra, impostos, educação, eleições, instituições políticas, sistema representativo. No entanto, jamais Tavares Bastos reclama a ausência de rupturas revolucionárias.

> O *ethos conciliador* sempre falou mais forte em suas avaliações, sem lhe retirar, contudo, a argúcia do diagnóstico. O autor, mesmo reconhecendo de forma ambígua certos vícios políticos advindos do excessivo fortalecimento das instituições políticas do Estado, saúda a conciliação conferindo-lhe virtudes que se referiam à necessidade do que chamava de "*liberdades práticas*" (Rêgo, W., 1989, p. 66).

Servindo-se da tese todo/parte e periferia/centro, a autora mostra que a ambivalência não pode ser explicada apenas a partir dos traços pessoais de Tavares Bastos, já que os destinos individuais participam do processo social, pagando a este seu preço. Ademais, indaga qual é o percurso das ideias modernizadoras no país. Como o Brasil

> [...] iria caminhar no sentido da modernidade burguesa mergulhado profundamente nos horrores da escravidão? Como iria se apresentar diante de um mundo que "falava a linguagem dos direitos" [...]? Como as ideias e a política podiam articular-se num conjunto tão contraditório? (Rêgo, W., 1989, p. 34).

Por sua vez, analisando *Através do Brasil*, livro de Olavo Bilac e Manuel Bomfim, escrito nos moldes dos romances de formação europeus, André Botelho (2002) mostra a função inversa cumprida pelo livro. Diferentemente daqueles que buscam definir para o indivíduo os papéis sociais a serem desempenhados na sociedade, no Brasil, o objeto é a nação, como sujeito do processo de formação. É por isso que, segundo o autor, se coloca no país, em outros moldes, a função dos intelectuais. A análise desmistifica, passo a passo, a crença de que os intelectuais desempenham uma missão pedagógica de redenção do atraso brasileiro. Nesse questionamento reside a tese principal de *Aprendizado do Brasil*, pois, ao apontar as peculiaridades da formação social brasileira, parte do princípio de que no país reproduz-se uma relação simbiótica entre arcaísmo e modernidade, o que inviabiliza aquela "solução" característica das formações clássicas, de educar para a modernidade.

Inscrito em um projeto nacional sobre educação, *Através do Brasil* colabora na construção de uma ideia de nação firmada na diversidade e riqueza do território, onde os conflitos resultantes das desigualdades entre os grupos sociais deixam de ser tematizados. A desigualdade social e econômica, claramente perceptível no modo de vida dos personagens centrais do livro, é transfigurada pelos autores em um problema de diversidade cultural. A ambivalência aparece no embate entre a visão de *missão* formulada – de realização de um diagnóstico realista sobre a situação do país – e o *protagonismo* possível, dada a inserção de Bilac e Bomfim nos quadros institucionais. Nesse sentido, estão muito bem situadas as epígrafes de Machado, que apontam sempre para a dualidade, a ambivalência, o hibridismo da sociedade brasileira, para as duas ordens – o arcaísmo e a modernidade –, que em *Através do Brasil* devem ser integradas, processo que leva à atenuação dos conflitos. Exemplar é a imagem do jogo de xadrez, em que se entrelaçam estática e dinâmica, movimento das peças, imobilidade dos quadrados e fatalidade dos papéis – "bispo é bispo, cavalo é cavalo". Explicita muito bem a diferenciação e a hierarquização social das personagens que têm o destino atrelado a seu pertencimento social: ser sujeito do favor ou portador de direitos ou, mais ainda, de privilégios.

A maneira pela qual Botelho enfrenta o estudo pressupõe o estabelecimento das diferenças existentes entre uma análise centrada no discurso e aquela focada na narrativa. Estudar o discurso permite perceber o significado do que é dito ou descrito, o que não é pouco. Mas a narrativa, indo mais à frente, possibilita a percepção do sentido que está além das palavras, que reside no movimento social considerado como um todo. Assim, sua reflexão procura abarcar o significado contido no discurso e o sentido implícito na narrativa. A narrativa busca referir os fenômenos a uma totalidade rica de significações ou, usando as palavras de Lukács, "a verdade do processo social é também a verdade dos destinos individuais" (Lukács, 1965, p. 57). Novamente, aqui vemos a importância do método assinalado como marca da tradição uspiana: a relação centro/periferia, parte/todo.

Uma ambiência criativa

Meu objetivo foi mostrar que, no período compreendido entre os anos de 1950 e de 1960, a sociologia na USP teve forte peso na direção de ancorar debates, sugerir temas e acionar polêmicas. No entanto, seria injusto deixar de apontar que, em várias outras áreas do conhecimento dentro da Faculdade de Filosofia, a reflexão ganhou desdobramentos que ajudaram a fundamentar a temática e a desenvolver o método, seja na filosofia, na literatura, seja na história e na educação. Vários trabalhos então desenvolvidos nesses departamentos explicitaram essa ambiência e influenciaram decisivamente os caminhos da sociologia. Sem me alongar no tema, aponto apenas um caso ilustrativo.

Apresentado primeiramente como tese de doutorado em 1973, o livro de Fernando Novais sobre a crise do sistema colonial (1989) é referência para a reflexão sociológica, figurando na bibliografia da maior parte dos estudos sobre o pensamento brasileiro. Dentro do quadro da mesma pesquisa desenvolvida para o livro, figura o artigo sobre o reformismo ilustrado (1984), que tomarei como exemplo para apontar a presença daquelas teses anteriormente indicadas.

O trabalho, que tem como pano de fundo uma investigação sobre o mundo ibérico, é um dos mais importantes textos sobre as raízes da *ambivalência* do pensamento brasileiro em relação às práticas políticas, ou seja, o descompasso entre o pensamento e sua aplicação. Enfocando a sociedade portuguesa de meados do século XVIII, com desdobramentos posteriores na metrópole e na colônia, chama a atenção para duas características aparentemente conflitantes: de um lado, a precocidade das reformas empreendidas em direção à modernização; de outro, a importação das ideias.

O Iluminismo português centrava-se no tema do *atraso* do país em relação à moderna Europa, o que justificava a busca das ideias naqueles "países adiantados" para a superação desse constrangimento. Essa "necessidade" de aplicação imediata levou à precocidade das reformas. Mas a importação das ideias indica, senão a ausência, a exiguidade de portadores sociais para elas. Isso explica a resistência em relação às ideias e a saída conciliadora – o esforço de harmonização das inovações às tradições. Mas é exatamente o fato de o projeto modernizador repousar sobre um setor exíguo da população que acaba por conferir legitimidade à intervenção política operada pelos intelectuais.

O autor aponta o clima presente no *processo*, caracterizado mais pela continuidade do que pela ruptura com as tradições. A essa condição corresponde um pensamento *eclético*, isto é, tratava-se do ajustamento dos "esquemas teóricos à conjuntura específica, num ecletismo revelador de grande argúcia política" (Novais, 1984, p. 109). Tomando as indagações sobre as razões da decadência presente nas memórias elaboradas no período, Novais mostra a importância dada ao *conhecimento do passado* nos diagnósticos sobre aquela questão. Nessa reflexão, o autor se preocupa menos com as razões da decadência, mas antes com os *efeitos* de sua percepção na formulação de uma política colonial. A situação peculiar de Portugal comparada à das potências europeias exigia a busca de soluções especiais em relação às novas *tensões*, à *crise* do sistema.

> Na quadra final do Antigo Regime, a emergência do industrialismo redefinia as tensões, obrigando a ajustamentos. Ajustar-se, precisamente, mobilizando o pensamento ilustrado, moderando-o, aplicando à conjuntura específica – eis o que procuravam teóricos e estadistas da ilustração luso-brasileira (Novais, 1984, p. 110).

É a preocupação com a crise que embasa o discurso do colonialismo ilustrado, percebendo-se nessas memórias o cuidado de contornar a tensão entre a colônia e a metrópole. Nesse quadro, o autor mostra como foram formuladas e implementadas as medidas reformistas, a partir de justificativas em que se percebe uma clara "manipulação ideológica: apela-se para o princípio fisiocrático segundo o qual a 'verdadeira e sólida riqueza' são 'os frutos e produções da terra'. Isto quando se procurava por todos os modos incrementar as manufaturas metropolitanas" (Novais, 1984, p. 116).

Assinale-se ainda que Novais, um dos construtores daquela tradição que tenho apontado, não busca as explicações do processo somente nas relações metrópole-colônia e em seus mecanismos de regulação. Embora as medidas reformistas buscassem, pelo abrandamento do sistema de exploração e pelo fomento do progresso nos dois componentes do sistema, desviar as tensões, estas provinham "de movimentos estruturais, advindos da emergência do capitalismo industrial, e dificilmente poderiam ser contidas pelo reformismo", "e as inconfidências foram assinalando o inconformismo dos colonos" (Novais, 1984, p. 118). Centrei-me em apenas algumas das linhas gerais da argumentação do autor, procurando colocar em relevo as categorias que retomam a reflexão da Escola Sociológica Paulista.

Por fim, tomando como exemplo o livro *Agricultura ilustrada*, de Fernando A. N. Lourenço (2001), buscarei mostrar, brevemente, como vários dos pontos apontados por Fernando Novais reaparecem na reflexão sociológica. Enfocando a sociedade brasileira do século XIX mediante a análise das reformas propostas ao setor agrícola, o autor mostra a continuidade das ideias formuladas pelo reformismo português do fim do século XVIII e início do seguinte. Mostra que as proposições de reforma, muitas vezes se apresentando como formulações de novas técnicas agrícolas, de fato pretendem um alcance mais amplo, configurando-se como projeto político para o conjunto da sociedade. Mais ainda, acabam por justificar a *missão* de intervenção política dos intelectuais, assim como a situação de atraso e a busca de solução "para superá-lo" que defina seu papel diante de uma "populaça" ignorante e até ameaçadora.

> A associação entre agricultura extensiva [...] e barbárie [...] fundamentará, em diferentes momentos da história de nossa formação social, uma *missão civilizadora*, sem esquecer um anterior empenho de evangelização que as classes dominantes atribuirão para si mesmas. Aos políticos, altos funcionários, fazendeiros ilustrados e publicistas, num nível, e educadores, extensionistas e assistentes sociais, em outro, caberia projetar e operacionalizar a civilização dos costumes através da modernização das práticas de cultivo (Lourenço, 2001, p. 13).

O projeto reformista, resultado de um movimento intelectual e de uma concepção de mundo presente na geração da independência, é devedor daquele dos ideólogos do império luso-brasileiro.

> Antiescravismo, valorização do trabalho, adubação, uso do arado, produção camponesa, ensino agrícola: todos tópicos que se inauguram em tempos coloniais e persistirão nas sucessivas proposições dos projetos de reforma da agricultura brasileira (Lourenço, 2001, p. 15).

Como na ilustração portuguesa, conforme aponta Novais, a ilustração brasileira, segundo Lourenço, caracteriza-se por uma ambivalência. Assim, em nome do progresso, esses intelectuais, que são ao mesmo tempo dirigentes políticos, "empenharam-se para fazer da jovem nação um Império liberal, ainda que escravista, ora justificando, ora criticando o direito de propriedade sobre os homens". Mesmo em se tratando de trabalhadores livres, "complementares ou substitutos dos negros escravizados, os reformistas, não sem diferenças, comungavam do mesmo 'clima de opinião' que legitimava a sujeição e a privação dos direitos dos antigos e novos trabalhadores" (Lourenço, 2001, p. 197-198). Na comprovação de suas teses, Lourenço examina a correspondência de alguns desses "agricultores ilustrados" em vários periódicos, muitas vezes publicações oficiais de associações de proprietários, como O Auxiliador da Indústria Nacional, Jornal do Agricultor, Revista Agrícola e o Boletim de Agricultura. Neles, analisa as soluções propostas para a superação do atraso nacional, a forma pela qual concebem as tensões sociais, o papel social e político que atribuem aos diferentes setores da população, a concepção das raças e seu lugar na sociedade, a adequação de visões, a princípio conflitantes, entre a aspiração a uma sociedade moderna – fundada em direitos – e uma realidade que os nega – escravismo. Em resumo, a partir do exame das propostas de reforma da agricultura, o autor faz balanço de interpretações sobre o Brasil que nada têm de inocentes porque fundam e justificam uma intervenção política excludente.

A crise da modernidade

Para finalizar, volto à questão considerada fundamental por Maria Arminda, ou seja, entender por que as expressões da modernidade emergente não cumpriram todas as virtualidades contidas em suas promessas. A autora aponta o golpe de 1964 e o endurecimento político de 1968 como momentos que manifestam, de forma flagrante, os "limites da nossa modernidade dilacerada".

Eis aqui um ponto que, a meu ver, ilumina o conjunto de trabalhos a que venho me referindo. Em primeiro lugar, quais são essas promessas? São aquelas referidas diretamente à *emancipação humana* e é nesse sentido que o discurso da modernidade se construiu em oposição ao passado. As pesquisas referidas não apontam apenas o não cumprimento dessas promessas, o que não seria original se considerada a reflexão sociológica contemporânea, mas voltam-se à indagação tanto sobre os limites como sobre os efeitos dessa realização na sociedade brasileira. Em outros termos, para essa tradição de pensamento, não são suficientes a afirmação da não realização das promessas e a indicação das formas que assume esse não cumprimento. É necessário indagar o porquê dessa situação e apontar os limites que a sociedade brasileira estabelece a esse projeto. Em suma, quais são os efeitos dessa irrealização, ou seja, qual é a sociedade resultante do processo?

É importante assinalar, embora sem desdobrar o tema, que o grupo uspiano originário deixou de lado em sua reflexão alguns elementos importantes que permitiriam examinar aspectos elucidativos desses limites. Trata-se, por exemplo, da discussão sobre os caminhos da institucionalização das ideias, da constituição dos grupos de intelectuais, escritores e artistas ou da formulação do léxico que funda as instituições sociais e políticas. Algumas pesquisas recentes incorporam essa temática por meio do estudo de autores, da análise de grupos de intelectuais ou de movimentos culturais, trazendo ao debate elementos originais que permitem conhecer o diálogo entre autores, a formação individual ou dos grupos, o processo de sua legitimação[165], o que direta ou indiretamente suscita críticas ao alcance da análise daquele grupo de pesquisadores. Não enfrentarei aqui a polêmica, embora a considere de grande

165. Cf., por exemplo, Miceli (2001), Peixoto (2000), Pontes (1998) e Garcia (2002).

importância, pois coloca em questão a tese mannheimiana que ancora a definição do papel do intelectual na sociedade, que está por trás da formulação de sociologia proposta por Florestan Fernandes.

Ressalto, finalmente, que este trabalho levanta hipóteses que sequer tentou comprovar. Mesmo com esses limites, talvez possa inscrever-se num quadro geral de reflexões que têm acionado o pensamento social brasileiro nos últimos anos. Ilustração expressiva da preocupação, o número da revista Lua Nova, comemorativo dos 25 anos do Cedec, traz o tema "pensar o Brasil". O artigo de Gildo Marçal Brandão responde à pergunta apresentada pelo debate – Por que pensar o Brasil? –, mostrando que estamos condenados a fazê-lo, pressionados por nossa história: "Não temos uma história feliz e os países que não as têm costumam delegar muito a seus intelectuais" (Brandão, 2001, p. 30). Essa resposta ajuda a compreender o protagonismo dos intelectuais brasileiros e a ambivalência que atravessa seu pensamento e sua ação. Fazer o balanço do alcance e dos limites de suas ideias e de sua prática é tarefa que só se pode lograr a partir de um conjunto de pesquisas. É certo que na área de ciências sociais, nos últimos anos, a partir de várias tradições de pensamento, tem-se feito esse esforço.

11
Atualidade do pensamento social brasileiro

Várias questões atualmente suscitadas no âmbito das ciências humanas para o entendimento da sociedade foram, de vários modos, objeto da reflexão dos autores brasileiros ao longo dos anos. A problemática da emancipação, do direito à diferença, dos limites à liberdade, da definição da dignidade como projeto social, do reconhecimento, da exclusão/excludência, tudo isso foi objeto recorrente dos estudos sobre a formação nacional. Pretendo apontar, neste texto, como algumas reflexões dos anos de 1950 e de 1960 – brasileiras e latino-americanas – antecipam tais questões, mesmo sem terem desdobramento teórico sistemático. Por exemplo, as temáticas da marginalidade e da exclusão, que se desdobram nas análises sobre o mundo rural e urbano no Brasil, fundam outras indagações no mundo contemporâneo. Isto é, como, as transformações mundiais recentes reabrem esse debate sob outra ótica, conduzindo a novas formulações teóricas. Como pano de fundo dessa proposição, levanta-se a hipótese de que a partir da "periferia" do sistema social, onde os conflitos sociais se apresentam concretamente em sua pluralidade, o analista encontra-se numa perspectiva que lhe permite visualizar melhor os problemas, o que nem sempre resulta na sistematização deles. Ainda, sugere-se que a preocupação com o processo social de excludência levou a denominada Escola Paulista de Sociologia a valorizar a análise do processo de socialização como eixo fundamental da formação da identidade, principalmente nas pesquisas sobre a questão racial no Brasil. Como a socialização é retomada pelas modernas análises sobre a sociedade, apresenta-se a hipótese da atualização de vários pontos daquele projeto de pesquisa coletivo, que envolveu Florestan Fernandes e seus assistentes.

Respondendo à pergunta formulada por Lilia Moritz Schwarcz e André Botelho sobre como via o futuro da área do pensamento social brasileiro, apontei a contemporaneidade da temática que constantemente animou Florestan Fernandes (Schwarcz; Botelho, 2011). Lembrei que questões hoje propostas na análise da sociedade já aparecem na reflexão de autores brasileiros em décadas passadas na interpretação da formação nacional. A condição não democrática do país – colônia, escravidão, sucessão de ditaduras, extrema desigualdade na distribuição de bens – constituiu o cenário em que a solução dos impasses político-sociais se impunha à reflexão e exigia um olhar mais atento à realidade. É certo que o interesse e as possibilidades da discussão nos vários períodos foram desiguais. Nos últimos anos, o retorno dos estudos sobre o pensamento social brasileiro e sua história permitiu que fossem retomados os debates, avaliados seu alcance e seus limites, além de constatados seus efeitos.

Ora, as transformações mundiais apontam hoje aquelas questões sob outra ótica e conduzem à produção de diferentes categorias teóricas que buscam apreender os fenômenos, mas não podem desconhecer os caminhos trilhados pelas interpretações anteriores. É a partir dessa situação que a reflexão brasileira se insere, necessariamente, no debate internacional.

Necessidade de novos diagnósticos

Quando Yedda Linhares e Francisco Carlos Teixeira da Silva avaliam o debate sobre a agricultura no Brasil do fim dos anos de 1950 e início dos anos de 1960, apontam a fragilidade dos projetos em discussão, debilidade atribuída ao fato de eles não estarem ancorados em bons diagnósticos sobre a realidade brasileira. Argumentam que a discussão sobre a mudança social, apesar do nível de politização que atingiu, foi limitada pelo desconhecimento da realidade efetiva e pelo caráter dogmático que marcava o debate (Linhares; Silva, 1981).

É esse um dos temas da discussão que envolveu Florestan Fernandes e Guerreiro Ramos, no mesmo período, a propósito da situação, das condições de produção e da definição das tarefas da sociologia no Brasil. O sociólogo paulista insistia no fato de que só a aplicação de metodologia que possibilitasse o conhecimento da realidade e a reflexão sobre os mecanismos perpetuadores das relações sociais desiguais no Brasil permitiria uma solução política que associasse democracia política e desenvolvimento econômico. Essa perspectiva analítica era vista pelo cientista social baiano, atuando no Rio de Janeiro, como a possibilidade de um transplante teórico-metodológico que prejudicaria a real visão sobre o país e, consequentemente, a elaboração de um projeto nacional autônomo. O debate evidencia, em relação ao problema, dois argumentos não excludentes e não redutíveis, pois perspectivas importantes para a compreensão do país e do trabalho intelectual aqui realizado são apresentadas pelos dois autores[166].

É certo que dificuldades de várias ordens impediam, naquele momento, que se fizessem estudos acurados sobre as mudanças em curso e os obstáculos à tomada de decisões que alterassem os perfis econômico, social, cultural e político do país. Florestan já apontara os limites do desenvolvimento da sociologia porque constrangida a pesquisas limitadas pela falta de financiamento de órgãos estatais (Fernandes, 1976a).

No mesmo momento, Pinto desenhara, por meio de pesquisa financiada pela Coordenação de Aperfeiçoamento de Pessoal de Nível Superior (Capes), a evolução dos estudos e cursos de ciências

166. Essa polêmica deu-se no II Congresso Latino-Americano de Sociologia, realizado no Rio de Janeiro e em São Paulo (em 1953).

sociais no Brasil, apontando as dificuldades de sua consolidação e de seu desenvolvimento. Embora mostre a existência de um novo impulso surgido pela preocupação de formação de especialistas para atuar no desenvolvimento da sociedade brasileira, indica restrições presentes no processo (Pinto, 1956).

A reflexão sobre o desenvolvimento da sociologia no Brasil e da temática que a constitui obrigaria a se fixar o contexto histórico e linguístico em que se efetua essa evolução. Sergio Miceli lembra que, no Brasil, "a história das Ciências Sociais constitui um aspecto do quadro de transformações por que passa o processo de diferenciação do sistema político em suas vertentes pública e privada" (Miceli, 1989, p. 73). Assim, para refletir sobre o período estudado, seria necessário reconstruirmos o quadro econômico e político que comporta as mudanças propostas. Porém, num artigo limitado é difícil realizar essa tarefa, portanto partimos da suposição de que as linhas gerais desse pano de fundo são conhecidas. Se tomarmos como ponto de referência o pensamento sociopolítico daquele momento, constatamos que a criação de inúmeras instituições e a ampliação das universidades e dos institutos de pesquisa alteraram o cenário dos anos de 1950 e de 1960. Lembrando o contexto léxico em que se funda, no Brasil, o debate do período, percebemos que conceitos como "desenvolvimento", "subdesenvolvimento", "mudança social" e "marginalidade" marcaram de modo amplo ou mais restrito as análises e estão ligados à condução política na qual se desenham os projetos nacionais. Mais ainda, tais conceitos aparecem de forma articulada, embora com sentidos diferenciados nos diversos autores e nas diferentes fases da história brasileira.

Subdesenvolvimento/marginalidade

O conceito "marginalidade" comportou vários conteúdos e respondeu a inúmeros problemas conjunturais ao longo da história da sociologia. Naturalmente, o tema, na maior parte das vezes, esteve associado à alternativa emprego/desemprego, sugerindo-se, em vários textos, que a solução para a questão residia na ampliação *do* e na integração *no* mercado de trabalho.

A questão da marginalidade e a "necessidade" de fixação de um modelo socioeconômico que servisse de gabarito para afirmar que um indivíduo, um grupo, uma região ou um país fosse considerado próximo ou longínquo a esse modelo marcaram profundamente a produção intelectual dos anos de 1950 e de 1960. Pela importância das questões que essa abordagem comporta, a definição da categoria "marginalidade" e do processo de marginalização envolve inúmeros confrontos entre os intelectuais. Exemplo das dificuldades que constituem a problemática encontra-se nos debates sobre o trabalho de Wright Mills (1959), apresentado no Rio de Janeiro, no Seminário Internacional Resistências à Mudança – Fatores que Impedem ou Dificultam o Desenvolvimento[167], organizado pelo Centro Latino-Americano de Pesquisas em Ciências Sociais (Clapcs). Os objetivos desse encontro têm claramente um norte: trata-se de buscar conjuntamente – pesquisadores latino-americanos estudiosos do tema – a elaboração de uma *sociologia do desenvolvimento* que ampliasse o âmbito da discussão até então vigente, atrelada às propostas da Cepal. Estas, segundo os organizadores do seminário, propunham um projeto desenvolvimentista fundado em interesses gerais dos países e do continente americano. Assim, não enfocavam as questões que diferenciam regiões, países e grupos sociais. A comunicação de Wright Mills parte dessa crítica, provocando ampla aceitação ao apontar as limitações do emprego da expressão "o desenvolvimento", afirmando que ela está ancorada em modelo explicativo evolucionista característico do século XIX, o qual propõe dois polos excludentes. Em outros termos, voltando a discussões

---

167. O seminário realizado em outubro de 1959, promovido pelo Clapcs, reuniu sessenta cientistas sociais de várias especialidades, vindos de mais de vinte países – Américas do Sul, Central e do Norte e Europa. Foram apresentados e discutidos 43 trabalhos sobre a temática do desenvolvimento.

correntes em sociologia, o pressuposto da noção de progresso, que aparece como pano de fundo da maior parte dos conceitos de desenvolvimento ou mudança, levaria a uma polarização paralisante[168]. Assim, procura analisar as formas presentes no que considera os dois modelos paradigmáticos de industrialização – União Soviética, o comunista, e Estados Unidos da América, o capitalista – e o papel do Estado e da sociedade na formulação e consolidação deles. Afirma não acreditar que esses modelos levaram à construção de uma verdadeira sociedade democrática.

Wright Mills exclui a possibilidade de os países subdesenvolvidos (uso a expressão empregada pelo autor no texto) seguirem qualquer um desses modelos, pois não acredita que seja "verdadeira a afirmação de que a totalidade da população dos países subdesenvolvidos **deva** tornar-se industrializada" (Mills, 1959, p. 284). Desse modo, para o autor, as sociedades subdesenvolvidas, ao colocarem em outro patamar o problema, podem encontrar formas de organização e instrumentos de participação "que tornem possível uma variedade de modos de ser, de estilos de vida, talvez nunca vistos na história humana" (Mills, 1959, p. 286). Esse processo levaria ao surgimento de outro tipo humano que encontraria seu fundamento não nos modelos existentes, mas nas singularidades presentes na própria sociedade.

Aqui surge, para Mills, um problema político fundamental: Como alcançar os objetivos propostos? A partir de agendas políticas formuladas por grupos dirigentes? Ou seguindo formas geradas por um sistema democrático com participação direta da população? É exatamente a resposta que encaminha a essas alternativas que constitui o eixo do debate. Retomando a afirmação de Jacques Lambert sobre a existência, na América Latina, de sociedades dualistas, apresentada no mesmo seminário (Lambert, 1960)[169],

168. Cf. também Bock (1980).

169. A tese será conhecida como a afirmação da existência de *dois Brasis*, pois já publicara os livros *Brésil* e *Os dois Brasis*.

Mills busca mostrar as dificuldades de se encontrar uma solução democrática para o encaminhamento da questão. Afirmando a permanência de fortes setores tradicionais nessas sociedades, com interesses opostos ao da modernização, gera-se um colonialismo interno que impede soluções políticas de caráter nacional. As sociedades subdesenvolvidas "são, muitas vezes, estados, mas não realmente nações" (Mills, 1959, p. 285). Desse modo, sugere que a reflexão sobre mudança social deva ancorar-se na pergunta: Existem condições de homogeneidade econômica, social, política e cultural que permitam, nos países da América Latina, que se encaminhe uma solução democrática para a elaboração de um projeto de desenvolvimento? Segundo o autor, a pergunta evidencia ao cientista social um dilema moral diante do qual se encontra naquele momento: definir qual "a distinção entre 'em que o homem está interessado' e 'quais são os interesses do homem'" (Mills, 1959, p. 286). Aqui está apresentada, além da questão sobre o perfil do Estado e o tema do planejamento, a definição do papel do intelectual na sociedade ou, mais exatamente, nas *sociedades periféricas*, temática central principalmente nos anos de 1960 e de 1970, problema que não abordarei neste texto.

Os debates sobre as observações de Wright Mills envolveram principalmente os sociólogos Octavio Ianni, Enrique Arboleya, Pablo González Casanova e Florestan Fernandes (obedeço à ordem da colocação das perguntas). Embora de acordo em relação à necessidade de ampliação da discussão sobre o desenvolvimento, incluindo a sociologia como campo importante, a discordância diz respeito, principalmente, ao diagnóstico feito pelo sociólogo norte-americano.

Ianni, da Universidade de São Paulo, aponta afirmações de Mills que lhe parecem contraditórias, como

> a asserção que a criação do terceiro tipo de homem, diferente do americano e do soviético, teria condições para se afirmar na América Latina e, de outro lado, a afirmação de que nos países subdesenvolvidos a democracia e o de-

> senvolvimento econômico são incompatíveis (RESISTÊNCIAS, 1960, p. 297).

Enrique Arboleya, da Universidade de Madrid, relembra que o debate sobre o desenvolvimento na sociedade daquele momento comportou posições críticas e que, no capitalismo, existem muitos elementos planificados e racionalizados, e não apenas no modelo comunista. Casanova, do México, criticou a afirmação

> de que a democracia não é o melhor caminho para o desenvolvimento, [...] [pois] quando um país tem que se defender da penetração de países mais desenvolvidos ou quando tem que melhorar suas relações de intercâmbio com países avançados é indispensável o fortalecimento do governo democrático (RESISTÊNCIAS, 1960, p. 297).

Fernandes, da Universidade de São Paulo, discorda da análise feita por Mills tanto sobre a União Soviética quanto sobre os Estados Unidos, argumentando sobre a não homogeneidade interna dos sistemas, lembrando a presença tanto da diversidade quanto da desigualdade em ambos, o que se apresenta como forte traço característico dos países subdesenvolvidos (Fernandes, 1960a, p. 297-298).

Para ilustrar o sentido das discussões, no caso de Florestan Fernandes, a razão de sua oposição teórica (não apenas sobre o diagnóstico a respeito da União Soviética e dos Estados Unidos) encontra-se no texto apresentado ao mesmo seminário (Fernandes, 1960a). Entendendo o desenvolvimento como um conjunto de formas interativas em uma sociedade, percebe o conceito como inclusivo compreendendo mudanças decorrentes de diferenciação estrutural e da reintegração funcional de sistemas sociais concretos: "Por isso, ele abrange os aspectos dinâmicos das alterações da estrutura, da organização e dos mecanismos de controle de dado sistema social em certo lapso de tempo" (1960b, p. 220). Nesse sentido, nega a possibilidade de se pensar um projeto de mudança a partir de uma concepção de ordem social preestabelecida, aplicável a todas as sociedades. Lembrando as dimensões temporal e espacial de qualquer intervenção na realidade, restabelece o conteúdo histórico do conceito. A partir dessa ótica, torna-se inoperante o conceito de marginalidade, uma vez que Florestan recusa a existência de um modelo prévio de organização da sociedade.

Na exposição dessa tese, que ganhará força em sua obra posterior – principalmente na exposição do que conceberá como desenvolvimento desigual e combinado –, lembra a importância das diferentes esferas da sociedade, econômica, social, política e cultural. Acentua, ainda, a interdependência dessas esferas, isto é, a inserção econômica, o pertencimento social, a participação política e a assimilação da cultura fazem parte de um único processo social no qual um elemento atua como reprodutor do outro. Chamo atenção, sem desenvolver aqui o tema, para a importância do elemento cultural – o autor usará o conceito de "demora cultural" –, que em Florestan não tem o sentido de atraso, como aparece em várias propostas dos organismos internacionais voltados à intervenção na direção do desenvolvimento econômico. O tema do respeito às formas culturais na definição dos projetos de desenvolvimento quase não é abordado pelos autores naquele momento, pois a diversidade, se não considerada como um mal, é vista, pelo menos, como um exotismo. Hoje, sabemos, o respeito à diversidade cultural tornou-se elemento fundamental para a reflexão sobre a questão nacional, a questão social e o desenvolvimento[170].

Além de apontar a restrição da própria formulação de desenvolvimento presente em diversas apresentações, Florestan lembra o limite metodológico presente na caracterização de tipos sociais que é aplicada pelos analistas na descrição de regiões consideradas *atrasadas* e/ou *modernas*. Em outros termos, critica a tese sobre *caráter nacional*, lugar-comum nas décadas anteriores, a qual ainda persiste em várias das análises sobre o desenvolvimento. A mais importante advertência feita pelo autor nesse artigo é a que se refere à dimensão ética envolvida na discussão.

170. Vários autores indianos têm se dedicado à questão. Cf., por exemplo, Chatterjee (1993).

> Por motivos diferentes, os alvos do desenvolvimento social, valorizados tanto nos "países adiantados" [...] quanto nos "países subdesenvolvidos" [...] incentivam mudanças sociais indiretamente subordinadas aos interesses e valores sociais das camadas dominantes na estrutura de poder. Medidas formuladas em nome dos "interesses da Nação" raramente correspondem, de fato, às necessidades vitais da comunidade como um todo. No entanto, tais medidas contam, em média, com as pressões abertas ou dissimuladas da propaganda organizada (Fernandes, 1960b, p. 224).

É importante assinalar como esse elemento ético é central no debate contemporâneo, principalmente quando os problemas da identidade e possibilidade de reivindicação de direitos são abordados pelas teorias do reconhecimento. É evidente que não estou sugerindo que o avanço da análise a que se chegou foi desenvolvido por Florestan Fernandes. Somente quero apontar dois pontos. Primeiro: a teoria crítica sempre teve a "orientação para a emancipação que [...] exige também que a teoria seja expressão de um *comportamento crítico* relativamente ao conhecimento produzido e à própria realidade social que esse conhecimento pretende apreender" (Nobre, 2003, p. 9). Segundo: o reconhecimento do projeto emancipatório como eixo da modernidade, portanto como referência central em qualquer projeto de mudança social, é parte constitutiva da obra do sociólogo paulista desde seus primeiros trabalhos. Em 1945, por exemplo, lembra aos intelectuais a necessidade de democratização da cultura como um momento constitutivo da democracia política e da democracia econômica (Fernandes, 1954). Portanto, a orientação para a emancipação sempre fez parte da reflexão de Florestan Fernandes sobre mudança social (Arruda, 2001).

Embora ilustre com apenas uma polêmica, quero apontar como o seminário internacional do Clapcs, realizado em 1959, coloca em debate não apenas projetos de desenvolvimento em confronto, mas, principalmente, visões sobre o papel dos intelectuais e da sociologia. Mais ainda, mostra os primeiros passos para uma reflexão sobre categorias analíticas, colocação possível pela situação vivida pelos países da América Latina, processo abortado pelos acontecimentos políticos que resultaram em restrição à continuidade do pensamento e formulação de ideias centrais para a compreensão da "condição periférica".

É interessante lembrar o comentário feito por Pinto na apresentação dos anais do seminário sobre o teor não só teórico, mas também político das discussões.

> O fecundo resultado que daí adveio foi o alto nível científico das discussões, a seriedade e a multiplicidade de ângulos pelos quais a problemática do desenvolvimento foi estudada e, sobretudo, a enorme distância que logo se estabeleceu entre a sociologia do desenvolvimento nacional, que aí de fato foi debatida por inteligente e eficiente grupo de cientistas sociais - e a abordagem ideológica do problema que, em muitos países da região, certos grupos de pressão ruidosamente procuram apresentar como análise séria e científica dos problemas do desenvolvimento (Pinto, 1960, p. 7).

Marginalidade: diferentes compreensões

Como já foi dito anteriormente, o conceito de marginalidade comporta várias dimensões e compreende vários aspectos muitas vezes em oposição. Essa oposição está presente em quase todas as definições por incorporar uma visão dualista, em que arcaico e moderno, velho e novo apresentam-se como dicotomias. Em geral, argumenta-se que o elemento tradicional deva ser superado. Levantei a hipótese de que, nos debates do período compreendido entre 1950 e 1970, o elemento cultural nessas definições, fundamental para a compreensão da diversidade, é valorizado negativamente por grande parte dos autores. Diante das questões sociais hoje presentes, a esfera cultural tornou-se central na análise sociológica, valorizando-se uma categoria importante na área – socialização –, a qual, durante largo período, foi quase esquecida pela sociologia.

Assim, cabe aqui retomar, brevemente, os diferentes conteúdos dessas definições.

Várias conotações sobre marginalidade aparecem nos textos do período estudado: marginalidade estrutural, marginalidade como resíduo do desenvolvimento econômico, marginalidade e demora cultural etc. Manoel T. Berlinck (1975), analisando a questão urbana, apresenta uma tipologia das principais definições presentes naquele momento. O cenário desenvolvimentista, desde os anos de 1950, fez com que o progresso gerador de empregos rapidamente fosse considerado como modelo de inserção da população latino-americana. E os setores que não se integrassem nesse gabarito precisavam ser explicados pelas ciências sociais. Tratava-se de um quadro eufórico em que "não havia lugar para a existência de favelas e cortiços que, no entanto, teimavam em existir no cenário das mesmas cidades – como São Paulo e Rio – onde 'o progresso' ocorria. Como 'explicar' essa situação 'paradoxal'?" O conceito de marginalidade com uma definição espacial foi a resposta encontrada e "adotada por técnicos de planejamento urbano e desfavelamento e foi vista como um mal transitório, produto de um desajuste circunstancial no processo de desenvolvimento urbano" (Berlinck, 1975, p. 14).

O autor aponta as várias críticas e pesquisas que questionaram essa interpretação, indicando a não homogeneidade da população residente em favelas, suas diferentes inserções na sociedade inclusiva, a pluralidade de comportamentos políticos etc. Aponta, ainda, a noção de marginalidade fundada na ideia de passividade. Tal concepção atribui uma ambivalência ao indivíduo que se encontra "entre duas culturas", enfrentando, nesse caso, problemas de integração. Essa posição, bastante difundida nos países latino-americanos, deve-se principalmente, e Berlinck lembra essa influência, às análises difundidas pela Desal. Trata-se de uma tese que parte da afirmação da existência de uma dualidade estrutural, expressa na dicotomia arcaico/moderno, velho/novo, como já foi apontado anteriormente.

Lendo um dos mais difundidos textos da Desal, *América Latina y desarrollo social*, encontramos várias passagens que afirmam essa posição.

> A primeira forma de marginalidade – a mais corrente e visível – refere-se ao sentido passivo da participação. Podemos dizer de um homem ou de um grupo de homens constitutivos de uma base societária da qual estão marginalizados, quando não recebem, não participam da finalidade, das normas, dos valores, dos meios nem da divisão de trabalho nessa base social [...]. É indubitável que o mais importante e criador dos sentidos do termo participação é o dinâmico, da colaboração e da ação espontânea. Somente quando constatamos que existem homens que em suas consciências e vontades não contribuem à definição da finalidade [estabelecida pela sociedade]; não cumprem com as normas por ela estabelecidas; que não aderem às ideias e valores próprios da unidade, homens que não têm acesso aos meios que visam o alcance dos objetivos e aqueles aos quais não se atribui nenhum papel, tarefa ou função específica, somente então podemos falar de marginalidade (Desal, 1966, p. 75-77).

A longa citação justifica-se porque mostra os dois elementos que quero apontar como limites analíticos presentes nessa tese: de um lado, a afirmação da existência de um dualismo estrutural; de outro, a indicação de que a situação de marginalidade é uma "escolha" do homem ou do grupo.

Na mesma linha da marginalidade fundada na passividade, Berlinck analisa as teses apoiadas na afirmação de Oscar Lewis sobre as características da "cultura da pobreza". Embora a definição de cultura da pobreza compreenda a noção de adaptabilidade, o que ultrapassa os limites estabelecidos pela formulação da Desal, Lewis a apresenta por meio de uma dicotomia: de um lado, trata-se de um modo de adaptar-se à sociedade envolvente; de outro, é uma forma de os pobres reagirem à sociedade capitalista, individualizada e organizada em classes sociais. Sendo reativa, supõe a presença da consciência da situação diferenciada. A valorização dos elementos culturais marcadores dessa diferença, a manutenção deles e sua transmissão mediante o processo de socialização tornam-se, segundo o autor, obstáculos psicológicos para que as crianças estejam preparadas para se beneficiarem das condições de mudança e aproveitarem das oportunidades que estas poderiam acarretar. Uma das principais críticas que foram dirigidas a essas teses aponta a fragilidade da ideia de autonomia da cultura, proposição que está quase sempre presente nas discussões sobre marginalidade.

A cultura da pobreza produz, segundo Lewis, a incapacidade de organização em relação à luta para superar a condição em que se encontram os pobres. Em outros termos, a privação e a exclusão conduzem à configuração de traços que reforçam a marginalidade e a dependência, gerando passividade comportamental[171].

Nas discussões dos anos de 1960, a marginalidade é vista também como resíduo no desenvolvimento econômico, pois esse processo ocorreria paulatinamente de modo a se tornar incapaz de beneficiar toda a população de uma sociedade ao mesmo tempo. "Assim, o processo de desenvolvimento coexiste com uma 'população marginal ao desenvolvimento' que, eventualmente, poderá ser beneficiada pelo processo, se ele subsistir" (Berlinck, 1975, p. 20). Dessa ótica, a "camada marginal" acaba por ser vista não só pelos analistas, mas também apreendida pelos especialistas em políticas públicas como um setor para o qual resta apenas a "espera" do encaminhamento promissor de um projeto desenvolvimentista nacional. Cito:

> Os marginais são [...] aqueles que "não pertencem"... estão localizados na parte inferior da escala social, ou melhor fora dela. Pode-se dizer que não estão social e economicamente integrados a uma sociedade, a um sistema de classes, já que não pertencem a um sistema econômico [...] não são ninguém, não fazem mais do que estar, povoar

171. Inúmeras críticas já foram feitas à formulação do antropólogo Oscar Lewis, o que me libera da necessidade de retomá-las aqui. Cf., por exemplo, Stavenhagen (1974) e Casanova (1969).

> um pedaço de terra, que é terra de ninguém (Vekemans; Fuenzalida, 1969, p. 44)[172].

A marginalidade é também apresentada como oponente de integração social. Aníbal Quijano (1966), representante dessa corrente, desenvolve uma visão mais sistemática do que as anteriores, descrevendo aspectos caracteristicamente diferenciados, referidos concretamente a cada sociedade, e não definidos abstratamente. Desse modo, "a marginalidade é um problema inerente à estrutura de qualquer sociedade e varia em cada momento histórico". Diferenciando integração *da* sociedade de integração *na* sociedade, Quijano confere à noção "um valor heurístico, na medida em que indica as limitações dos elementos institucionais básicos de cada estrutura" (Berlinck, 1975, p. 21). Sem entrar nos pormenores da argumentação de Quijano, pode-se criticá-la por reproduzir, a partir de outra ótica, o pressuposto do dualismo estrutural.

Em texto que analisa parte da obra de Pinto, Gláucia Villas Bôas (2005) aponta para o mito da ambiguidade que se encontra atrás da maior parte dos debates sobre a instauração da ordem moderna, igualitária e competitiva no Brasil, eixo das discussões sobre a marginalidade. Em outras palavras, mostra que as perspectivas que veem o atraso como patológico reproduzem "uma visão normativa da sociedade e, consequentemente, rejeitam o postulado de que a sociedade se faz através de conflito de diferentes ordens e valores predominando uns sobre outros" (Villas Bôas, 2005, p. 81). Nessa citação está clara a crítica à convergência de grande parte das análises à tese da existência de *interesses gerais*, que são definidos como *interesses nacionais*, como se a sociedade brasileira fosse homogênea e se formasse em um espaço social em que as condições sociais, econômicas, políticas e culturais para a competição se apresentassem de forma igual para toda a população. Mais, como

172. Cf. também a crítica de Stavenhagen (1974) feita a essa proposição.

se as diferenças que definem a marginalidade fossem de grau, e não assentadas na existência de interesses conflitantes.

> Não foi apenas a relevância do conflito que ocupou o sociólogo no seu empenho em legitimar uma perspectiva de interpretação sociológica das mudanças. Acreditando que somente o estudo da dimensão sociológica do agir humano poderia contribuir para as transformações e contrário a toda e qualquer "ideologia" que pudesse obscurecer aquela contribuição, Costa Pinto posicionou-se contra o nacionalismo, que se incorporara em definitivo ao vocabulário político da época, qualificando, sobretudo, o desenvolvimento de "nacional". Pode-se bem imaginar as querelas e dificuldades que teve, sobretudo no Rio de Janeiro, frente à vigorosa produção e o debate de ideias produzido pelo ISEB (Villas Bôas, 2005, p. 84).

Não vou desenvolver aqui as considerações feitas sobre o alcance e os limites do conceito de "marginalidade estrutural" porque já estão bem formulados no artigo citado e concordo totalmente com elas. Passo, pois, a retomar o tema da marginalidade a partir do ângulo da *mudança social*, enfoque central no período estudado.

Mudança social

Para ilustrar o debate, embora este abranja posições diferenciadas entre os diversos autores[173], recorro aos argumentos apresentados por Florestan Fernandes[174]. Esse autor mostra que vários aspectos importantes para a reflexão sociológica referente à questão da desigualdade estão presentes, se não explícita, pelo menos implicitamente, em textos dos anos de 1940, antes de se tornarem centrais nos anos de 1950.

> Por que o sociólogo, numa sociedade como a nossa, volta-se com tanta insistência para os problemas de mudança? Quais são as características da mudança numa sociedade

173. Cf. Villas Bôas (2006).

174. Cf., especialmente, Fernandes (1974b), obra em que estão reunidos artigos escritos entre 1946 e 1959.

> como a brasileira? Por que o controle da mudança é tão importante para o poder político das classes dominantes? [...] [essas perguntas] precisam ser consideradas em conjunto e tomadas não como "foco de referência", mas como o ponto de partida de qualquer discussão sociológica crítica e realmente explicativa (Fernandes, 1974b, p. 22).

Retomando a afirmação dos limites à homogeneidade social resultado da herança colonial, já exposta em trabalhos anteriores e que será aprofundada posteriormente, desenvolve a tese da incompletude da revolução burguesa no Brasil, que coloca o analista diante de uma realidade diferenciada em relação aos países centrais.

> Isso implica em romper com o resíduo naturalista implícito na ideia de que o regime de classes surge da mesma maneira, funciona do mesmo modo e produz os mesmos resultados onde quer que ele apareça. [...] [assim] os cientistas sociais têm de operar, tanto descritiva quanto interpretativamente, com uma heterogeneização máxima dos fatores propriamente estruturais e dinâmicos da diferenciação social (Fernandes, 1974b, p. 34).

Mostra, ainda, como a combinação das duas heranças – colonial e escravista – opera na direção da constituição de uma distância social que não é apenas quantitativa – de poder econômico, político e social –, mas que está enraizada profundamente na cultura.

> Aquele padrão [colonial e escravista] compatibiliza a coexistência da tolerância e até da cordialidade com um profundo desdém elitista por quem não possua a mesma condição social. O que faz com que aquilo que parece "democrático" na superfície, seja de fato "autoritário" e "autocrático", em sua essência. Esse patamar psicossocial das relações humanas é a nossa herança mais duradoura (e, ao mesmo tempo, mais negativa) do passado colonial e do mundo escravista (Fernandes, 1974a, p. 33).

O autor aponta o fato de a mudança social estar constrangida pela condição "fechada" da ordem social competitiva a qual se esvazia como fator histórico-social, "tornando-se rígida ou inerte principalmente para os interesses de classes que não coincidem com os dos "donos do poder'". Assim, ela não se transforma em "fonte das correções de tendências antidemocráticas e antinacionais", pois "funciona como uma fonte de perpetuação indefinida de fortalecimento de tais tendências" (Fernandes, 1974a, p. 147-148).

Não quero alongar-me na exposição dos argumentos do autor, porém o que me interessa é evidenciar sua proposta analítica em relação à questão da marginalidade e da exclusão. A preocupação se desloca para o processo e não se fixa apenas na situação de exclusão. O autor se preocupa com o *processo de excludência*. Na mesma tradição de análise, José de Souza Martins chama atenção para o problema, atualizando-o. Ele mostra que existe uma fetichização do termo "exclusão" e diz:

> [...] existem vítimas de processos sociais, políticos e econômicos excludentes; existe o conflito pelo qual a vítima dos processos excludentes proclama seu inconformismo, seu mal-estar, sua revolta, sua esperança, sua força reivindicativa e sua reivindicação corrosiva. Essas reações, porque não se trata estritamente de exclusão, não se dão fora dos sistemas econômicos e dos sistemas de poder. Elas constituem o imponderável de tais sistemas, fazem parte deles, ainda que os negando. As reações não ocorrem de fora para dentro; elas ocorrem no interior da realidade problemática, "dentro" da realidade que produziu os problemas que as causam (Martins, 1997a, p. 14).

Assim, o caminho de compreensão do processo de excludência, já presente em algumas críticas às definições de marginalidade expressas nos anos de 1950 e de 1960, aponta para o reconhecimento da diversidade como elemento básico dos fundamentos de uma sociedade democrática, como muitas das novas propostas teóricas na área de ciências sociais procuram demonstrar. Ou, ainda, que os chamados "marginais" são componentes da sociedade considerada como um todo, assumindo a função, independentemente de sua vontade, de reprodução das tendências antidemocráticas que lhe são constitutivas. Além disso, na aparência, a ordem social competitiva está "aberta" para toda a população, escondendo a desigualdade de condições de competição. Se, naquele momento, o argumento fica condicionado à constatação tanto pelos limites internos das análises como pelas constrições políticas, hoje várias vertentes teóricas se abrem para novas proposições. Trata-se, evidentemente, de uma hipótese que só o desenrolar da reflexão poderia confirmar.

Do ponto de vista metodológico, reabre-se uma velha questão: a partir da "periferia" do sistema social (e não apenas territorial), onde os conflitos sociais se apresentam em sua pluralidade, o analista encontra-se numa perspectiva que lhe permite visualizar melhor os problemas, o que nem sempre resulta na ampla sistematização deles[175]. Trata-se de mais uma possibilidade a ser levada em consideração para se refletir sobre o lugar do pensamento social brasileiro no quadro geral das ciências sociais.

---

175. Nadia Urbinati sugere a presença desse procedimento em Gramsci que, ao debater a questão meridional, busca apontar antes as fraquezas da sociedade italiana como um todo do que os problemas exclusivos da região Sul do país. Cf. Urbinati (1996).

Bibliografia

ADORNO, T. W. Anotaciones sobre el conflicto social hoy. *In*: ADORNO, T. W. *Escritos sociológicos, 1*. Madrid: Akal, 2004. p. 165-182. (Obra completa, 8).

ADORNO, T. W. *Introdução à sociologia*. São Paulo: Editora Unesp, 2008.

AGUIAR, F. (org.). *Antonio Candido*: pensamento e militância. São Paulo: Fundação Perseu Abramo, 1999.

ALEXANDER, J. *Positivism, presuppositions and current controversies*. Berkeley: University of California Press, 1982.

ALMEIDA, M. H. T. Dilemas da institucionalização das ciências sociais no Rio de Janeiro. *In*: MICELI, S. (org.). *História das ciências sociais no Brasil*. São Paulo: Vértice, 1989. p. 188-216.

ALONSO, A. M. *Ideias em movimento*: a geração de 70 na crise do Brasil-Império. 2000. Tese (Doutorado em Sociologia) – Universidade de São Paulo, São Paulo, 2000.

ANDERSON, B. Introdução. *In*: BALAKRISHNAN, G. *Um mapa da questão nacional*. Rio de Janeiro: Contraponto, 2000. p. 7-22.

ARON, R. *Les étapes de la pensée sociologique*. Paris: Gallimard, 1967.

ARRUDA, M. A. N. *Metrópole e cultura*: São Paulo no meio século XX. Bauru: Edusc, 2001.

AZEVEDO, C. M. M. *Onda negra, medo branco*: o negro no imaginário das elites, século XIX. Rio de Janeiro: Paz e Terra, 1987.

BASTIDE, R. Carta aberta a Guerreiro Ramos. *Anhembi*, [*s. l.*], v. XII, n. 36, p. 521-528, 1953.

BASTIDE, R.; FERNANDES, F. *O preconceito racial em São Paulo (projeto de estudo)*. São Paulo: Instituto de Administração da Faculdade de Ciências Econômicas da Universidade de São Paulo, 1951. Publicação n. 118.

BASTIDE, R.; FERNANDES, F. (org.). *Relações raciais entre negros e brancos em São Paulo*: ensaio sociológico sobre as origens e manifestações e os efeitos do preconceito de cor no município de São Paulo. São Paulo: Unesco/Anhembi, 1955.

BASTOS, A. C. T. *A província*. São Paulo: Cia Ed. Nacional, 1975.

BASTOS, A. C. T. *Discursos parlamentares*. Brasília, DF: Senado Federal, 1977.

BASTOS, A. C. T. Memória sobre imigração (1867). *In*: BASTOS, A. C. T. *Os males do presente e as esperanças do futuro*. Rio de Janeiro: Cia Ed. Nacional, 1939. p. 55-123.

BASTOS, E. R. *As criaturas de Prometeu*: Gilberto Freyre e a formação da sociedade brasileira. São Paulo: Global, 2006.

BASTOS, E. R. *Gilberto Freyre e a formação da sociedade brasileira*. 1986. Tese (Doutorado em Ciências Sociais) – Pontifícia Universidade Católica de São Paulo, São Paulo, 1986.

BASTOS, E. R. Gildo Marçal Brandão (1949-2010): um analista do pensamento brasileiro. *Dados*, Rio de Janeiro, v. 53, n. 1, p. 5-10, 2010.

BASTOS, E. R.; MORAES, J. Q. (org.). *O pensamento de Oliveira Vianna*. Campinas: Editora da Unicamp, 1993.

BAUER, O. A nação. *In*: BALAKRISHNAN, G. *Um mapa da questão nacional*. Rio de Janeiro: Contraponto, 2000. p. 45-83.

BERLINCK, M. T. *Marginalidade social e relações de classes em S. Paulo*. Petrópolis: Vozes, 1975. p. 13-42.

BERRIEL, C. E. O. *Tietê, Tejo, Sena*: a obra de Paulo Prado. Campinas: Papirus, 2000.

BOCK, K. Teorias do progresso, desenvolvimento e evolução. *In*: BOTTOMORE, T.; NISBET, R. (org.). *História da análise sociológica*. Rio de Janeiro: Zahar Editores, 1980. p. 65-117.

BOMFIM, M. *América Latina*: males de origem. Rio de Janeiro: Topbooks, 1993.

BOTELHO, A. *Aprendizado do Brasil*: a nação em busca de seus portadores sociais. Campinas: Editora Unicamp, 2002.

BOTELHO, A. (org.). *Essencial sociologia*. São Paulo: Penguin, 2013.

BOTELHO, A. *O retorno da sociedade*: política e interpretações do Brasil. Petrópolis: Vozes, 2019.

BOTELHO, A.; BRASIL JR., A. Prefácio: A revolução burguesa no Brasil: cosmopolitismo sociológico e autocracia burguesa. *In*: FERNANDES, F. *A revolução burguesa no Brasil*. São Paulo: Contracorrente, 2020. No prelo.

BOTTOMORE, T.; NISBET, R. *A history of sociological analysis*. Camberra: Pearson Education, 1979.

BRANDÃO, G. M. Ideias e intelectuais: modos de usar. *Lua Nova*, São Paulo, n. 54, 2001.

BRANDÃO, G. M. Linhagens do pensamento político brasileiro. *Dados*, Rio de Janeiro, v. 48, n. 2, p. 231-269, 2005.

BRANDÃO, G. M. O revolucionário da ordem. *In*: KRITSCH, R.; MELLO, L.; VOUGA, C. *Oliveiros S. Ferreira*: um pensador da política. São Paulo: Humanitas, 1999. p. 193-214.

BRASIL, U. A Intolerância como obstáculo da universalidade. *O Estado de S. Paulo*, São Paulo, 16 jun. 2002. p. D5.

BRASIL JUNIOR, A. S. *Passagens para uma teoria sociológica*: Florestan Fernandes e Gino Germani. São Paulo: Hucitec, 2013.

CAMPOS, A. J. M. *Interfaces entre sociologia e processo social*. 2013. Dissertação (Mestrado em Sociologia) – Universidade Estadual de Campinas, Campinas, 2013.

CANDIDO, A. A geração vacilante. *In*: CANDIDO, A. *Formação da literatura brasileira*: momentos decisivos. Belo Horizonte, Itatiaia, 1981. v. 2. p. 47-54.

CANDIDO, A. A revolução de 1930 e cultura. *In*: CANDIDO, A. *A educação pela noite e outros ensaios*. São Paulo: Ática, 1987. p. 181-198.

CANDIDO, A. A sociologia no Brasil. *Tempo Social*, São Paulo, v. 18, n. 1, p. 271-301, 2006.

CANDIDO, A. *Florestan Fernandes*. São Paulo: Perseu Abramo, 2001.

CANDIDO, A. *Formação da literatura brasileira*. Belo Horizonte: Itatiaia, 1981.

CANDIDO, A. Informação sobre a sociologia em São Paulo. *In*: ENSAIOS PAULISTAS. São Paulo: Anhembi, 1958. Contribuições de O Estado de S. Paulo às comemorações do IV centenário da cidade.

CANDIDO, A. *Os parceiros do Rio Bonito*: estudo sobre o caipira paulista e a transformação dos seus meios de vida. Rio de Janeiro: José Olympio, 1964.

CARDOSO, F. H. *Capitalismo e escravidão no Brasil Meridional*: o negro na sociedade escravocrata no Rio Grande do Sul. Rio de Janeiro: Paz e Terra, 1977.

CARDOSO, F. H. Tensões sociais no campo e reforma agrária. *Revista Brasileira de Estudos Políticos*, Belo Horizonte, n. 12, p. 7-26, 1961.

CARDOSO, F. H. Uma pesquisa impactante. *In*: BASTIDE, R.; FERNANDES, F. *Brancos e negros em São Paulo*. São Paulo: Global, 2008. p. 9-16.

CARDOSO, F. H.; IANNI, O. *Cor e mobilidade social em Florianópolis*: aspectos das relações entre negros e brancos numa comunidade do Brasil meridional. São Paulo: Companhia Editora Nacional, 1960.

CARNEIRO, E. *As ciências sociais no Brasil*. Rio de Janeiro: Capes, 1956. (Série Estudos e Ensaios, 6).

CASANOVA, P. G. *Las categorías del desarrollo económico y la investigación en ciencias sociales*. México: Instituto de Investigaciones Sociales, 1967.

CASANOVA, P. G. *Sociologia de la explotación*. México: Siglo Veintiuno, 1969.

CHALHOUB, S. *Visões da liberdade*: uma história das últimas décadas da escravidão na Corte. São Paulo: Companhia das Letras, 1990.

CHATTERJEE, P. *The nations and its fragments*. Princeton: Princeton University Press, 1993.

COHN, G. A margem e o centro: travessias de Florestan Fernandes. *Sinais Sociais*, Rio de Janeiro, v. 10, n. 28, p. 11-28, 2015.

COHN, G. Florestan Fernandes: a integração do negro na sociedade de classes. *In*: MOTA, L. D. (org.). *Introdução ao Brasil*: um banquete no trópico, 2. São Paulo: Ed. Senac, 1999. p. 385-402.

COHN, G. Florestan Fernandes: a revolução burguesa no Brasil. *In*: MOTA, L. D. (org.). *Introdução ao Brasil*: um banquete no trópico, 1. São Paulo: Ed. Senac, 1999.

COHN, G. Florestan Fernandes: grandes problemas, grandes interlocutores. *In*: CEPEDA, V. A.; MAZUCATO, T. (org.) *Florestan Fernandes*: 20 anos depois – um exercício de memória. São Carlos: Ideias, Intelectuais e Instituições, 2015. p. 23-46.

D'INCAO, M. A. (org.). *História e ideal*: ensaios sobre Caio Prado Júnior. São Paulo: Secretaria do Estado da Cultura, 1989.

D'INCAO, M. A. (org.). *O saber militante*: ensaios sobre Florestan Fernandes. Rio de Janeiro: Paz e Terra, 1987.

DAVATZ, T. *Memórias de um colono no Brasil*. São Paulo: Livraria Martins Editora, 1951.

DESAL. *América Latina y desarrollo social*. Santiago de Chile: Herder, 1966.

DUARTE, P. Negros do Brasil. *O Estado de S. Paulo*, São Paulo, 16 abr. 1947. p. 5.

DUARTE, P. Negros do Brasil. *O Estado de S. Paulo*, São Paulo, 17 abr. 1947. p. 6.

DUARTE, P. *Memórias*: 10 volumes. São Paulo: Hucitec, 1974-1979.

DUARTE, P. [Sem título]. *Anhembi*, São Paulo, ano I, v. IV, n. 12, 1951.

DURKHEIM, E. *De la division du travail social*. Paris: Presses Universitaires de France, 1991.

DURKHEIM, E. *Les formes élémentaires de la vie religieuse*. Paris: CNRS Éditions, 2008.

EISENSTADT, S. *Comparative civilizations & multiple modernities*. Leiden: Brill, 2003.

FALEIROS, M. I. L.; CRESPO, R. A. *Humanismo e compromisso*: ensaios sobre Octavio Ianni. São Paulo: Editora da Unesp, 1996.

FERNANDES, F. A concepção de ciência política de K. Mannheim. *In*: FERNANDES, F. *Elementos de sociologia teórica*. São Paulo: Editora da Universidade de São Paulo, 1970a. p. 223-238.

FERNANDES, F. *A condição de sociólogo*. São Paulo: Hucitec, 1978.

FERNANDES, F. *A integração do negro na sociedade de classes*. São Paulo: Dominus, 1965.

FERNANDES, F. *A natureza sociológica da sociologia*. São Paulo: Ática, 1980a.

FERNANDES, F. *A revolução burguesa no Brasil*: ensaio de interpretação sociológica (2ª ed.). Rio de Janeiro: Zahar Editores, 1976b.

FERNANDES, F. *A sociologia no Brasil*: contribuição para o estudo de sua formação e desenvolvimento. Petrópolis: Vozes, 1977.

FERNANDES, F. *A sociologia numa era de revolução social*. Rio de Janeiro: Zahar Editores, 1976a.

FERNANDES, F. Atitudes e motivações desfavoráveis ao desenvolvimento. *In*: SEMINÁRIO INTERNACIONAL RESISTÊNCIAS À MUDANÇA – FATORES QUE IMPEDEM OU DIFICULTAM O DESENVOLVIMENTO, 1960, Rio de Janeiro. *Anais* [...]. Rio de Janeiro: Clapcs, 1960a. p. 219-259. Publicação n. 10.

FERNANDES, F. *Capitalismo dependente e classes sociais na América Latina*. Rio de Janeiro: Zahar Editores, 1973.

FERNANDES, F. *Circuito fechado*. São Paulo: Hucitec, 1976c.

FERNANDES, F. Congadas e batuques em Sorocaba. *Sociologia*, v. 5, n. 3, p. 242-256, 1943.

FERNANDES, F. *Elementos de sociologia teórica*. São Paulo: Nacional, 1970b.

FERNANDES, F. Existe uma crise da democracia no Brasil? *In*: FERNANDES, F. *Mudanças sociais no Brasil*. São Paulo: Global, 2008. p. 93-113.

FERNANDES, F. *Fundamentos empíricos da explicação sociológica*. São Paulo: Editora Nacional, 1967.

FERNANDES, F. *Investigação etnológica no Brasil e outros ensaios*. Petrópolis: Vozes, 1975.

FERNANDES, F. *Mudanças sociais no Brasil*. São Paulo: Difusão Europeia do Livro, 1974b.

FERNANDES, F. *O negro no mundo dos brancos*. São Paulo: Difusão Europeia do Livro, 1972.

FERNANDES, F. O protesto negro. *São Paulo em Perspectiva*, São Paulo, v. 2, n. 2, 1988.

FERNANDES, F. Prefácio. *In*: CARDOSO, F. H.; IANNI, O. *Cor e mobilidade social em Florianópolis*: aspectos das relações entre negros e brancos numa comunidade do Brasil Meridional. São Paulo: Companhia Editora Nacional, 1960b. p. XI-XXIII.

FERNANDES, F. *Sociologia no Brasil*: contribuição para o estudo da sua formação e desenvolvimento. Petrópolis: Vozes, 1980b.

FERNANDES, F. Tarefas da inteligência. Folha da Manhã, [*s. l.*], 3 mar. 1945.

FERNANDES, F.; BASTIDE, R. *Negros e brancos em São Paulo*. São Paulo: Companhia Editora Nacional, 1959.

FREYRE, G. *Casa-grande & senzala*: formação da família brasileira sob o regime de economia patriarcal. Rio de Janeiro: José Olympio Editora, 1981a.

FREYRE, G. *Como e porque sou e não sou sociólogo*. Brasília, DF: Editora da Universidade de Brasília, 1968.

FREYRE, G. *Interpretação do Brasil*: aspectos da formação social brasileira como processo de amalgamento de raças e culturas. Rio de Janeiro: José Olympio Editora, 1947.

FREYRE, G. *Sobrados e mucambos*: decadência do patriarcado rural no Brasil. Rio de Janeiro: José Olympio Editora, 1981b.

FURTADO, C. *Formação econômica do Brasil*. São Paulo: Companhia Editora Nacional, 2005.

GARCIA, S. G. *Destino ímpar*: sobre a formação de Florestan Fernandes. São Paulo: Editora 34, 2002.

GIDDENS, A. *Capitalism and modern social theory*. Cambridge: University Cambridge Press, 1971.

GIDDENS, A. *Política, sociologia e teoria social*. São Paulo: Editora Unesp, 1998.

GIDDENS, A. *Studies in social and political theory*. Londres: Routledge, 1979.

GNACCARINI, J. C. *Latifúndio e proletariado*: formação da empresa e relações de trabalho no Brasil rural. São Paulo: Polis, 1980.

GOLDMANN, L. *Le Dieu caché*: étude sur la vision tragique dans les "Pensées" de Pascal et dans le théâtre de Racine. Paris: Gallimard, 1955.

GÓMEZ SOTO, W. *A produção do conhecimento social sobre o "mundo rural" nas obras de José de Souza Martins e José Graziano da Silva*. 2002. Tese (Doutorado em Sociologia) – Universidade Federal do Rio Grande do Sul, Porto Alegre, 2002.

GRAMSCI, A. Alguns temas da questão meridional. *In*: TEMAS DE CIÊNCIAS HUMANAS. São Paulo: Grijalbo, 1977. p. 19-45. v. 1.

GUIMARÃES, A. S. A. *Classes, raças e democracia*. São Paulo, 2002.

HOLANDA, S. B. *Raízes do Brasil*. Rio de Janeiro: José Olympio, 1956.

IANNI, O. A sociologia do Brasil. *In*: MARTINEZ, P. (org.). *Florestan ou o sentido das coisas*. São Paulo: Boitempo Editorial, 1998, p. 189-200.

IANNI, O. *As metamorfoses do escravo*: apogeu e crise da escravatura no Brasil Meridional. São Paulo: Hucitec, 1988.

IANNI, O. *Escravidão e racismo*. São Paulo: Hucitec, 1988.

IANNI, O. (org.). *Florestan Fernandes*. São Paulo: Ática, 1986.

IANNI, O. Florestan Fernandes e a formação da sociologia brasileira. *In*: IANNI, O. (org.). *Florestan Fernandes*. São Paulo: Ática, 1986. p. 7-45.

JAMESON, F. *O inconsciente político*: a narrativa como ato socialmente simbólico. São Paulo: Ática, 1992.

KHALDUN, I. *Os prolegômenos ou filosofia social*. São Paulo: Safady Ltda, 1958. v. 1.

LAHUERTA, M. *Intelectuais e transição*: entre a política e a profissão. 1999. Tese (Doutorado em Ciência Política) – Universidade de São Paulo, São Paulo, 1999.

LAMBERT, J. Les obstacles au développement provenant de la formation d'une société dualiste. *In*: SEMINÁRIO INTERNACIONAL RESISTÊNCIAS À MUDANÇA – FATORES QUE IMPEDEM OU DIFICULTAM O DESENVOLVIMENTO, 1960, Rio de Janeiro. *Anais* [...]. Rio de Janeiro: Clapcs, 1960. p. 27-50. Publicação n. 10.

LAMBERT, J. *Os dois Brasis*. Rio de Janeiro: Inep, 1959.

LAMPEDUSA, G. T. *O gattopardo*. Rio de Janeiro: BestBolso, 2007.

LARA, S. H. *Campos da violência*: escravos e senhores na capitania do Rio de Janeiro, 1750-1808. Rio de Janeiro: Paz e Terra, 1988.

LEWIS, O. Culture of poverty. *In*: MOYNIHAN, D. P. (ed.). *On understanding poverty from social sciences*. Nova York: Basic Books, 1959. p. 187-220.

LEWIS, O. *Five families*: Mexican case studies in the culture of poverty. Nova York: Mentor Book, 1959.

LEWIS, O. *Life in a Mexican village*: Tepoztlán restudied. Urbana: University of Illinois Press, 1959.

LIEDKE FILHO, E. D. *Teoria social e método na "Escola da USP" (1954-1962)*. 1977. Dissertação (Mestrado em Sociologia) – Universidade de Brasília, Brasília, DF, 1977.

LIMONGI, F. Mentores e clientelas da Universidade de São Paulo. *In*: MICELI, S. (org.). *História das ciências sociais no Brasil*. São Paulo: Vértice/Idesp, 1989. v. 1.

LINHARES, M. Y.; SILVA, F. C. T. *História da agricultura brasileira*: combates e controvérsias. São Paulo: Brasiliense, 1981.

LORENZO, H. C.; COSTA, W. P. (org.). *A década de 20 e as origens do Brasil moderno*. São Paulo: Editora da Unesp, 1997.

LOURENÇO, F. A. *Agricultura ilustrada*: liberalismo e escravismo nas origens da questão agrária brasileira. Campinas: Editora da Unicamp, 2001.

LUKÁCS, G. Narrar ou descrever? *In*: KONDER, L. (coord.). *Ensaios sobre literatura*. Rio de Janeiro: Civilização Brasileira, 1965. p. 43-94.

MAIO, M. C. *A história do projeto Unesco*: estudos raciais e ciências sociais no Brasil. 1997. Tese (Doutorado em Ciência Política) – Instituto Universitário de Pesquisas do Rio de Janeiro, Rio de Janeiro, 1997.

MAIO, M. C. O projeto Unesco: ciências sociais e o "credo racial brasileiro". *Revista USP*, São Paulo, n. 46, p. 115-128, 2000.

MAIO, M. C. O projeto Unesco e a agenda das ciências sociais no Brasil dos anos de 40 e de 50. *Revista Brasileira de Ciências Sociais*, São Paulo, v. 14, n. 41, p. 141-158, 1999.

MANNHEIM, K. *Ideologia e utopia*. Rio de Janeiro: Zahar Editores, 1972.

MARTINEZ, P. H. (org.). *Florestan ou o sentido das coisas*. São Paulo: Boitempo, 1998.

MARTINS, J. S. *A imigração e a crise do Brasil agrário*. São Paulo: Pioneira, 1973.

MARTINS, J. S. *Capitalismo e tradicionalismo*: estudos sobre as contradições da sociedade agrária no Brasil. São Paulo: Pioneira, 1975.

MARTINS, J. S. *Exclusão social e a nova desigualdade*. São Paulo: Paulus, 1997a.

MARTINS, J. S. *Florestan*: sociologia e consciência social no Brasil. São Paulo: Edusp, 1998.

MARTINS, J. S. *Fronteira*: a degradação do outro nos confins do humano. São Paulo: Hucitec, 1997b.

MARTINS, J. S. *O poder do atraso*: ensaios de sociologia da história lenta. São Paulo: Hucitec, 1999.

MERTON, R. K. *Teoría y estructura sociales*. México: Fondo de Cultura Económica, 1964.

MÉTRAUX, A. Resistências à mudança: fatores que impedem ou dificultam o desenvolvimento. *In*: SEMINÁRIO INTERNACIONAL RESISTÊNCIAS À MUDANÇA – FATORES QUE IMPEDEM OU DIFICULTAM O DESENVOLVIMENTO, 1959, Rio de Janeiro. *Anais* [...]. Rio de Janeiro: Clapcs, 1960.

MICELI, S. Condicionantes do desenvolvimento das ciências sociais no Brasil. *In*: MICELI, S. (org.). *História das ciências sociais no Brasil*. São Paulo: Idesp, 1989a. v. 1. p. 72-110.

MICELI, S. *História das ciências sociais no Brasil*. São Paulo: Vértice, 1989b. v. 1.

MICELI, S. *Intelectuais à brasileira*. São Paulo: Companhia das Letras, 2001.

MILLS, C. W. Remarks on the problem of industrial development. *In*: SEMINÁRIO INTERNACIONAL RESISTÊNCIAS À MUDANÇA – FATORES QUE IMPEDEM OU DIFICULTAM O DESENVOLVIMENTO, 1960, Rio de Janeiro. *Anais* [...]. Rio de Janeiro: Clapcs, 1960. p. 281-287. Publicação n. 10.

MONTEIRO, P. M. *A queda do aventureiro*: aventura, cordialidade e os novos tempos em Raízes do Brasil. Campinas: Editora da Unicamp, 1999.

MORAES, R.; ANTUNES, R.; FERRANTE, V. B. (org.). *Inteligência brasileira*. São Paulo: Brasiliense, 1986.

NOBRE, M. Luta por reconhecimento: Axel Honneth e a teoria crítica. *In*: HONNETH, A. *Luta por reconhecimento*: a gramática moral dos conflitos sociais. São Paulo: Editora 34, 2003. p. 7-19.

NOGUEIRA, O. Relações raciais no município de Itapetininga. *In*: BASTIDE, R.; FERNANDES, F. *Relações raciais entre negros e brancos em São Paulo*. São Paulo: Unesco, 1955. p. 362-554.

NOVAIS, F. A. O reformismo ilustrado luso-brasileiro: alguns aspectos. *Revista Brasileira de História*, [*s. l.*], n. 7, p. 105-118, 1984.

NOVAIS, F. A. *Portugal e Brasil na crise do antigo sistema colonial (1777-1808)*. São Paulo: Hucitec, 1989.

NUNES, G. *Centralização e descentralização no Império*: o debate entre Tavares Bastos e Visconde de Uruguai. São Paulo: Editora 34, 1999.

OLIVEIRA, L. L. *A sociologia do Guerreiro*. Rio de Janeiro: Editora da UFRJ, 1995.

ORTEGA Y GASSET, J. *Obras completas*. Tomo II. Madrid: Biblioteca Nueva, 1985.

ORTIZ, R. Notas sobre as ciências sociais no Brasil. *In*: ORTIZ, R. *Ciências sociais e trabalho intelectual*. São Paulo: Olho d'Água, 2001. p. 175-196.

PARSONS, T. *Theory and modern society*. Nova York: Free Press, 1967.

PEREIRA, L. *Estudos sobre o Brasil contemporâneo*. São Paulo: Pioneira, 1971.

PINASSI, M. O. *Três devotos, uma fé, nenhum milagre*: Nitheroy. Porto Alegre: Editora da UFRGS, 1998.

PINTO, L. A. C. Introdução. *In*: SEMINÁRIO INTERNACIONAL RESISTÊNCIAS À MUDANÇA – FATORES QUE IMPEDEM OU DIFICULTAM O DESENVOLVIMENTO, 1960, Rio de Janeiro. *Anais* [...]. Rio de Janeiro: Clapcs, 1960. p. 7. Publicação n. 10.

PINTO, L. A. C. Panorama geral. *In*: PINTO, L. A. C.; CARNEIRO, E. *As Ciências Sociais no Brasil*. Rio de Janeiro: Capes, 1956. p. 11-72. (Série Estudos e Ensaios, 6).

PRADO JÚNIOR, C. *Evolução política do Brasil*: Colônia e Império. São Paulo: Brasiliense, 1933.

PRADO JÚNIOR, C. *Formação do Brasil contemporâneo*. São Paulo: Editora Brasiliense, 1972.

QUIJANO, A. *Notas sobre el concepto de marginalidad social*. Santiago de Chile: Cepal, 1966.

RAMOS, G. *Cartilha brasileira do aprendiz sociólogo*. Rio de Janeiro: Andes, 1954.

RAMOS, G. Definição dos problemas brasileiros. *In*: RAMOS G. et al. *Introdução aos problemas brasileiros*. Rio de Janeiro: Iseb, 1956. p. 13-34.

RAMOS, G. *Introdução crítica à sociologia brasileira*. Rio de Janeiro: Andes, 1957.

RAMOS, G. *O processo da sociologia no Brasil*. Rio de Janeiro: Andes, 1953.

RAWLS, J. *Uma teoria da justiça*. São Paulo: Martins Fontes, 1984.

RÊGO, R. M. L. *Sentimento do Brasil*: Caio Prado Júnior – continuidades e mudanças no desenvolvimento da sociedade brasileira. Campinas: Editora da Unicamp, 2000.

RÊGO, W. D. L. *Liberalismo tardio*: Tavares Bastos, reforma e federação. 1989. Tese (Doutorado em Ciência Política) – Universidade de São Paulo, São Paulo, 1989.

REVISTA BRASILEIRA DE HISTÓRIA. Escravidão. São Paulo: Anpuh, v. 8, n. 16, 1988. Número especial organizado por Silvia Hunold Lara.

SEMINÁRIO INTERNACIONAL RESISTÊNCIAS À MUDANÇA – FATORES QUE IMPEDEM OU DIFICULTAM O DESENVOLVIMENTO, 1959, Rio de Janeiro Anais [...]. Rio de Janeiro: Clapcs, 1960.

RICUPERO, B. *Caio Prado Júnior e a nacionalização do marxismo no Brasil*. São Paulo: Editora 34, 2000.

RODRIGUES, L. Marx em três tempos de Florestan. *Dois Pontos*, [*s. l.*], v. 13, n. 1, p. 89-109, 2016.

ROMERO, S. Explicações indispensáveis. *In*: ROMERO, S. *Tobias Barreto*: varios escriptos – publicação posthuma dirigida por Sylvio Roméro. Rio de Janeiro: Laemmert, 1900. p. XXIV.

ROMERO, S. *História da literatura brasileira*. Rio de Janeiro: José Olympio, 1960.

ROSA, A. B. Diferença de salários entre negros e brancos do Brasil é de 73,9%, aponta o IBGE. *Associated Press*, [*s. l.*], 13 nov. 2019.

ROSA, J. G. *Primeiras estórias*. Rio de Janeiro: José Olympio, 1962.

SAID, E. W. *Orientalismo*: o Oriente como invenção do Ocidente. São Paulo: Companhia das Letras, 2007.

SALLUM JR., B. *Labirintos*: dos generais à Nova República. São Paulo: Hucitec, 1996.

SALLUM JR., B. Notas sobre o surgimento da sociologia política em São Paulo. *Política e Sociedade*, [*s. l.*], n. 1, p. 73-86, 2002. Palestra proferida na Universidade Federal de Santa Catarina, Florianópolis.

SANTIAGO, S. A comédia das letras de Silviano Santiago. [Entrevista cedida a] Paulo Henrique Pompermaier. *Cult*, São Paulo, 22 dez. 2016. Disponível em: http::/ /revistacult.uol.com.br/home/12/a-comedia-das-letras-de-silviano-santiago/. Acesso em: 19 jul. 2025.

SANTIAGO, S. *Machado*. São Paulo: Companhia das Letras, 2016.

SARLO, B. *Jorge Luis Borges, um escritor na periferia*. São Paulo: Iluminuras, 2008.

SCHWARCZ, L. M. *Retrato em branco e negro*: jornais, escravos e cidadãos em São Paulo no final do século XIX. São Paulo: Companhia das Letras, 1987.

SCHWARCZ, L. M.; BOTELHO, A. Simpósio: cinco questões sobre o pensamento social brasileiro. *Lua Nova*, São Paulo, n. 82, p. 139-159, 2011.

SCHWARZ, R. As ideias fora do lugar. *In*: SCHWARZ, R. *Ao vencedor as batatas*: forma literária e processo social nos inícios de romance brasileiro. São Paulo: Duas Cidades, 1981. p. 13-28.

SEN, A. *Idea of justice*. [*s. l.*]: Harvard University Press, 2009.

SEN, A. *Inequality reexamined*. Oxford: Oxford University Press, 1992.

SEN, A. *On ethics and economics*. Nova Delhi: Oxford University Press, 1987.

SILVA, L. O. Tavares Bastos e a questão agrária no Império. *História Econômica & História de Empresas*, [*s. l.*], v. 1, n. 1, 1998.

SILVA, L. O. *Terras devolutas e latifúndio*. Campinas: Editora Unicamp, 1996.

SILVA, M. A. M. *A descoberta do insólito*: literatura negra e literatura periférica no Brasil (1960-2000). Rio de Janeiro: Aeroplano, 2013.

STAVENHAGEN, R. Siete tesis equivocadas sobre América Latina. *In*: STAVENHAGEN, R. *Los pueblos originarios*: el debate necesario. Buenos Aires: CTA/CLACSO Ediciones, 2010. p. 145-175.

STAVENHAGEN, R. *Sociología y subdesarrollo*. México: Editorial Nuestro Tiempo, 1974.

SZTOMPKA, P. *The sociology of social change*. Oxford: Wiley-Blackwell, 1993.

TOCQUEVILLE, A. *O antigo regime e a revolução*. Brasília, DF: Editora da Universidade de Brasília, 1979.

URBINATI, N. *A revolução passiva*: iberismo e americanismo no Brasil. Rio de Janeiro: Revan, 1997.

URBINATI, N. Le passione e la política: il meridione di Antonio Gramsci. *Studi Storici*, Roma, ano 37, p. 465-487, 1996.

VEKEMANS, R.; FUENZALIDA, I. S. El concepto de marginalidad. *In*: DESAL. *Marginalidad en América Latina*: un ensayo de diagnóstico. Barcelona: Herder, 1969. p. 44.

VIANNA, O. *Evolução do povo brasileiro*. Rio de Janeiro: José Olympio, 1956.

VIANNA, O. *Populações meridionais do Brasil*. Rio de Janeiro: José Olympio, 1952.

VICTORIANO, M. R. *A questão nacional em Caio Prado Jr.*: uma interpretação original do Brasil. São Paulo: Pulsar, 2001.

VILLAS BÔAS, G. *Mudança provocada*: passado e futuro no pensamento sociológico brasileiro. Rio de Janeiro: FGV, 2006.

VILLAS BÔAS, G. Por que rever mais uma vez o conceito de marginalidade estrutural de L. de A. Costa Pinto? *Perspectivas*, São Paulo, v. 28, p. 79-103, 2005.

VILLAS BÔAS, G. Visões do passado: comentários sobre as ciências sociais no Brasil de 1945 a 1964. *In*: ENCONTRO ANUAL DA ANPOCS, 11., 1987, Águas de São Pedro. *Anais* [...]. São Paulo: Anpocs, 1987.

VITA, A. *et al. A ousadia da crítica*: ensaios para Gabriel Cohn. Londrina: DEL, 1998.

WEBER, M. *Economía y sociedad*: esbozo de sociología comprensiva. México: Fondo de Cultura Económica, 1969.

WEGNER, R. *A conquista do Oeste*: fronteira na obra de Sérgio Buarque de Holanda. Belo Horizonte: Editora da UFMG, 2000.